RENATO ORTIZ

MUNDIALIZAÇÃO E CULTURA

editora brasiliense

MUNDIALIZAÇÃO
E CULTURA

copyright © by Renato Ortiz, 1994
Nenhuma parte desta publicação pode ser gravada,
armazenada em sistemas eletrônicos, fotocopiada,
reproduzida por meios mecânicos ou outros quaisquer
sem autorização prévia do editor.

Primeira edição, 1994
12ª reimpressão, 2015

Diagramação: *Digitexto Bureau e Gráfica*
Revisão: *Érika Satie Kurihara* e *Tiago Sliachticas*
Capa e projeto gráfico: *Maria Eliana Paiva*

Dados Internacionais de Catalogação na Publicação (CIP)
(Câmara Brasileira do Livro, SP, Brasil)

Ortiz, Renato, 1947 -
  Mundialização e cultura / Renato Ortiz. -- São Paulo :
Brasiliense, 2000

  10ª reimpr. da 1. ed. de 1994
  Bibliografia.
  ISBN 85-11-08078-3

  Civilização moderna - Século 20 2. Cultura
3. Comunicação e cultura I. Título.

00-1308   CDD-306

Índices para catálogo sistemático:
1. Mundialização e cultura : Sociologia   306

editora brasiliense ltda.
Rua Antônio de Barros, 1839 - Tatuapé
São Paulo - SP - CEP 03401-001
www.editorabrasiliense.com.br

SUMÁRIO

	Introdução	7
I.	Cultura e sociedade global	13
II.	Advento de uma civilização	35
III.	Cultura e modernidade-mundo	71
IV.	Uma cultura internacional-popular	105
V.	Os artífices mundiais de cultura	147
VI.	Legitimidade e estilos de vida	183
VII.	Digressão final	217
	Bibliografia	223

INTRODUÇÃO

Este livro parte de uma premissa: a existência de processos globais que transcendem os grupos, as classes sociais e as nações. Ele tem como hipótese a emergência de uma sociedade global. Sei que esta perspectiva não se encontra inteiramente consagrada pelo pensamento acadêmico. As Ciências Sociais parecem se intimidar diante de um objeto desta magnitude. Por isso a reflexão sobre o tema é ainda incipiente. Mas se quisermos ser contemporâneos de nossa época, dificilmente poderemos escapar de enfrentá-lo. O mundo das últimas décadas transformou-se radicalmente, e cabe a nós, intelectuais, procurar decifrá-lo, mesmo sabendo de nossa condição fragilizada em relação a este quadro abrangente. No entanto, se por um lado falta uma tradição acadêmica, que trabalhe de maneira aprofundada o movimento de globalização, por outro, os indícios de seu avanço são inegáveis. Vemos seus sinais na mídia, na economia e, até mesmo, na política. Penso, por exemplo, no movimento ecológico. Seu objeto, a Terra, ultrapassa as fronteiras nacionais, apresentando-se como uma espécie de movimento social da "sociedade civil mundial" (mas teria sentido falarmos em sociedade civil, sem a sua contrapartida, o Estado? Como vemos, os conceitos são ainda falhos, nos constrangindo a utilizá-los como metáforas). O que permite as pessoas falarem em "consciência planetária", em "comunidade planetária de destino". A preocupação ecológica não tem pátria, seu enraizamento é o planeta.

Neste início de século, percebemos que os homens encontram-se interligados, independentemente de suas vontades. Somos todos cidadãos do mundo, mas não no antigo sentido, de cosmopolita, de viagem. Cidadãos mundiais, mesmo quando não nos deslocamos, o que significa dizer que o mundo chegou até nós, penetrou nosso cotidiano. Curioso. Uma reflexão sobre a globalização, pela sua amplitude, sugere à primeira vista que ela se afaste das particularidades. Pois se o global envolve "tudo", as especificidades se encontrariam perdidas na sua totalidade. Ocorre justamente o contrário. A mundialização da cultura se revela através do cotidiano. Este é um dos fios condutores deste texto. O leitor irá encontrar, ao longo de suas páginas, um conjunto de exemplos que lhes são familiares – alimentação, vestuário, filmes, aparelhos eletrônicos, supermercados, etc. Meu intuito foi mostrar como esses elementos invisíveis para o pensamento estão próximos de nós, expressam um mecanismo que reorienta a organização das sociedades atuais. De uma certa forma, minha perspectiva foi a inversa daquela utilizada pelos antropólogos clássicos. O método da observação participante pressupunha uma aproximação daquilo que se pretendia compreender. Eu procurei tornar o próximo, distante, para desta forma apreendê-lo de maneira analítica. Escrevi este livro como um "nativo". Alguém, como o leitor, que se encontra perpassado por uma vivência mundializada. Marlboro, Euro Disney, *fast-food,* Hollywood, chocolates, aviões, computadores, são os traços evidentes de sua presença envolvente. Eles invadem nossas vidas, nos constrangem, ou nos libertam, e fazem parte da mobília de nosso dia-a-dia. O planeta, que no início se anunciava tão longínquo, se encarna assim em nossa existência, modificando nossos hábitos, nossos comportamentos, nossos valores.

Entretanto, uma análise da sociedade global encerra alguns dilemas. De que ponto de vista devemos considerá-la? Das classes dominantes, dos grupos étnicos, das classes oprimidas, das nações? Octávio Ianni pondera que todas essas perspectivas são igualmente válidas. À sua maneira, cada uma delas nos conta a história do mundo. Mas ele sublinha: "seriam essas as

MUNDIALIZAÇÃO E CULTURA 9

melhores perspectivas para se entender a dinâmica mundial?".[1] De uma forma, a adoção de um referente singular é sempre limitativa. Meu ideal seria dizer "não quero tomar nenhum partido" (do ponto de vista epistemológico, e não político). Sei, no entanto, ser esta uma afirmação parcial. Falar da totalidade mundial, de seu movimento interno, é também escolher um outro ponto de vista. Mas deixo claro para o leitor que se trata de uma opção consciente, que permitiu-me construir um objeto de estudo, de forma inteiramente distinta. Não foram perguntas do tipo, "como o local se relaciona com o global", "como a problemática cultural brasileira se manifesta diante do processo de globalização", que me orientaram. Procurei situar-me no âmago do processo, na sua inteireza. Fiz todo um esforço para desterritorializar-me, inclusive, minha escrita. Neste sentido, não falo como brasileiro, ou latino-americano, embora saiba que no fundo é impossível, e indesejável, liberar-me totalmente desta condição. Mas como "cidadão mundial". Alguém que, situando-se num determinado lugar do planeta, resolveu enxergá-lo de todos os portos (mesmo tendo consciência de que meu esforço é limitado). Não quero com isso desvalorizar uma visão territorializada. Mas creio, a reflexão deve alçar voo, desprendendo o pensamento do peso de nossa herança intelectual. Talvez desta forma possamos compreender a problemática nacional com outros olhos. É sintomático que esta realidade nacional inicialmente se apresenta como um entrave na compreensão de uma cultura mundializada, subjaz às minhas intenções. Metamorfoseada, é claro, mas presente. Se as transformações recentes nos levam a afirmar a existência de uma sociedade global, isto significa que a problemática nacional adquire um outro sentido. Só iremos entendê-la quando a situarmos dentro desta nova totalidade. Descrever este movi-

---

1. O. Ianni, *As ciências sociais e a sociedade global*, mimeo, XVI Encontro da ANPOCS (Associação Nacional de Pós-graduação em Ciências Sociais), Caxambu: out. 1992.

10   RENATO ORTIZ

mento, pensá-lo na sua integridade, esta foi minha tentativa. Espero, no decorrer desse texto, convencer, pelo menos em parte, o leitor atento.

Esclareço ainda um último aspecto. Este livro trata da temática cultural no contexto da sociedade global. Evidentemente, ao elaborá-lo, fui obrigado a considerar diversos elementos, economia e política. Sem eles, dificilmente eu poderia montar o cenário no qual minha ação se desenrola. Tentei, porém, restringi-lo a uma dimensão da vida social. Talvez uma das vantagens de se falar em cultura é que conseguimos tocar em múltiplas dimensões da vida social. No entanto, apesar disso, o tema em si é por demasiado extenso. Fui, portanto, obrigado a restringi-lo. Alguns motivos encontram-se por trás desta opção metodológica. Primeiro, recortar de maneira coerente um objeto de estudo. O mundo é vasto, e falar de cultura no sentido genérico seria perder-me no seu emaranhado. Segundo, demarcá-lo de maneira clara, o que fiz privilegiando os aspectos referentes à sociedade de consumo (sobretudo nos capítulos IV, V e VI). Não foi uma escolha arbitrária. Estou convencido de que, no processo de globalização, a cultura de consumo desfruta de uma posição de destaque. Na minha opinião, ela se transformou numa das principais instâncias mundiais de definição da legitimidade dos comportamentos e dos valores. Refletir sobre sua manifestação é tocar num dos eixos centrais das sociedades globalizadas. O mundo dos objetos (para utilizar uma expressão de Baudrillard) se manifesta assim como uma expressão da contemporaneidade.

* * *

Este trabalho é fruto de leituras e de discussões que pude realizar com diferentes colegas. Os debates foram feitos em ocasiões diversas, no Instituto de Estudos Avançados (USP), no CEDEC, e no Departamento de Geografia (USP). Eles envolveram interlocutores distintos – Octávio Ianni, Milton

Santos, Gabriel Cohn, José Mário Ortiz Ramos, Maria Lúcia Bueno Coelho de Paula, Maria Adélia de Souza, Lucrécia D'Aléssio Ferrara – com os quais pude, a cada vez, apurar minhas reflexões. As leituras ficaram ao sabor das bibliotecas, brasileiras e estrangeiras. Menciono o acervo brasileiro, porque nos acostumamos a negligenciá-lo. Mas para quem se interessa por livros e revistas, nossas bibliotecas, apesar dos tropeços, são um ponto importante de partida. Tive, entretanto, a oportunidade de completar meu trabalho com uma estada em Paris, junto à Maison des Sciences de l'Homme. Aí, pude consultar não apenas as fontes francesas e europeias, mas boa parte do acervo americano, contido na American Library e na American University. Conjunto de textos que avançou em muito minha análise sobre a atualidade.

Por fim, os agradecimentos. E friso, não os faço ritualmente. Ao CNPq, cuja pequena bolsa de pesquisa ainda permite a alguns universitários escapar do que eufemisticamente denominamos de "mercado de trabalho". A Fapesp, cuja bolsa de pós-doutoramento foi crucial para os meus estudos. Ao Centre de Recherche sur le Brésil Contemporain que, como das outras vezes, gentilmente recebeu-me no "exterior" (conceito cada vez mais insatisfatório para descrever nossa vivência mundializada).

CAPÍTULO I

CULTURA E SOCIEDADE GLOBAL

Quando se lê a literatura produzida sobre a mundialização é inevitável sentir uma certa insatisfação. O assunto é tratado por diferentes disciplinas, tais como: Economia, Administração de Empresas e Relações Internacionais. E faz hoje parte da pauta da mídia (revistas, jornais e televisão). No entanto, são poucos os estudos realmente reflexivos, que se afastam de um interesse imediatamente pragmático ou de vulgarização do conhecimento. Vários são os escritos de homens de governo ou de administradores de multinacionais, porém, eles pensam o mundo a partir de um horizonte estreito, parcial. O que lhes importa é defender os interesses de seus países, competidores na arena geopolítica, ou a fatia de seus lucros no mercado que se globalizou.[1] Por outro lado existem os *best-sellers* tipo Alvin Toffler, traduzidos em várias línguas, que trazem uma mensagem otimista de um futuro próximo.[2] Eles nos anunciam a boa-vinda de uma sociedade feliz, marcada pela exuberância da técnica, e a comunhão dos homens numa consciência planetária. Literatura futurista, imaginativa e falsa, que de alguma maneira prolonga as preocupações de McLuhan, inaugura-

---

1. Ver por exemplo J. Attali, *Milenio,* Barcelona, Seix-Barral, 1991; K. Ohmae, *Mundo sem fronteiras,* S. Paulo, Makron Books, 1991. Ou ainda os textos produzidos pelo Clube de Roma: A. King, B. Schneider, *La primera revolución mundial,* Barcelona, Plaza-Janes Ed., 1991.
2. A. Toffler, *The third wave,* N. York, Bantam Books, 1980; *Power Shift,* N. York, Bantam Books, 1991. No mesmo estilo temos: J. Pelton, *Global talk,* The Harvester Press, 1981.

14   RENATO ORTIZ

das na década de 1960. Sugestivamente, *A Aldeia Global* tem como subtítulo "transformações da vida mundial e da mídia no século XXI".[3] Bastante citado, mas creio pouco lido, o livro preconiza a superação da parte esquerda do cérebro, núcleo da razão ocidental, pela direita, abrindo-nos uma nova vida sob o signo de aquário. O cérebro, metáfora da integração das duas dimensões do homem – razão e sentimento – com o advento da tecnologia encontraria sua expressão plena no universo eletrônico.

Chama a atenção nesses textos a profusão de metáforas utilizadas para descrever as transformações do fim do século XX: "primeira revolução mundial" (Alexander King), "terceira onda" (Alvin Toffler), "sociedade informática" (Adam Shaff),[4] "sociedade amébica" (Kenichi Ohmae), "aldeia global" (McLuhan). Fala-se da passagem de uma economia de *"high volume'* para outra de *"high value"* (Robert Reich),[5] e da existência de um universo habitado por "objetos móveis" (Jacques Attali) deslocando-se incessantemente de um canto para o outro do planeta. Por que o abuso das metáforas? Elas revelam uma realidade emergente ainda fugidia ao horizonte das Ciências Sociais. As ideias de sociedade informática ou de aldeia global sublinham a importância da tecnologia moderna na organização da vida dos homens. A descrição da passagem de uma economia de *high volume* para de *high value* enfatiza uma mudança atual no campo da economia; já não seria mais a produção em massa que orientaria a estratégia comercial das grandes empresas, mas a exploração de mercados segmentados *(customized products)*. No entanto, toda metáfora é um relato figurado; o que se ganha em consciência perde-se em precisão conceitual. O mundo dificilmente poderia ser real-

---

3. M. McLuhan e B. R. Powers, *The global village,* Oxford, Oxford University Press, 1989.

4. A. Shaff, *A sociedade informática,* S. Paulo, Unesp/ Brasiliense, 1990.

5. R. Reich, *The work of nations,* N. York, Vintage Books, 1992.

MUNDIALIZAÇÃO E CULTURA   15

mente entendido como uma aldeia global, e mesmo sabendo que o peso das novas tecnologias é considerável na rearticulação da ordem social, não se pode esquecer que as técnicas se inserem sempre nas condições objetivas da história. Entre os homens que se comunicam nesta aldeia existem tensões, interesses e disputas que os afastam de qualquer ideal comum, construído apenas pela razão preguiçosa. Dizer que as empresas orientam suas políticas no sentido de uma produção *customized,* visando o gosto do cliente, capta evidentemente uma face do que está acontecendo. Mas sem qualificá-la, a afirmação leva frequentemente a associações indevidas. Por exemplo, a desmassificação do consumo é vista como a realização da liberdade individual, sinônimo de democracia. Por isso as metáforas nos dão um retrato incompleto e nebuloso do que se está querendo apreender.

Seria cômodo atribuir essa imprecisão apenas ao tipo de literatura em questão (o que é em parte verdade). Os jogos econômicos e ideológicos, assim como a necessidade de vulgarização levam a um certo barateamento das análises. Porém, existem a meu ver outras causas, talvez mais profundas, que contribuem para tanto. Na verdade, a globalização é um fenômeno emergente, um processo ainda em construção. Mesmo a Ciência Econômica, disciplina que provavelmente melhor trabalhou o problema, reconhece a novidade do tema. Se entendermos por globalização da tecnologia e da economia a internacionalização das trocas, de produtos e de conhecimento, evidentemente não estamos diante de um fato original. O mesmo pode ser dito quando falamos da multinacionalização de empresas nacionais que operam em escala internacional. Por isso os economistas começam a estabelecer uma distinção entre internacionalização e globalização. "Embora sejam usados muitas vezes como sendo intercambiáveis, esses termos não são sinônimos. Internacionalização se refere simplesmente ao aumento da extensão geográfica das

16   RENATO ORTIZ

atividades econômicas através das fronteiras nacionais; isso não é um fenômeno novo. A globalização da atividade econômica é qualitativamente diferente. Ela é uma forma mais avançada, e complexa, da internacionalização, implicando um certo grau de integração funcional entre as atividades econômicas dispersas."[6] O conceito se aplica, portanto, à produção, distribuição e consumo de bens e de serviços, organizados a partir de uma estratégia mundial, e voltada para uma mercado mundial. Ele corresponde a um nível e a uma complexidade da história econômica, no qual as partes, antes internacionais, se fundem agora numa mesma síntese: o mercado mundial.

Para se dar conta do que está ocorrendo é necessário uma reformulação do próprio ponto de vista que orienta o pensamento. As metáforas abundam diante da falta de conceitos. Nos encontramos ainda apegados a um instrumental teórico construído no final do século XIX. Classe, indivíduo, Estado e desenvolvimento são noções forjadas no interior de uma entidade nodal, mas cuja crise se agudiza em face das mudanças atuais: a nação. Por isso Octávio Ianni dirá que muitas vezes não percebemos que "o objeto das Ciências Sociais se transformou qualitativa e quantitativamente. De maneira implícita ou explícita, as controvérsias [teóricas] estão referidas ao indivíduo e à sociedade, vistos naturalmente em termos de relações, processos e estruturas nacionais. As dimensões globais da realidade social parecem desafiar ainda pouco as ciências sociais. Mesmo a economia e a política – que se dedicam bastante às relações internacionais e às condições multinacionais – continuam a apoiar-se em cânones referidos à sociedade nacional. O padrão de mercado, para a economia, continua a ser o nacional. E o padrão de soberania,

---

6. P. Dicken, *Global shift,* London, Paul Chapman Publ.,1992, p. 1. Ver também R. Petrella, "La mondialisation de la technologie et de l'economie", *Futuribles,* nº 135, septembre 1989.

MUNDIALIZAÇÃO E CULTURA   17

para a ciência política, continua a ser o de Estado-Nação".[7] Dentro dessa perspectiva, o "mundo", na sua especificidade, enquanto categoria, não mais filosófica, mas sociológica, devido a uma resistência epistemológica de postulá-lo como objeto, na sua inteireza, como unidade sintética *sui generis,* escapa à própria análise conceitual. O pensamento hesita em conferir um estatuto científico a esta entidade que deveria ser considerada como uma espécie de "megassociedade", modificando as relações políticas, econômicas e culturais, entre as partes que constituem.

De alguma maneira, a história das ideias nos ajuda a tomar consciência dessas hesitações; o próprio conceito de sociedade global tem um passado revelador. Cunhado por Gurvitch em 1950, ele tem a ambição de compreender os fenômenos sociais totais que englobam e ultrapassam os grupos, as classes sociais, e até mesmo os Estados. A sociedade global seria um "macrocosmo dos macrocosmos sociais", possuindo uma originalidade e uma vida própria.[8] H Gurvitch considera assim diversos tipos de sociedades globais: a nação, os impérios (Roma, China, etc.), e as civilizações (Islã). Não obstante, sintomaticamente, o macrocosmo gurvitchiano não é suficientemente amplo para abarcar o planeta como um todo. Este seria composto por um conjunto de "sociedades globais " que se tocam, mas, no fundo, se excluem. Esta visão é a meu ver homóloga à que vários historiadores possuem. Mesmo Braudel, cuja contribuição é fundamental para o entendimento da formação do sistema mundial, quando se trata de pensar os tempos atuais, partilha deste ponto de vista. Seu livro *O mundo atual: história e civilizações* nos apresenta a Terra como um conjunto de civilizações geograficamente dispersas: Islã,

---

7. O. Ianni, *A sociedade global,* R. Janeiro, Civilização Brasileira, 1992, p. 172.
8. G. Gurvitch, "Les types de société globale" in *La vocation actuelle de la sociologie,* Paris, PUF, 1950.

18   RENATO ORTIZ

continente negro, Extremo Oriente, Europa, América, etc.[9] Cada espaço é marcado por valores particulares e por uma mentalidade coletiva modal, pois uma civilização é uma continuidade no tempo da larga duração. Tudo se passa como se cada "cultura" tivesse um núcleo específico, permanecendo intacto até hoje. O mundo seria um mosaico, composto por elementos interligados, mas independentes uns dos outros.

Um texto que ilustra bem a ambiguidade das ciências sociais em reconhecer o novo objeto é o de Talcott Parsons, "Ordem e comunidade no sistema social internacional". Parsons parte da seguinte indagação: a ordem internacional formaria um "sistema social"? Como sua própria definição de sociedade implica a integração das diversas partes que a compõem, permanece a dúvida. Afinal o mesmo grau de coesão não se repetiria em nível macro? Evidentemente este tipo de pergunta só pode ser colocado conferindo-se um peso relativo à própria ideia de soberania. O que Parsons em princípio reconhece: "Da mesma maneira que existem grupos internos, cujos interesses atravessam,as linhas nacionais, a ideia de uma soberania absoluta dos governos é, na melhor das hipóteses, uma aproximação da verdade".[10] Coerente com suas premissas, o raciocínio do autor caminha no sentido de explicitar a existência de alguns elementos normativos de caráter internacional: a regulação do comércio, a legislação internacional, as religiões que se expandem fora de suas bases territoriais, as associações científicas, o sistema de comunicação, rádio, imprensa, etc. Retomando a tradição weberiana, ele sublinha a existência de uma cultura ocidental partilhada inclusive pelos países comunistas. O processo de ocidentalização não conheceria fronteiras. No entanto, após a enumeração de todos esses traços sua conclusão é hesitante, dúbia: "Eu argumentei

---

9. F. Braudel, *Las civilizaciones actuales,* México, Ed. Tecnos, 1991.
10. T. Parsons, "Order and community in the international social system" in *Politics and social structure,* N. York, The Free Press, 1969, p. 300.

MUNDIALIZAÇÃO E CULTURA 19

que, num determinado nível dos valores, existe um genuíno consenso. Mas deveria deixar claro que as implicações deste consenso encontram-se, no nível das normas institucionalizadas, da forma mais fragmentária, e que deveríamos especificá-las melhor, antes que qualquer ordem internacional, moderadamente estável, possa emergir".[11]

Creio que esta dubiedade das ciências sociais pode ser compreendida se lembrarmos que elas são sempre uma auto-consciência crítica da realidade. Quando Gurvitch escrevia, em 1950, o processo de globalização não era ainda evidente. O pensamento tinha dificuldade em apreender algo que existia (pois há uma história da mundialização), mas não havia se cristalizado. Taleou Parsons, alguns anos depois, e em outro lugar (os Estados Unidos desfrutavam inquestionavelmente da posição de potência mundial), intui a emergência de processos sociais não contemplados pela análise sociológica. Mas a hesitação permanece. O objeto não desfruta ainda de pleno direito de cidadania. Talvez o primeiro texto da literatura sociológica que irá reverter esta indecisão será o de Wilbert Moore, "Sociologia global: o mundo como um sistema singular".[12] Publicado em 1966, ele reivindica uma outra abordagem, a elaboração de uma Sociologia abrangendo o globo terrestre. A extensão territorial, reduzida antes às sociedades nacionais, pode assim se prolongar no interior de um espaço muito mais amplo. O mundo toma-se um "supersistema" englobando outros "sistemas" menores, em tamanho e complexidade.

Existe, porém, uma distância considerável entre uma proposta e sua realização. A rigor, os estudos sobre o mundo como sistema se iniciam apenas em meados dos anos 1970.

---

11. Ibid., p. 309.
12. O texto de Moore tem a meu ver mais um interesse histórico do que propriamente analítico. Trata-se de uma proposta, de uma intenção ainda desarticulada, distante de uma reflexão sistematizada ou de um programa de pesquisa. Ver *The American Journal of Sociology*, vol. 71, nº 5, 1966.

20   RENATO ORTIZ

Neste movimento de reformulação das ideias Immanuel Wallerstein terá um papel de destaque. Seu livro O *moderno sistema mundial* lança as bases de uma história sistêmica do capitalismo[13]. Sua crítica ao Estado-Nação como unidade de análise abre a perspectiva de se pensar o movimento concreto de estruturação do mundo. *"World-system"* torna-se assim uma categoria analítica para se dar conta da totalidade envolvente.*

* * *

Como pensar esta realidade mundial a partir da problemática cultural? A questão não é simples, pois a herança intelectual tende a ressaltar os aspectos específicos de cada cultura. Herder, que inaugura uma maneira de pensar, vai considerá-la como "a totalidade de um modo de vida", o "espírito de um povo".[14] Crítico da filosofia de sua época, ele se recusa a considerar o "universal", a "humanidade", e se volta para as identidades particulares. As sociedades escapariam assim das malhas da história global, elas seriam análogas aos organismos vivos, centrados sobre si mesmos. Cultura existiria apenas no plural, enfoque antagônico à visão abrangente

---

13. I. Wallerstein, *The modern world-system*, N.York, Academic Press, 1976. Ver ainda " *World-systems analysis"* in A. Giddens e J. Turner, *Social theory today*, Stanford, Stanford University Press, 1987, e "An agenda for world-systems analysis" in W. Thompson (org.), *Contending approaches to world-system analysis*, Beverly Hills (CA), Sage, 1983.

* É interessante notar que a discussão sobre a globalização surge nos Estados Unidos. Provavelmente, sua posição hegemônica no cenário internacional desafia e instiga a imaginação dos intelectuais. São vários os textos que problematizam o tema, e em distintas disciplinas. Theodore Levitt publica "Globalization of markets " *(Harvard Business Review*, May-June 1983) dando início a uma longa discussão sobre o "marketing global". E. Tiryakian acredita que o ensino da Sociologia deveria ser transformado diante da emergência de um mundo globalizado (ver "Sociology's great leap forward: the challenge of internationalization", *International Sociology*, vol.12, nº 1, 1986). O "clima" é outro, por exemplo, na França. Até meados dos anos 1980 há um relativo silêncio sobre o assunto. Neste momento, quando Henri Lefebvre se interessa pela problemática, ele se choca com "a indiferença dos franceses pela mundialidade". (Ver R. Hess, *Henri Lefebvre et l'aventure du siècle*, Paris, A. M. Metaillé, 1988.)

14. Ver J. Herder, *Une autre philosophie de l'histoire*, Paris, Aubier, 1964.

MUNDIALIZAÇÃO E CULTURA 21

do iluminismo. Apesar das polêmicas sobre como defini-la conceitualmente, esta dimensão pluralista permanece e permeia a tradição antropológica. Os estudos comparativos realizados no século XIX, como os de Tylor, tentam mostrar como a mentalidade primitiva difere da do homem moderno. A obra de Frazer tem como objetivo central revelar as crenças "bizarras" de nossos ancestrais. Existe, pois, uma distância entre as culturas primitivas entre si, e entre elas e os princípios modernos. Mesmo quando mais tarde a Antropologia se institucionaliza como disciplina científica, este aspecto de separação, de distanciamento, se mantém. O próprio método de observação participante o pressupõe. Como o observador é um estrangeiro, se encontra "fora" do ambiente que lhe interessa captar, ele deve dele se aproximar, "fazer-se nativo" para apreendê-lo de maneira convincente (Geertz dirá que "fazer etnografia é como tentar ler um manuscrito estranho"). Cada "povo" é uma entidade, um "mundo" diverso dos outros. Decifradores de uma linguagem oculta, os antropólogos se veem como estudiosos das diferenças. A categoria cultura lhes permite dar conta desta pluralidade dos modos de vida e de pensamento.

Evidentemente uma análise que se abre para o entendimento da mundialização da cultura se choca com boa parte da tradição intelectual existente. O que se propõe estudar é justamente um conjunto de valores, estilos, formas de pensar, que se estende a uma diversidade de grupos sociais vistos até então como senhores de seus próprios destinos.[15] Os antropólogos estavam habituados a tratar com uma escala restrita

---

15. São poucos os antropólogos que têm se interessado pelo processo de mundialização. Na maioria das vezes eles resistem ao tema, como Marshall Sahlins, quando pretende refutar os pontos de vista de Wallerstein (ver "Cosmologias do capitalismo: o setor transpacífico do sistema mundial", XVI Reunião da ABA, Campinas, Unicamp, 1988). Cito como uma tentativa de se abrir a reflexão para a compreensão de uma sociedade global o artigo de Paula Montero, "Questões para a etnografia numa sociedade mundial", *Novos Estudos Cebrap*, nº 36, julho, 1993.

22   RENATO ORTIZ

da realidade. Voltados para o estudo das sociedades primitivas, ou de segmentos das sociedades modernas, eles conseguiam delimitar um objeto coeso no interior de limites precisos – a tribo, a etnia, a cultura popular negra, etc. Neste contexto, observador e objeto partilham da mesma dimensão, do mesmo "tamanho" (Lévi-Strauss afirma que a Etnologia opera com modelos mecânicos, isto é, cujos elementos constitutivos possuem a escala dos fenômenos observados). A globalização é também uma questão de escala, por isso requer uma estratégia compreensiva distinta. Esta rotação do pensamento se impõe, não apenas por causa de exigências disciplinares (por exemplo trocar o ponto de vista antropológico pelo sociológico), mas devido às profundas transformações por que passa o mundo moderno. Uma cultura mundializada corresponde a mudanças de ordem estrutural. Essas transformações, que consideraremos mais adiante, constituem a base material sobre a qual se sustenta sua contemporaneidade.

Tomar seriamente a proposta de se pensar o mundo como especificidade implica, pois, deslocar o olhar analítico para um outro patamar. Pode-se, desta forma, integrá-lo enquanto elemento constitutivo da reflexão. No entanto, a preocupação dos antropólogos com as diferenças permanece a meu ver pertinente. Como integrá-la a um horizonte que busca conferir à cultura uma envergadura tão ampla? A dúvida só pode ser satisfatoriamente contornada se retomarmos criticamente alguns pontos que avancei anteriormente.

Se por um lado o paradigma do *world-system* faz avançar o pensamento, por outro, ele não deixa de trazer problemas que, ignorados, podem nos levar a impasses. O primeiro deles é a forte inclinação economicista das análises, pois a história do sistema mundial se confunde inteiramente com a evolução do capitalismo. Como a base econômica constitui a unidade privilegiada de análise, as manifestações políticas e culturais surgem como seu reflexo imediato. Na verdade, esta maneira de se compreender os fenômenos sociais translada para uma

MUNDIALIZAÇÃO E CULTURA 23

territorialidade mais ampla um raciocínio já conhecido. A sociedade seria formada de uma infraestrutura econômica e de uma superestrutura ideológica. O material do "piso" compreenderia e determinaria a parte "superior" dessa construção arquitetônica. O esquema explicativo induz necessariamente ao reducionismo. Neste sentido a crítica de Giddens a Wallerstein é pertinente: "[Suas análises] conseguem desvencilhar-se de algumas limitações do pensamento sociológico mais ortodoxo, principalmente da tendência enfaticamente definida a enfocar modelos endógenos de mudança social. Mas sua obra tem suas próprias deficiências. Ele continua a ver um nexo institucional dominante (capitalismo) como responsável pelas transformações modernas. A teoria do sistema mundial se concentra enfaticamente sobre influências econômicas e considera difícil explicar de forma satisfatória precisamente aqueles fenômenos como a ascensão do Estado-Nação e do sistema de Estados-Nação".[16] A esfera da política seria assim a mera extensão do nível infra-estrutural.

Eu diria que as precauções devem ser redobradas quando nos deparamos com o universo cultural. Sua interação com a dimensão econômica é evidente, e não poderia em absoluto ser negada, no entanto, as relações que se estabelecem estão longe de se acomodar a qualquer tipo de "determinação em última instância". Até mesmo do ponto de vista histórico esta associação parece-me indevida. Se podemos dizer que a construção do capitalismo se inicia no século XV, disso não decorre a existência de uma cultura intrínseca, permanente e comum, às manifestações que lhe seguem, por exemplo, no século XIX. Seria insensato dizer que a cultura do "antigo regime" é similar à modernidade inaugurada pela Revolução Industrial e política dos países europeus. Não é por acaso que Braudel compreende a formação do espaço da economia--mundo capitalista como a interação de três ordens distintas:

---

16. S. Giddens, *As consequências da modernidade*, S. Paulo, Ed. Unesp, 1991, p. 74.

24   RENATO ORTIZ

a civilização material, a das trocas, e a do capitalismo propriamente dito.[17] Não me interessa tanto discutir se sua definição do modelo capitalista é convincente ou não. O que me parece sugestivo é que sua construção teórica confere à civilização material, isto é, às estruturas do cotidiano, um ritmo e uma condição diferenciada em relação às trocas dos mercados regionais e às transações comerciais de maior envergadura do comércio internacional. Entre os séculos XV e XVIII a base material da sociedade comporta um nível lento de mudanças e, por isso, ele pode ser entendido como um tempo de longa duração. A continuidade se preserva devido a uma relativa permanência da esfera propriamente cultural. Hábitos alimentares, maneira de se vestir, crenças, enfim, os costumes fazem um contrapeso à mobilidade mercantil, confinada ao domínio das trocas internacionais. A correlação entre cultura e economia não se faz portanto de maneira imediata. Isto significa que a história cultural das sociedades capitalistas não se confunde com as estruturas permanentes do capitalismo. O século XIX conhece expressões culturais diferenciadas no seu início, com o nascimento da sociedade industrial, e no seu final, com a emergência da modernidade urbana e o *take off* da segunda Revolução Industrial. E se hoje o tema da pós-modernidade se impõe é porque no âmago deste mundo que descrevemos como sendo capitalista surgem outras configurações irredutíveis ao processo econômico.

Uma outra premissa, postulada pela análise, é seu caráter sistêmico. Fala-se cada vez mais em "sistema-mundo", isto é, no conjunto articulado no interior do qual todos os elementos se encontrariam funcionalmente determinados pelo todo.[18] Um exemplo, os trabalhos de Luhman, que ao conceber

---

17. F. Braudel, *Civilización material economia y capitalismo: siglos XV-XVIII,* Madri, Alianza Ed., 1984.
18. Ver por exemplo, Olivier Dollfus, "Le système monde", *L'information Géographique,* nº 54, 1990.

MUNDIALIZAÇÃO E CULTURA 25

a sociedade como um sistema pode estender o conceito para a territorialidade mundial. "Nas condições modernas, como consequência de uma diferenciação funcional, somente um sistema societário pode existir. Sua rede comunicativa se espalha por todo o globo. Ela inclui todas as comunicações humanas. A sociedade moderna é, portanto, uma sociedade mundial no duplo sentido. Ela vincula um mundo a um sistema, e ela integra todos os horizontes mundiais como horizontes de um único sistema comunicativo."[19] Não se deve imaginar que esta totalidade integrada seja antagônica à ideia de diferença. Pelo contrário, sustenta-se que a complexidade do sistema se faz por meio dela. Existiria inclusive uma hierarquia entre os sistemas, indo dos mais simples aos mais complexos, isto é, dos menos aos mais diferenciados. No entanto, a diferença preenche um papel simplesmente funcional, a parte trabalha para a integridade e a coerência do todo.

A proposta teórica possui certamente qualidades, pois responde a uma gama de perguntas relativas ao desempenho das forças econômicas e políticas do "sistema mundial". Ela encerra, porém, algumas contradições, desvendando-nos seus pontos frágeis. Um primeiro aspecto diz respeito à ausência de atores individualizados. Na melhor das hipóteses, as pessoas são representadas como força de trabalho no mercado, ou membros de alguma classe social. No fundo uma sociedade-

---

19. N. Luhman, "The world society as a social system", *International Journal of General Systems,* vol. 8, 1982, pp. 132-133. Existe entre diversos autores a ideia de se buscar por uma Teoria (com maiúscula) contendo a explicação última deste conjunto dos conjuntos. A um universo único corresponderia uma Teoria única capaz de dar conta de sua complexidade. É significativo que o subtítulo do livro de Luhman, "Sociedade e Sistema", seja justamente "a ambição da teoria" (Barcelona, Paidos, 1990). A identificação do *world-system* à construção de uma teoria total é sobretudo comum entre autores americanos. Alguns deles falam por exemplo em "globologia". Ver W. Thompson (org.), *Contendig approaches to world system analysis,* op. cit. Consultar também A. Bergesen, "From utilitarianism to globology: the shift from the individual to the world as a whole as the primordial unif of analysis" in *Studies of the modern world-system,* N. York, Academic Press, 1980.

26   RENATO ORTIZ

sistema prescinde do indivíduo, ela se realiza independente de sua existência. O ponto de vista de Wallerstein, assim como o de Luhman, reedita os inconvenientes das premissas do objetivismo sociológico característicos das teorias durkheimiana e estruturalista.[20] Ao se entender a sociedade enquanto "coisa" ou "estrutura" transcende-se a existência dos "homens que fazem a história", isto é, os indivíduos (mesmo quando parte de grupos coletivos). A ação social dificilmente pode ser pensada dentro deste quadro teórico, pois aquele que a executa tem um papel passivo no processo da interação social. Enfim, o destino de todos estaria determinado (e não apenas contido) na estrutura planetária que nos envolve. Um segundo ponto refere-se ao grau de integração pressuposto pelo pensamento analítico. Para funcionar um sistema requer um concatenamento tal, a ponto de o movimento de cada uma de suas partes ser coordenado unicamente pelo conjunto. A coesão interna deve ser elevada, sem o que a organicidade sistêmica estaria comprometida. Dentro dessa perspectiva, como fica a problemática cultural? A resposta de Wallerstein é clara: "Cultura é o sistema-ideia desta economia capitalista mundial, a consequência de nossas tentativas, coletivas e históricas, em nos relacionarmos com as contradições, as ambiguidades, e a complexidade da realidade sócio-política desse sistema particular".[21] Não nos encontramos mais diante de um mero economicismo, há a tentativa de se conferir à dimensão cultural uma abrangência maior. No entanto, o esforço analítico confirma sua rigidez anterior. Cultura nada mais é do que a esfera ideológica deste *world-system*. Os limites epistemológicos nos impedem de pensá-la como "mentalidade",

---

20. Sobre a polêmica objetivismo x subjetivismo na Sociologia ver P. Bourdieu, *Esquisse d'une théorie de la pratique,* Genebra, Droz, 1972.

21. I. Wallerstein, "Culture as the ideological battleground of the modern world-system" in M. Featherstone (org.), *Global Culture,* Newbury Park (CA), Sage Publ., 1990, p. 38.

MUNDIALIZAÇÃO E CULTURA 27

como fazem os historiadores, ou "universo simbólico", como diriam os antropólogos, deixando de lado uma infinidade de manifestações, gratuitas ou não, da vida dos homens. Por isso Wallerstein irá associá-la à ideia de geopolítica, caracterizando-a como "a estrutura na qual o sistema mundial opera.[22] A rigor, os universos culturais teriam apenas uma função de "geocultura", assegurando a manutenção de uma ordem que se impõe por si própria, e a sua revelia. As críticas à perspectiva sistêmica permitem retomar a problemática cultural em outro nível. Minha preocupação inicial é não reforçar uma visão economicista. Há na ideia de globalização uma conotação que nos sugere uma certa unicidade. Quando falamos de uma economia global, nos referimos a uma estrutura única, subjacente a toda e qualquer economia. Os economistas podem, inclusive, mensurar a dinâmica desta ordem globalizada por meio de indicadores variados: as trocas e os investimentos internacionais. A esfera cultural não pode ser considerada da mesma maneira. Uma cultura mundializada não implica o aniquilamento das outras manifestações culturais, ela co-habita e se alimenta delas. Um exemplo: língua.

Durante as discussões da Segunda Internacional, Kautsky lembrava que o desenvolvimento das relações mundiais impunha cada vez mais a necessidade de uma língua unitária. Com a internacionalização do comércio, a vida dos homens ultrapassava sua comunidade de origem, tornando insuficiente para os indivíduos o conhecimento dos idiomas nacionais. O mundo caminharia assim, pelo menos numa primeira fase evolutiva, para a seleção de algumas línguas universais (árabe, francês, inglês, espanhol e russo) cobrindo determinadas áreas geográficas. Mas o caráter especulativo e internacionalista do pensamento de Kautsky, que se contrapõe aos defensores da

---

22. Ver Wallerstein, *Geopolitics and geoculture*, Cambridge, Cambridge University Press, 1991.

28 RENATO ORTIZ

experiência nacional, vai mais longe. Utopicamente ele imagina um futuro no qual estaria preparado "o terreno para um retrocesso gradual, e posterior desaparecimento das línguas nacionais menores, num primeiro momento, culminando com a unificação de toda a humanidade civilizada, numa só língua e numa só nacionalidade".[23] Esse tipo de argumento ilustra, a meu ver, todo um senso comum, identificando o processo de globalização à unicidade cultural. Mesmo a análise de alguns linguistas atuais deixa muitas vezes subentendida a possibilidade do desaparecimento das línguas, locais e nacionais, diante da progressão de um idioma mundial. A crítica ao "imperialismo" do inglês se faz muitas vezes nesses termos.[24] Penso, no entanto, que as coisas podem ser vistas de outra maneira. Evidentemente sua difusão como língua mundial não é fortuita nem inocente. São várias as causas que determinaram sua posição hegemônica no mundo atual: a existência da Inglaterra como potência colonizadora, o papel econômico dos Estados Unidos no século XX, a presença das corporações multinacionais, as transformações tecnológicas (invenção do computador e de uma linguagem informatizada), o peso de uma indústria cultural marcada por sua origem norte-americana. Seria inconsequente imaginar que a imposição de uma língua se faz à revelia das relações de força. Como no passado, o árabe no mundo islâmico, o latim no Império Romano, o poder cumpre um papel central na sua difusão.

Entretanto, disso não decorre necessariamente uma uniformidade linguística. Para existir enquanto língua mundial o inglês deve se nativizar, adaptando-se aos padrões das culturas específicas.[25] A diversidade de usos determina estilos

---

23. K. Kautsky, "Nacionalidad y internacionalidad" in *La segunda internacional y el problema nacional y colonial,* México, Cuadernos de Pasado y Presente, 1978, p. 141.
24. Ver R. Phillipson, *Linguist imperialism,* Oxford, Oxford University Press, 1992.
25. Sobre a nativização consultar B. Kachru, "Institutionalized secondlanguage" in S. Greenbaum (org.), *The English language today,* Oxford, Pergamon Press, 1985.

MUNDIALIZAÇÃO E CULTURA 29

e registros particulares. Ao lado do inglês britânico e americano, co-habitam as variedades da Índia, Gana, Filipinas, etc. Mas é possível ir além desta constatação, válida unicamente para os países nos quais o inglês se apresenta como "segunda língua". Na verdade, sua abrangência ultrapassa as fronteiras dos povos anglofônicos. Ele penetra domínios distintos – informática, tráfego aéreo, colóquios científicos, intercâmbio entre multinacionais – para se transformar na língua oficial das relações internacionais. Isto não implica, no entanto, o declínio de outros idiomas. Como observa Claude Truchot, o inglês se caracteriza pela sua transversalidade, ele atua no interior de um "espaço transglóssico" no qual outras expressões linguísticas se manifestam. Ele "engloba todos os usos de caráter extranacional, mas apenas esses usos. O desenvolvimento de um espaço transglóssico não abole a função veicular das línguas locais, ele a setoriza".[26] O mundialismo não se identifica pois à uniformidade. Uma língua não existe apenas como estrutura, objetivamente transcendente ao sujeito falante, é necessário contextualizar o seu uso.[27] As situações concretas irão determinar os domínios nos quais o inglês evolui; em alguns casos, ele será preponderante (tecnologia, mídia e educação superior); em outros, estará ausente, ou terá um peso menor (família, religião e trabalho).

Retomando meu raciocínio anterior, creio ser interessante neste ponto distinguir entre os termos "global" e "mundial". Empregarei o primeiro quando me referir a processos econômicos e tecnológicos, mas reservarei a ideia de mundialização ao domínio específico da cultura. A categoria "mundo" encontra-se assim articulada a duas dimensões. Ela vincula-se primeiro ao movimento de globalização das sociedades, mas significa também uma "visão de mundo",

---

26. C. Truchot, *L'anglais dans le monde contemporain,* Paris, Le Robert, 1900, pp. 306-307.
27 J. Fishman, R. L. Cooper, A. W. Conrad (org.), *The spread of English,* Rowley (Mass.), Newbury House, 1977.

30   RENATO ORTIZ

um universo simbólico específico à civilização atual. Nesse sentido ele convive com outras visões de mundo, estabelecendo entre elas hierarquias, conflitos e acomodações. Por isso, prefiro dizer que o inglês é uma "língua mundial". Sua transversalidade revela e exprime a globalização da vida moderna; sua mundialidade preserva os outros idiomas no interior deste espaço transglóssico.

Um outro problema que vinha discutindo diz respeito ao grau de integração dos sistemas. A pergunta que se pode fazer é a seguinte: o mundo é realmente "sistêmico"? Mesmo os economistas têm algumas dúvidas sobre esse fato, pois o "Quarto Mundo" (mas não o "Terceiro") se integra mal ao mercado mundial.[28] Por outro lado existem manifestações de cunho político e cultural que não me parecem ser apenas "disfunções" no interior de um conjunto mais amplo. O fundamentalismo islâmico pode ser compreendido como uma recusa da modernidade, um rechaço aos valores do Ocidente.[29] Como todo "grande relato" (para falar como Lyotard), ele resiste às exigências da globalização das sociedades e da mundialização da cultura. Para o Islã, Deus está vivo, não no sentido de uma crença individual, mas de uma coletividade que se organiza segundo princípios religiosos. Visão de mundo na qual se enraízam a relação entre Estado e religião, e uma ética distante da racionalidade moderna. Não quero com isso negar a organicidade das relações globalizadas. Seria contradizer minha hipótese inicial. Mas há uma diferença em se conceber a sociedade como interação de forças diversas, e pensá-la de maneira "sistêmica" (não me refiro à ideia de sis-

---

28. Ver S. Amin, "Le monde est-il un marché? Le système mondial peut-il être réduit à un marché mondial?", *Actuel Marx*, nº 9, 1991.

29. Consultar M. Rodinson, "L'Islam: politique et croyance", Paris, Fayard, 1993; ver ainda N. Johnson "Mass culture and Islamic populism" in G. Stauth, S. Zubaida, *Mass culture, popular culture and social life in the middle east,* Boulder, Co-Westview, 1987.

MUNDIALIZAÇÃO E CULTURA   31

tema quando utilizada de maneira descritiva, sugerindo com isso um ordenamento das coisas). Seria mais convincente compreender a mundialização como processo e totalidade. Processo que se reproduz e se desfaz incessantemente (como toda sociedade) no contexto das disputas e das aspirações divididas pelos atores sociais. Mas que se reveste, no caso que nos interessa, de uma dimensão abrangente, englobando outras formas de organização social: comunidades, etnias e nações. A totalidade penetra as partes no seu âmago, redefinindo-as nas suas especificidades. Neste sentido seria impróprio falar de uma "cultura-mundo", cujo nível hierárquico se situaria fora e acima das culturas nacionais ou locais. Raciocinar desta maneira seria estabelecer relações dicotômicas entre os diversos patamares (uma "cultura-mundo" interagindo com esferas autonomizadas, local ou nacional), promovendo a razão dualista em escala planetária (oposição entre cultura estrangeira x autóctone, Norte x Sul). O processo de mundialização é um fenômeno social total que permeia o conjunto das manifestações culturais. Para existir, ele deve se localizar, enraizar-se nas práticas cotidianas dos homens, sem o que seria uma expressão abstrata das relações sociais. Com a emergência de uma sociedade globalizada, a totalidade cultural remodela, portanto, sem a necessidade de raciocinarmos em termos sistêmicos, a "situação" na qual se encontravam as múltiplas particularidades.

Pensar a mundialização como totalidade nos permite aproximá-la à noção de "civilização", tal como a entendia Marcel Mauss: conjunto extranacional de fenômenos sociais específicos e comuns a várias sociedades.[30] Mas é necessário ressaltar uma peculiaridade dos tempos atuais. Historicamente uma civilização se estendia para além dos limites dos povos, mas se confinava a uma área geográfica determinada. Uma cultura mundializada corresponde a uma civilização cuja

---

30. M. Mauss, "Théorie des civilisations" in *Oeuvres*, tomo 2, Paris, Minuit, 1974.

32 RENATO ORTIZ

territorialidade se globalizou. Isto não significa, porém, que o traço comum seja sinônimo de homogeneidade. Sublinho este aspecto porque o debate cultural muitas vezes identifica, de maneira imprópria, essas duas dimensões. Desde sua origem, a discussão sobre cultura de "massa" debate-se com o dilema da uniformização das consciências.[31] Na verdade, a própria concepção do que seria a "massa" associa-se aos fenômenos de multidão, em que as individualidades se dissolveriam em detrimento do todo. O tema se repõe no contexto da difusão tecnológica. Para muitos, a "aldeia global" consagraria uma homogeneização dos hábitos e do pensamento. As tecnologias de comunicação, ao aproximarem as pessoas, tomaria o mundo cada vez menor e idêntico. Um exemplo, o diagnóstico de Theodore Levitt sobre a globalização dos mercados.[32] Viveríamos hoje uma realidade na qual teria ocorrido uma estandardização dos produtos consumidos em escala mundial, homogeneizando de maneira irrevogável nossas necessidades. Seria ingênuo se contrapor acriticamente a esta perspectiva globalizante. Ciência, tecnologia e consumo são vetores importantes no processo de formação de uma sociedade globalizada. Há de fato uma estandardização de diferentes domínios da vida moderna. Isso se deve em boa medida ao industrialismo que penetra a própria esfera cultural. A fabricação industrial da cultura (filmes, séries de televisão, etc.) e a existência de um mercado mundial exigem uma padronização dos produtos.

Creio, porém, que deveríamos diferenciar entre *pattern* e *standard*.* Os antropólogos já nos ensinavam que nenhuma sociedade existe sem um padrão determinado. Mas o

---

31. Ver N. Jacobs (org.), *Culture for millions: mass media in modern society,* Boston, Beacon Press, 1964.

32. T. Levitt, op. cit.

* Em inglês *pattern* é o modelo cultural, enquanto *standard* se aplica ao processo de produção de objetos. São portanto palavras distintas que se referem a domínios diferenciados. Em português "padrão" e "padronização" possuem a mesma raiz, confundindo dimensões que estou procurando ressaltar.

MUNDIALIZAÇÃO E CULTURA 33

que eles entendiam por isso: os modelos, as normas estruturantes das relações sociais. O comportamento individual se vincula sempre a este "fundo" partilhado por todos. Uma sociedade é um conjunto de subgrupos cujos modos particulares se distinguem no interior de um modelo comum. Mas em nenhum momento, na análise das sociedades primitivas, fala-se de "estandardização" da cultura (não faria sentido descrever a vida dos aborígines das ilhas de Trobriand utilizando a categoria padronização). É apenas na discussão das sociedades modernas que *pattern* se identifica a *standard*, significando com isso uma homogeneização dos costumes. Esta associação tornou-se natural porque o processo cultural nessas sociedades encerra um grau elevado de autonomia e de industrialismo. Autonomia que se cristaliza no seio de instâncias especializadas (indústria cultural, por exemplo) separadas de outros setores da vida social. A racionalidade do mundo moderno distingue as diferentes esferas constitutivas da sociedade. No entanto, numa dessas esferas, que se torna preponderante dentro de uma sociedade de consumo, o processo de padronização se instaura com força. A produção serializada de artefatos culturais permitirá inclusive uma analogia com a racionalidade fabril. No entanto, este traço fundamental das sociedades contemporâneas não nos deve fazer confundir as coisas. Quando Weber fala da racionalização da música ocidental, ele tem em mente a formação de um padrão cultural no sentido que os antropólogos atribuem ao conceito. Entretanto, dificilmente poderíamos assimilar este padrão à ideia de estandardização. Mesmo Adorno, que insiste sobre a unidimensionalidade da cultura, quando estuda a música popular toma o universo erudito como uma referência que se contrapõe à serialização da indústria cultural.[33] Dito de outra forma, o padrão não se confunde com o *standard*. A questão é compreender

---

33. Ver T. Adorno, "Sobre a música popular" in G. Cohn (org.), *Theodor Adorno*, S. Paulo, Ática, 1986.

34 RENATO ORTIZ

como o processo de padronização torna-se hegemônico no mundo atual (o que significa dizer que outros tipos de expressões culturais coexistem no contexto hegemonizado da sociedade global).

Retomar o conceito de civilização recoloca o debate de outra forma. Não há uma oposição conceitual entre o comum e o diverso. Os historiadores nos mostram, por exemplo, que a civilização muçulmana somente se realiza na sua diversidade. A crença no Corão e sua exegese pela hierocracia religiosa atuam como cimento unitário da cultura islâmica de vários povos. Porém, no seio deste espaço amplo, a diversidade permanece enquanto a atualização dos grupos e dos interesses que se confrontam (separação entre xiismo e sunismo, lutas entre facções políticas, enfrentamento do islamismo com a religiosidade mágica das classes populares, etc.). Uma civilização promove um padrão cultural sem com isso implicar a uniformização de todos. Uma cultura mundializada secreta também um *pattern*, que eu qualificaria de modernidade-mundo. Sua amplitude envolve certamente outras manifestações, mas, o que é mais importante, ela possui uma especificidade, fundando uma nova maneira de "estar no mundo", estabelecendo novos valores e legitimações.

CAPÍTULO II

ADVENTO DE UMA CIVILIZAÇÃO

É sempre possível dizer que a noção de mundo é bastante antiga, mas penso que ela se revestia antes de um caráter particular, no sentido de específico, de contido. Certamente as religiões universais sempre a tiveram em consideração. Tanto o islamismo como o budismo nunca se contentaram com as restrições impostas pelas sociedades que os criaram. Eles transbordavam as fronteiras dos povos, expandindo-se para além dos seus locais de origem. Também a cristandade na Idade Média formava um "mundo". Com seus valores, crenças e costumes, ela se espraiava por um espaço extenso, congregando grupos distintos. Na verdade, este movimento de expansão estava presente no princípio universalista dessas religiões. Elas se dirigiam à consciência individual, aliviando os homens, pelo menos idealmente, do fardo da contingência histórica. Qualquer indivíduo poderia eleger seu próprio Deus, sua crença; o dogma da conversão impulsiona os universos religiosos para fora de suas fronteiras geográficas. No entanto, apesar desta compulsão pela universalidade, esses "mundos" eram domínios relativamente fechados. Os limites entre eles eram claros e muitas vezes intransponíveis. As Cruzadas são um bom exemplo da rigidez das barreiras, do choque entre universalidades antagônicas. Evidentemente, não se pode negar um intercâmbio comercial e intelectual entre Ocidente e Oriente – comércio das especiarias, rota da seda, contato intelectual (o pensamento helênico chega à Europa medieval por meio dos filósofos árabes). Porém, se essas culturas se tocavam, se comunicavam, não é menos verdade que giravam em órbitas diferentes. Cada uma possuía seu próprio centro, podendo até mesmo integrar elementos que vinham de fora, desde que adaptados à sua rotação.

Uma maneira de se ilustrar essa autonomia das culturas é retomando-se o conceito de economia-mundo cunhado por Braudel.[1] Para ele, uma economia-mundo evoluiria no interior de um círculo de trocas envolvendo uma área geográfica delimitada. Ela conteria um centro a partir do qual se articularia, estendendo-se até os limites de sua influência. A história dos homens pode então ser contada como uma sucessão de economias-mundo que se interpenetram e se excluem, buscando fixar ou extrapolar suas presenças. Da mesma forma que as religiões universais conheciam seus centros, as economias-mundo giravam em torno de seus núcleos específicos. A difusão cultural, assim como o universo das trocas, se fazia levando-se em consideração os círculos concêntricos que a determinavam. A pergunta que nos interessa é a seguinte: em que momento essas economias, independentes entre si, tornam-se uma só? A resposta, alguns autores procuram no desenvolvimento do capitalismo entre os séculos XV e XVIII. Este é o momento de sua expansão. Dinamizado pelas descobertas marítimas (o planeta toma-se geograficamente unificado), o capitalismo, um produto do Ocidente, promove seus valores universais, e etnocêntricos, em escala ampliada.[2]

No entanto, apesar da colonização dos continentes (América, África), da pujança militar e econômica de algumas potências, seria prematuro falarmos de globalização. São vários os indícios de sua incipiência.

Até o final do século XVIII, mesmo diante do surgimento de uma economia internacionalizada, persistiam economias-mundo solidamente organizadas na China, Japão

---

1. F. Braudel, *Civilisación material, economia y capitalismo: siglos XV-XVIII*, op. cit.

2. Um livro interessante sobre o capitalismo e seus valores etnocêntricos é o de Samir Amin, *L'eurocentrisme*. Paris, Anthropos, 1988.

MUNDIALIZAÇÃO E CULTURA   37

e Islã.[3] A rigor, até meados do século XIX, a fraqueza dos laços econômicos, a falta de relações diplomáticas e as distâncias impediam a emergência de um mundo singular. Como dirá Hobsbawm, é somente neste momento que se "cria uma economia global única, que atinge progressivamente as mais remotas paragens do mundo, uma rede cada vez mais densa de transações econômicas, comunicações e movimentos de bens, dinheiro e pessoas ligando os países desenvolvidos entre si e ao mundo não desenvolvido".[4] Na verdade, a própria divisão entre países "adiantados" e "atrasados" não existia ainda, ela é fruto da Revolução Industrial. Na virada do século XVIII, o produto *per capita* dos países ocidentais era equivalente ao de regiões que acostumamos chamar de Terceiro Mundo, e é bastante provável que em várias delas o padrão médio de vida fosse superior ao europeu.

Pode-se entender a incipiência deste processo (descrito muitas vezes de maneira demasiadamente sistêmica) quando se toma os exemplos do Japão e da China. A controvérsia entre ingleses e chineses, tão bem analisada por Alain Peyrefitte, que termina com a guerra do ópio (1839-1842), é sugestiva neste sentido.[5] Em 1793 a Inglaterra envia uma embaixada permanente à China com o objetivo de comercializar seus produtos – a indústria britânica busca abrir o mercado internacional. Porém, a China é autossuficiente, e tem pouco interesse pelas mercadorias estrangeiras, além de viver numa economia fechada. Os ingleses querem quebrar as "barreiras protecionistas" (um termo atual) para impor o "livre comércio", mas se chocam com uma incompreensão total. O Estado chinês não considera o comércio uma simples transação econômica. Ele se integra a toda uma filosofia (no sentido gramsciano). A China imperial é um

---

3. F. Braudel, *La dinamica del capitalismo*, México, Fondo de Cultura Económica, 1986.
4 E. Hobsbawn, *A era dos impérios*, R. Janeiro, Paz e Terra, 1988, p. 95.
5. Ver A. Peyrefitte, *L'empire immobile ou le choc des mondes*, Paris, Fayard, 1989; *Un choc de cultures: la vision des chinois*, Paris, Fayard, 1991.

mundo no qual o tempo é celestial, e o horóscopo rege a vida dos homens. O céu é redondo, e a terra, mais vasta do que ele, seria quadrada. Pequim era o ponto para a qual convergiriam "todas as direções", a capital fixa o espaço da vida cosmológica e do poder. Em contrapartida, os cantos do quadrado da terra, habitados pelos "bárbaros", não eram cobertos pelo céu (vivia-se nas trevas). O mapa-múndi era concebido como uma sucessão de círculos concêntricos. Vinha primeiro a China, em seguida os países achinesados (Japão e Coreia), depois os povos longínquos. O que se encontra fora do círculo central é assimilado à barbárie; a luz brilha apenas no domínio do conhecido, do que é controlado material e simbolicamente pelos homens. Dentro dessa perspectiva torna-se impossível pensar uma relação paritária (pelo menos em princípio) entre Estados. Os presentes trazidos pelos ingleses, para seduzir o poder local, são percebidos como tributos ao imperador, isto é, são reinterpretados pelo código da vassalagem; o "livre comércio" é ressemantizado enquanto privilégio concedido pelo imperador aos "bárbaros " que vêm de longe.

Algo semelhante ocorre com o Japão.[6] Diante do poderio bélico do Ocidente, teme-se pela desarticulação de sua sociedade; o Estado opta assim por uma política de auto-exclusão. Durante a Era Tokugawa (1603-1867) serão proscritas as religiões exógenas (catolicismo) e o comércio com o exterior. Recusando a barbárie ocidental, com seus valores e sua ganância, o Japão retira-se do "sistema mundial", preservando a ordem feudal consubstanciada no regime de castas. Pode-se discutir se as razões do bloqueio são as mesmas na China e no Japão. Para o império celestial a ideia de uma política consciente de isolamento era em si inconcebível. A dúvida era inteiramente descabida para o pensamento vigente, pois a China se considerava "naturalmente" o centro

---

6. Consultar G. Sansom, *Japan: a short cultural history*, Stanford, Stanford University Press, 1978; *The western world and Japan*, N. York, Knopt, 1950.

MUNDIALIZAÇÃO E CULTURA   39

do universo. Os japoneses sabiam que existia outros povos mais poderosos do que eles, por isso decidem pela retração do "seu" mundo. Importa no entanto entender que essas culturas possuem suas próprias centralidades, diversas e antagônicas ao etnocentrismo ocidental.[7] "Bárbaro" é o que escapa dos limites geográficos e cosmológicos de sua compreensão. Se é verdade que o Ocidente cristão, por meio de sua superioridade militar e econômica, consegue penetrar na América e na África, desarticulando as concepções de mundo dos povos primitivos, ou destruindo impérios como os asteca e inca, na Ásia (China, Índia e Japão), ele se depara com filosofias universais que se contrapõem à sua hegemonia cultural.

O mundo anterior à Revolução Industrial conserva, portanto, pluralidade e a autonomia das civilizações. Mas eu diria que mesmo no interior das sociedades ocidentais existem defasagens, espaços impermeáveis aos valores modais desta cultura. Quando Weber se pergunta por que o capitalismo nasce no Ocidente, sua resposta retém um aspecto do problema: a racionalidade. As sociedades ocidentais secretam um padrão de desenvolvimento racional que evolui em domínios diversos: economia (capitalismo), ciência (medicina), direito (regras jurídicas), música (harmonia e contraponto), burocracia (aparelho de Estado). A interpretação weberiana é sugestiva quando a consideramos do ponto de vista comparativo. De fato, as outras sociedades existentes ainda moldam as relações sociais em princípios fundamentalmente religiosos. A burocracia chinesa possui certamente uma racionalidade própria que lhe permite um tipo de dominação imperial. No entanto, o fundamento do confucionismo articula e penetra outras esferas da vida so-

---

7. Também o mundo islâmico forma uma unidade coesa até o século XIX. Invadido pelos turcos, sua força foi conseguir transformar-se na cultura do invasor. O conflito com a modernidade ocidental se inicia com a época de Bonaparte e a conquista do Egito. Ver André Miquel, *L'islam et sa civilisation,* Paris, Colin, 1968.

40   RENATO ORTIZ

cial; por isso valores extraeconômicos são incorporados a uma atividade como o comércio, associando-o a uma concepção que retarda a autonomização racional. Pode-se dizer o mesmo do Islã. Trata-se de uma civilização que se constitui a partir de textos sagrados. O Corão e a Suna formam um conjunto de princípios que orientam o direito e os costumes. A razão interpretativa é, portanto, o instrumento privilegiado do homem religioso. Porém, a metafísica árabe (objeto permanente de debates pelas correntes antagônicas) confina o pensamento à discussão de uma moral que permeia o conjunto da sociedade. Como no caso da China, a ideologia, pela sua amplitude explicativa, estendendo-se da economia à conduta individual, da política às relações familiares, represa o florescimento de uma racionalidade isenta das premissas sagradas.

Entretanto, quando nos distanciamos da perspectiva comparativa, e focalizamos as sociedades ocidentais propriamente ditas, percebemos o quanto elas são também tradicionais. O Antigo Regime é constituído por uma realidade predominantemente rural, com uma baixa operacionalidade dos padrões técnicos. Apesar do racionalismo e do experimentalismo científico, pragmaticamente ele não engendra nenhuma transformação técnica imediata. As sociedades europeias participam ainda da revolução agrícola, do ponto de vista técnico, isto é, do controle da natureza, pouco se diferenciam das outras. Como afirma Cario Cipolla, "pode-se dizer, sem medo de se equivocar, que até a Revolução Industrial o homem, para obter energia, continuou confiando principalmente nas plantas, animais e outros homens; o aproveitamento das outras fontes disponíveis – principalmente a força do vento e da água – foi limitado.[8] A ciência, enquanto conhecimento, evolui, mas não consegue modificar a dinâmica social. Um exemplo claro dessa limi-

---

8. C. Cipolla, *Historia económica de la población mundial,* Barcelona, Ed. Crítica, 1978, p. 55.

MUNDIALIZAÇÃO E CULTURA   41

tação é o regime biológico das populações europeias. Os historiadores nos mostram que até o final do século XVIII o aumento populacional encontra-se frequentemente ameaçado pelo alto índice de mortalidade (próximo ao de nascimentos). As crises cíclicas, de fome e de epidemias, atestam a incapacidade de se ultrapassar um determinado nível de desenvolvimento. Na verdade, o peso da tradição (no sentido amplo da palavra: demográfico, econômico e cultural) suplanta qualquer outra dimensão; predominam a religião, as crenças mágicas, os valores rurais. Se é possível apontar para a emergência de uma ética ascética de trabalho (seja junto a grupos protestantes como queria Weber, seja entre mercadores católicos), devemos lembrar que isto se dá em contraposição a um outro tipo prevalente de comportamento: o aristocrático. A nobreza, classe dominante, privilegia a ética da ostentação, do luxo, e se pauta por um padrão de refinamento, socialmente distinto dos outros estratos sociais.[9] A racionalidade é certamente um traço característico da civilização ocidental, mas ela encontra-se contida dentro de um horizonte preciso.

Até mesmo o mercado, *locus* do cálculo por excelência, não possuía uma autonomia própria, sendo absorvido pelo sistema social. Como demonstra Polanyi, o capitalismo evoluía apenas na esfera internacional, no fluxo do intercâmbio entre os povos.[10] Entre os séculos XVI e XVIII, a diferença entre mercado interno e externo não era apenas de tamanho, tratava-se de instituições com funções e origens distintas. Enquanto o mercado externo era competitivo e se baseava nas trocas de produtos não perecíveis, comercializados a distância, o interno era local, fechava sobre si mesmo, e concentrava o que era produzido regionalmente. Por isso, o espírito capitalista dos comerciantes se forma no jogo das trocas externas e não no interior da reciprocidade dos mer-

---

9 Ver N. Elias, *A sociedade de corte*, Lisboa, Estampa, 1987.
10. K. Polanyi, *A grande transformação*, R. Janeiro, Campus, 1980.

cados locais. As cidades antigas possuíam funções contraditórias: estimulavam o intercâmbio local, mas continham a comercialização generalizada das mercadorias. Havia, inclusive, um conjunto de regras legais, religiosas e mesmo mágicas, que cerravam os mercados uns aos outros, e os isolavam do campo. O mercado autorregulável surge com o século XIX. Até então as partes de um mesmo país encontravam-se desarticuladas, e não se vinculavam de maneira orgânica com o "sistema mundial". A "grande transformação" é que elas passam agora a participar de uma entidade específica; o que era diverso e díspare pode integrar uma totalidade autorregulada.

Gostaria de reter do argumento de Polanyi a ideia de integração, e discutir dois pontos que me parecem fundamentais para a compreensão do processo de mundialização: nação e modernidade. Trata-se, a meu ver, de um aspecto atual do debate, pois a nação é muitas vezes vista como algo incongruente com o movimento de globalização. A controvérsia sobre o fim do Estado-Nação gira em torno deste pressuposto: o antagonismo entre o global e o nacional. Recolocar o problema em termos históricos nos ajuda a matizar as análises, e, talvez, entender melhor alguns traços do presente.

Sublinho primeiro a novidade histórica do conceito moderno de nação. Sua emergência, como nos mostra Gellner, representa uma "estrutura social" que substitui uma outra anterior, correspondendo à passagem da sociedade agrária para a industrial. Como se caracterizam esses dois momentos? "No típico estado agrário alfabetizado, a classe dirigente é formada por uma pequena minoria da população, encontrando-se estritamente separada da grande maioria de produtores agrícolas diretos, ou camponeses. Em termos genéricos, sua ideologia, mais do que temperar, acentua a desigualdade de classe e o grau de alheamento do estrato dirigente. Este, por sua vez, pode subdividir-se num certo número de camadas especializadas: guerreiros, sacerdotes, cléricos, administradores, cidadãos. Porém, o ponto

MUNDIALIZAÇÃO E CULTURA 43

mais importante é o seguinte: o estrato dirigente, tanto no sentido geral, como em relação aos subestratos que acolhe, reforça mais a diferenciação do que a homogeneidade cultural. Quanto mais diferenciados sejam os diversos estratos, em todos os tipos de detalhes, menor será a fricção e a ambiguidade entre eles."[11] As sociedades passadas se definiriam assim por um "pluralismo hierarquizado" (a expressão é de Maxime Rodinson quando estuda a civilização muçulmana). O advento da ordem industrial reverte este quadro. A divisão de trabalho e a pluralidade funcional dos papéis requer de seus membros uma maior mobilidade, uma capacidade de se adaptar às diferentes ocupações que possam exercer. As rígidas fronteiras estamentais cedem lugar a uma sociedade que estruturalmente deve contemplar a mobilidade das relações sociais. Ou como propõe Gellner: "Os mundos anteriores, por um lado, eram funcionais, hierárquicos e significativos; por outro, não estavam perfeitamente unificados, apenas se compunham de submundos dotados cada um com sua própria lógica e linguagem, não subsumíveis a uma ordem global única. Em contrapartida, o novo mundo, por um lado era moralmente inerte, por outro, unitário".[12] Ora, essa transformação radical se dá no contexto das sociedades emergentes; nação e industrialismo são faces distintas de um mesmo fenômeno.

O século XIX traz consigo um tipo novo de organização social, integrando os diversos segmentos sociais no interior da totalidade nacional. Neste sentido é importante distinguir nação e Estado, entendido enquanto máquina político-administrativa, instituição que detém o monopólio da violência sobre um território determinado. Definido desta forma, o Estado possui uma origem remota. A novidade está na nação como sendo um espaço integrado a um poder central, mas, como diria Mauss, articulando uma "unidade

---

11. E. Gellner, *Naciones y nacionalismo,* México, Alianza Ed., 1991, pp. 23-24.
12. Ibid., p. 39.

44 RENATO ORTIZ

mental e cultural" de seus habitantes.[13] Neste caso, não é a violência ou a coerção administrativa do poder que importa, mas a existência de um ideal comum partilhado por todos. O princípio da cidadania, inaugurado pelas revoluções políticas, foi certamente importante para isso, mas para que os povos se identificassem ao destino nacional foi necessário muito mais: uma "consciência coletiva", cimento ideológico da coesão social. Símbolos nacionais foram inventados ("A Marselhesa", "14 de Julho", "Os Pais Fundadores", a pureza do "Volk", etc.), e nos países plurilinguísticos, uma língua nacional teve que impor sua legitimidade diante da variedade de idiomas existentes. No processo de formação da nacionalidade, a escola, a imprensa, os meios de transporte desempenharam um papel fundamental. Foi o caso do surgimento de um sistema moderno de comunicação. Antes de sua existência, os países eram compostos por elementos desconectados entre si, uma região não "falava" com a outra, e dificilmente o fazia com sua própria capital. A rede comunicativa (estradas de ferro, telégrafo, transportes, jornais, etc.) irá, pela primeira vez, articular este emaranhado de pontos, interligando-os entre si.

A constituição da nação como totalidade integrada (seja enquanto mercado como queria Polanyi, seja como consciência coletiva) implica a reformulação do próprio conceito de espaço. O que se encontrava limitado, circunscrito, se amplia. A própria filologia da palavra sugere este movimento de expansão.[14] Até então, "nação", nas diversas línguas europeias, era utilizada no sentido restrito; "lugar, a terra onde se nascia", "comunidades particulares" (nações de comerciantes), "estamento". Em todos os casos, apesar dos significados variados, temos a delimitação de um universo bem específico, particular a um conjunto pequeno de

---

13. M. Mauss, "La nation" in *Oeuvres* (tomo 3), Paris, Minuit, 1969.
14. Ver E. Hobsbawm, "A nação como novidade: da revolução ao liberalismo" in *Nações e nacionalismo desde 1780,* R. Janeiro, Paz e Terra, 1991.

MUNDIALIZAÇÃO E CULTURA   45

pessoas: a província natal em contraposição ao que se encontra fora dela, as guildas e corporações profissionais, o lugar social ocupado por alguns indivíduos na sociedade. O espaço é sempre representado como um circuito fechado sobre si mesmo, um país sendo composto de vasos não comunicantes. A nação rompe com o isolamento local. Os homens que viviam marcados pela realidade de seus *paeses,* de suas províncias, são integrados a uma entidade que os transcende. O camponês, o operário, o citadino deixam de se definir pela sua territorialidade imediata para se transformarem em francês, inglês ou alemão. Nesse sentido, a formação da nação pode ser lida como um processo de desenraizamento. A cultura nacional pressupõe um grau de desterritorialização, liberando os indivíduos do peso das tradições regionais geograficamente enraizadas.

Essas transformações são possíveis porque a constituição das nações se sustenta em outro fenômeno: o surgimento da modernidade. Não me refiro a ela enquanto filosofia, ou pensamento racional, expresso muitas vezes nos ideais do iluminismo. Mas à modernidade como organização social à qual corresponde um estilo de vida, um modo de ser. O mundo industrial reformula as condições anteriores, implicando a rearticulação do próprio tecido social. Pode-se entender esse movimento retomando-se a noção de "desencaixe" proposta por Giddens.[15] Nas sociedades modernas as relações sociais são deslocadas dos contextos territoriais de interação e se reestruturam por meio de extensões indefinidas de tempo-espaço. Os homens se desterritorializam, favorecendo uma organização racional de suas vidas. Evidentemente uma mudança dessa natureza só pode se concretizar no seio de uma sociedade cujo sistema técnico permite um controle do espaço e do tempo. A modernidade se materializa na técnica. Por isso, um autor como

---

15. Ver A. Giddens, *As consequências da modernidade,* op. cit.

46 RENATO ORTIZ

Walter Benjamin se interessa por temas como eletricidade, transporte urbano e arquitetura das lojas de departamento. A técnica propicia sua realização. Um exemplo: a invenção das ferrovias.[16]

Movido a vapor, o trem, produto de uma era de maquinismo, desafiava as concepções vigentes. Wolfgang Schivelbusch observa que no Antigo Regime havia um movimento de independência entre o deslocamento dos veículos e o meio de comunicação utilizado.[17] Quem viajava por terra, o fazia em seu próprio veículo, ou o alugava, o qual por sua vez se deslocava independentemente das empresas que se ocupavam das vias. Isto ocorria porque o tráfego individual dos carros e a coordenação das estradas era tecnicamente possível. Os homens têm, portanto, algumas dificuldades em imaginar um tipo de locomoção integrado a um todo mais amplo. As primeiras companhias de estrada de ferro devem combater uma ideia generalizada, a de que as vias férreas seriam uma espécie de prolongamento das rotas existentes, inclusive com as paradas para pedágio. Elas avançam um novo entendimento da situação, que poderia ser resumido da seguinte forma: *a estrada de ferro e os vagões que ela transporta formam uma espécie de máquina complexa cujas partes não poderiam ser consideradas isoladamente.*[18] A imagem da máquina, constituída por diversas peças engrenadas entre si, aos poucos se impõe. Não obstante, a visão de conjunto é precária. O meio de transporte é visto como um sistema de engrenagem, mas não sua exploração. Ainda na fase inicial de seu desenvolvimento, as estradas de ferro eram concebidas como algo intermediário entre os caminhos terrestres e os canais de navegação. Alguns as consideravam como um

---

16. Retomo o exemplo que trabalhei em *Cultura e modernidade,* S. Paulo, Brasiliense, 1991.

17. W. Schivelbusch, *Histoire des voyages de train,* Paris, Le Promenade, 1990.

18. Texto de 1821, citação in Peter J. Wexler, *La formation du vocabulaire des chemins de fer en France (1778-1842),* Genebra, Draz, 1955, p. 31.

MUNDIALIZAÇÃO E CULTURA   47

"canal seco"; elas eram administradas por empresas, sendo utilizadas basicamente para o transporte de mercadorias. Na verdade, as companhias as haviam construído com o único objetivo de fazer escoar, da forma mais barata possível, a matéria-prima que empregavam. Não havia, porém, uma coordenação entre esses troncos, e o espaço geográfico era cortado por uma multiplicidade de traços independentes entre si – existiam as "linhas de ferro" mineiras, industriais e de curto percurso. A noção de um sistema férreo é posterior, ela emerge somente quando os trens são vistos como meios de velocidade. Nesse momento, a visão econômica que predominava cede lugar a uma outra, e a comparação com os canais toma-se obsoleta (eles serviriam apenas para o deslocamento de produtos que não demandassem uma velocidade maior de transporte). O trem é visto como um veículo radicalmente novo, e as estradas de ferro uma forma de colocar em contato espaços distantes. Daí a necessidade de se representar o território nacional como uma rede complexa, tendo a capital como o seu centro.

O trem revoluciona a concepção de espaço e de tempo. Por um artifício de aceleração, ele "devora" o espaço. O vapor libera o esforço físico do trabalhador braçal, distanciando o homem do ritmo da natureza. Ele supera o cavalo de corrida, colocando as partes longínquas quase que "instantaneamente" (pelo menos a imaginação percebe as coisas assim) em contato, O vapor suprime as distâncias, dirão os homens do século XIX. Esta ideia de um encolhimento do espaço é generalizada. Dentro da nova ordem social o espaço é representado como algo que se desagrega. No entanto, esta compreensão é ilusória. Espaço e tempo são categorias sociais (como diria Durkheim) e não entidades abstratas, matemáticas. A duração de um deslocamento é função da técnica de circulação; o que é destruído não é o espaço em geral, mas o espaço intermediário do trajeto. Os homens estavam acostumados a transitar no interior de um *continuum* espacial a uma velocidade que os integrava à paisagem. A diligência e o

48   RENATO ORTIZ

cavalo os haviam habituado a contemplar de perto a natureza envolvente. O trem quebra esta percepção de continuidade, os espaços locais tornam-se elementos descontínuos, pontilhados ao longo da viagem. Nada liga os intervalos existentes de uma rota, a não ser a visão panorâmica do que se descortina lá fora, longe dos sentidos ainda afinados com um sistema técnico que mantinha contato estreito com a terra firme. O trem só conhece o tempo de partida e o de chegada, o viajante é uma peça no interior de seu trajeto.

A separação do espaço e do tempo permite o "desencaixe" das relações sociais. O espaço é assim esvaziado de sua materialidade, definindo-se em relação a outros espaços distantes. A circulação é o elo que os põe em comunicação. Ele é função integrada no interior de um sistema racionalmente administrado (ferroviário, postal, rodoviário, comunicativo, etc.). O "desencaixe" é possível enquanto mobilidade dentro desta rede de interconexões. Neste sentido eu diria que o princípio da "circulação" é um elemento estruturante da modernidade emergente. Durante o Antigo Regime, espaço e tempo estavam confinados a lugares seguros, conferindo estabilidade à ordem estamental. Os limites separavam as classes sociais, a cidade do campo, a cultura erudita da cultura popular, impedindo o movimento de um lado para o outro. A modernidade rompe este equilíbrio. Sua mobilidade impulsiona a circulação das mercadorias, dos objetos e das pessoas.*

Eu havia dito que nação e modernidade são fenômenos historicamente convergentes. É necessário retirar as consequências dessa afirmação. Existe, a meu ver, na tradição sociológica, uma tendência acentuada em compreender a problemática nacional de um ponto de vista estático. Desde o século XIX o conceito de nação encontra-se in-

---

* A criação das lojas de departamento é um exemplo interessante da conjunção da circulação de pessoas, objetos e dinheiro (um tema da modernidade estudado por Simmel). O ato de comprar, que no Antigo Regime se segmentava de acordo com os estamentos sociais, com a quebra das fronteiras de classe pode se realizar com "liberda-

MUNDIALIZAÇÃO E CULTURA   49

timamente vinculado à ideia de progresso. O pensamento evolucionista estabelecia uma sequência linear do desenvolvimento das pequenas unidades – família, tribo, região – a uma totalidade complexa. Dentro do caminhar natural da humanidade, a nação surge como valor universal. Basta olharmos a literatura marxista para perceber como esta inclinação evolucionista se manifesta até mesmo no seio de uma corrente fundamentalmente internacionalista. Porque as grandes nações são modernas, elas são vistas como portadoras de uma missão histórica: resgatar os povos do atraso cultural. Diante da invasão do México pelos Estados Unidos, ou da Argélia pelos franceses, Marx e Engels entendem ser este um fato propício para a propagação dos ideais civilizatórios.[19] A nação seria indubitavelmente um estágio mais elevado de organização social. Sintomático, até um pensador arguto como Marcel Mauss partilha desta perspectiva. Ele escreve: "As nações são as últimas e as mais perfeitas formas de vida na sociedade. Economicamente elas são as sociedades mais elevadas, assegurando, melhor do que qualquer outra forma anterior, o direito à vida, à felicidade dos homens que as compõem".[20] Não é tanto uma certa visão idílica que me incomoda no pensamento de Mauss, mas o fato de se considerar a nação como elemento terminal da história. Forma, "a mais perfeita da vida em sociedade", ela se desvenda como uma entidade perene, bem-acabada.

Gostaria de propor uma interpretação que contemple alguns argumentos da literatura sociológica, mas que

---

de" de movimento de cada indivíduo (isto é, ele não é mais função da tradição mas do poder aquisitivo). Projetadas especialmente pelos arquitetos, as lojas de departamento eram concebidas como grandes espaços (são precursoras dos supermercados) no interior dos quais as pessoas podiam se deslocar à vontade. Os produtos, agora administrados racionalmente, e expostos de maneira a deliberadamente estimular os desejos, favoreciam a circulação das mercadorias para as mãos do "consumidor".

19. Ver K. Marx, F. Engels, *Materiales para la historia de America Latina,* México, Pasado y Presente, 1972; *Marxism e et Algérie,* Paris, Union Générales d'Éditions, 1976.

20. M. Mauss, "La Nation", op. cit., p. 627.

50   RENATO ORTIZ

ao mesmo tempo permita ultrapassá-los. Nação e modernidade não são apenas "fatos sociais" correlatos; é preciso dizer mais: a nação se constitui historicamente através da modernidade. Porque a sociedade industrial inaugura um novo tipo de estrutura social ela pode ser nacional. Por isso sugeri ser este um primeiro momento de desterritorialização das relações sociais. No entanto, o vínculo entre nação e modernidade deve ser considerado como historicamente conjuntural pois, na sua especificidade, os conceitos são inconfundíveis. A modernidade se associa à racionalização da sociedade, em seus diversos níveis, econômico, político e cultural. Ela revela um tipo de organização social "desencaixada", privilegiando qualidades como, funcionalidade, mobilidade e racionalidade. Pensada desta forma, a sociedade é um conjunto desterritorializado de relações sociais articuladas entre si. Por isso os meios de comunicação desempenham um papel tão fundamental. Portanto, contrariamente ao que muitas vezes se supõe, a nação é uma primeira afirmação da mundialidade. Ela carrega em seu bojo uma modernidade-mundo. Porém, o que alguns pensadores percebiam como sendo uma forma completa e derradeira de organização social significava apenas sua transitoriedade; a modernidade encerra uma vocação mundial, e não pode ser contida no interior das fronteiras nacionais. Um exemplo sugestivo diz respeito ao tempo.[21]

Embora os homens tenham construído as clepsidras e os relógios em épocas mais remotas, eles não pautavam suas vidas cotidianas pelo tempo mensurado por esses mecanismos. Os relógios eram poucos, possuíam uma função de adorno (nas igrejas eram verdadeiras obras de arte), e o ritmo da sociedade encontrava-se ainda marcado pelo caminhar da natureza. Cada lugar tinha sua hora específica, determinada

---

21. Retiro também o exemplo de *Cultura e modernidade,* op. cit. Para uma história do relógio consultar D. Landes, *Revolution in time: cloks and lhe making of the modern world,* Cambridge, The Belknap Press, 1983.

pelo levantar e pelo cair do sol. É somente na passagem do século XVIII para o XIX que em algumas capitais da Europa (Berlim, Londres e Paris) é criado um "tempo médio". O dia torna-se assim um conceito abstrato, que não mais se encontra em consonância com o clarear e o escurecer, das noites e das tardes, mas segundo o movimento do Sol em relação à Terra. Tempo "científico", interpretado e medido pelos astrônomos. Todavia, esta fórmula de se entender o escoar das horas tem um impacto pequeno; apenas algumas grandes cidades ajustam seus relógios de acordo com ela. Ao longo do século XIX que se iniciava, assistimos a uma luta incessante entre este tempo da capital e os tempos locais, regionais, que resistem a se dobrar diante da racionalidade moderna. Com o advento da hora nacional o conflito se estanca. Todas as partes da nação passam a vibrar em uníssono. Entretanto, a progressão da hora-padrão, no início, interna a cada país, no final do século XIX se impõe para o planeta como um todo. A escolha de Greenwich como meridiano de referência de uma hora universal não é algo meramente técnico. Ela tem um significado muito mais amplo. O mundo no qual os homens agora circulam, para se unificar, tem que ajustar a maneira de se contabilizar o fluir do tempo, sem o que sua racionalidade não encontraria meios para se concretizar. O tempo, representação social por excelência, se adequa às exigências de uma civilização urbano-industrial. Tempo mundial, que se impõe a todos os países, independentemente de suas peculiaridades, ou de suas idiossincrasias.

Dizer que a modernidade se desvincula de sua territorialidade significa reconhecer a existência de um padrão civilizatório distinto de sua origem. Se é verdade que ela é fruto do Ocidente, seu movimento interno questiona inclusive as premissas e as instituições que a originaram. A modernidade pode, portanto, ser assimilada por outras culturas, distantes dos valores ocidentais. O caso do Japão é talvez um dos mais significativos. Como demonstra Michio Morishima, o confucionismo japonês, com a Revolução

52 RENATO ORTIZ

Meiji (1867-1868), fornece um quadro de referência cultural para o nascimento do Japão moderno.[22] Considerado mais como um sistema moral secularizado do que propriamente um dogma religioso, ele prescrevia aos indivíduos um comportamento de sobriedade, de frugalidade, incentivando a obediência às autoridades. Foram essas virtudes, base da moralidade feudal, que puderam ser traduzidas em termos de modernidade. A ideologia confuciana, pregando o respeito à família, aos mais velhos, à confiança e à fidelidade entre os amigos, serviu de cimento para a emergência de um Estado moderno paternalista, no qual as relações de trabalho puderam ser moldadas pelos princípios tradicionais. Comparando a industrialização do Japão à da Inglaterra, poderíamos argumentar que ela possuía até mesmo algumas vantagens (do ponto de vista da ordem que se instaura) em relação ao modelo europeu. Os trabalhadores ingleses tiveram de ser educados à força para se adaptarem à disciplina industrial. A história da formação da classe operária é no fundo a inculcação de uma pedagogia autoritária que lhes ensina o valor do tempo.[23] As fábricas funcionam como prisões e, para modelar o comportamento das pessoas, elas devem vigiar e punir. Os japoneses, socializados dentro de uma ética altruísta, puderam se integrar mais facilmente ao processo coletivo de trabalho. Não é por acaso que os primeiros operários japoneses são oriundos da classe dos samurais. Educados segundo valores militares, eles puderam se sacrificar à indústria, transferindo os ideais de lealdade a formas emergentes de autoridade.

A modernidade é descentrada, centrípeta. Neste sentido ela difere das antigas concepções de mundo. As civilizações operavam com um número reduzido de símbolos-chaves (muitas vezes incorporados aos livros sagrados)

---

22. M. Morishima, *Capitalisme et confuncionisme*, Paris, Flammarion, 1987.

23. Ver E. P. Thompson, "Tiempo, disciplina de trabajo y capitalismo industrial" in *Tradición, revuelta y consciencia de clase*, Barcelona, Ed. Crítica, 1984.

MUNDIALIZAÇÃO E CULTURA   53

abarcando a diversidade de domínios da realidade. Suas universalidades integravam, dentro de um mesmo sistema interpretativo, sociedade, indivíduo e natureza. Elas se definiam a partir de suas centralidades. O que se encontrava "fora" de suas fronteiras não fazia ontologicamente parte do "mundo". As sociedades, na sua inteligibilidade, se separavam umas das outras. Ao se expandir, a modernidade-mundo corrói, no seu âmago, a especificidade dos universos culturais. As tradições locais já não mais serão a fonte privilegiada de legitimidade. Elas irão traduzir, resignificar os novos valores. Mas o movimento que as definia agora lhes escapa. O advento da hora universal rouba-lhes o tempo essencial. O cosmocentrismo das antigas civilizações as entendia como um organismo, uma entidade modal. Nenhuma escala hierárquica poderia ordenar suas "essências". Do ponto de vista chinês, o império celestial era uno, íntegro. O tempo abstrato, racional, integra as sociedades dentro de um vetor diferenciado de modernidades. Esta concepção progressiva do movimento cumprirá um papel ideológico fundamental na legitimação da posição das sociedades centrais em relação às periféricas. As diferenças entre "primeiro", "segundo", "terceiro" e "quarto" mundo (sintomaticamente não se utiliza o plural) existem apenas quando mensuradas em relação a uma mesma unidade temporal, reveladora das disparidades entre eles. Mas, cabe sublinhar, nem mesmo as sociedades ocidentais escapam desta lógica implacável. Quando alguns autores sugerem, diante do declínio da hegemonia dos Estados Unidos, que o epicentro da modernidade se desloca atualmente para os países asiáticos, esta afirmação é tomada muitas vezes no sentido restrito de uma mudança da liderança em nível mundial. Sua verdade é no entanto bem mais profunda. Sociologicamente está se dizendo que a modernidade independe de sua origem ocidental, e que sua aceleração pode, inclusive, superar os momentos ante-

54   RENATO ORTIZ

riores.[24] O juízo "o Japão é hoje mais moderno do que os países europeus" pressupõe um padrão comum partilhado pelas sociedades europeia e japonesa, e obviamente uma defasagem temporal entre elas. Dentro dessa perspectiva, os países já não mais se definirão por suas idiossincrasias, eles serão "adiantados" ou "atrasados", "desenvolvidos" ou "subdesenvolvidos", ajustando seus ritmos ao batimento de uma evolução global.

* * *

Se é possível captar a emergência desta modernidade-mundo no século XIX, é necessário acrescentar, somente alguns países a contêm. Ela é potencialidade, ainda não se realizou enquanto globalização. Um exemplo sugestivo: as exposições universais. Em alguns centros, como Paris, Londres e Nova York, elas reuniam as realizações econômicas e culturais das nações existentes na face da terra. Eram uma espécie de miniatura do mundo. Mercadorias, técnicas, invenções e costumes se congregavam neste espaço metaforicamente mundializado. Cada país, com seus edifícios e construções próprias, oferecia aos olhos do visitante um panorama singular: bazar chinês, mercadores gregos ou maronitas, artefatos egípcios, etc. Qualquer pessoa, num passeio de poucas horas, conhecia diferentes pontos do planeta, navegando pelos mares, caminhando pelos desertos, desvendando os segredos da China ou da Oceania. Os indivíduos que afluíam para um espetáculo como "A volta ao mundo" – exposição de Paris, 1900 – eram envolvidos pela miragem de Atenas, de Constantinopla ou de Tóquio. Eles apreciavam os espanhóis dançando ao som das castanholas, saboreavam

---

24. Alguns intelectuais japoneses criticam muito a assimilação do conceito de "modernização" ao de "ocidentalização". Para eles, isto seria uma argumento etnocêntrico, impedindo de se perceber a mudança do centro da modernidade da Europa e dos Estados Unidos para o Japão. Ver H. Nakano, "Japan's internationalization: becoming a global citizen" in E. Tiryakin (org.), *The global crisis*, Leiden, E. J. Brill, 1984.

MUNDIALIZAÇÃO E CULTURA   55

um café turco, sentados em frente ao Bósforo. Um cronista descreve uma das atrações mais populares da exposição de 1889 (Paris) da seguinte maneira: "Sobe-se pelo elevador. Ele o deixa no Polo Norte. Uma galeria em espiral, após várias revoluções, leva o visitante às antípodas do ponto de partida. Durante o percurso, linhas coloridas permitem seguir as grandes linhas de navegação, de estrada de ferro, de telégrafos, e os itinerários dos exploradores famosos. Grupos de pregos coloridos lhe indicam os principais depósitos de metal. Nas paredes, vários cartazes, com quadros estatísticos comparativos, fornecem essas informações que todos em princípio deveriam saber, mas que sempre ignoramos, e que a um só olhar despertam tantas ideias. Vejo que a China tem apenas treze quilômetros de estrada de ferro, e que os Estados Unidos da América têm 242 mil; compreendo sem nenhum comentário a marcha atual da civilização no globo. Um outro quadro lembra que há cerca de 500 milhões de budistas, um terço da humanidade; isso aumenta minha consideração pelo Buda de bronze que sorri no vestíbulo das artes liberais".[25]

A mesma ideia de "encurtamento" das distâncias, quando falávamos da construção das ferrovias, se repõe. Mas com uma diferença substancial, ela é apenas uma representação ideal. O mundo unificado do século XIX conhece um conjunto de transformações que aproxima suas partes: cabo submarino, telégrafo, agências internacionais de informação (Havas, Reuter, Wolf). Não obstante, persistem várias dificuldades, o movimento de integração é incompleto. A transmissão de notícias enfrentava problemas consideráveis (não existia uma rede mundial de cabos submarinos), e o custo das mensagens limitava o serviço de telegrafia aos setores diplomáticos e aos meios financeiros. Por outro lado, o tempo despendido nas viagens marítimas era longo, sendo

---

25. E. Melchior de Vogüé, *A travers l'exposition,* Revue des Deux Mondes, 15 julho 1889, pp. 452-453.

56 RENATO ORTIZ

medido em dias. Apesar dos progressos ocorridos na navegação (substituição dos barcos de madeira pelos de ferro), o tempo de viagem dos transatlânticos entre meados e final do século XIX praticamente permanece o mesmo. Concretamente, os continentes encontravam-se distantes uns dos outros, e o avião era ainda uma incerteza, uma promessa de instantaneidade. Por isso a diminuição do espaço mundial só pode se exprimir enquanto miniatura, ela não é real. A vivência do visitante das exposições universais guarda algo de alusivo, e não resulta do mesmo tipo de experiência que o viajante de trem ou de automóvel possuía. Nesses casos, o. indivíduo experimentava a sensação do encurtamento do trajeto, no outro, devia se conformar com a ilusão de um encolhimento planetário.

Na verdade, é apenas durante o século XX que o processo de mundialização se realiza plenamente. Trata-se de uma progressão contínua, que na conjuntura posterior à da Segunda Guerra Mundial sofrerá saltos e redefinições. Do ponto de vista que nos interessa, cabe ressaltar o advento das indústrias culturais. O modo de produção industrial, aplicado ao domínio da cultura, tem a capacidade de impulsioná-la no circuito mundial. O que se encontrava restrito aos mercados nacionais, agora se expande. Desde cedo o cinema tem um papel fundamental para o intercâmbio das imagens. Gêneros populares, aventura, folhetim, *western* consagram na tela diferentes estilos. De *O Grande Roubo do Trem*, de Edwin Porter, a *Nosferatu*, de Murnau, forma-se paulatinamente uma cultura da imagem que transcende sua origem nacional. Chaplin, Garbo e Valentino são ídolos internacionais.

Outro exemplo, talvez menos explorado, é o da indústria fonográfica. Com o fonógrafo de Thomas Edson (1877) e o aprimoramento das técnicas de fabricação de discos, começam a ser formadas companhias como "Gramophone Co" (Reino Unido, 1898), "Deutsche Gramophon" (Alemanha, 1898), "Pathé Freres" (França, 1897), "Victor Talking Machine Co" (Estados Unidos, 1901). O que caracteriza

MUNDIALIZAÇÃO E CULTURA

essas empresas é sua política mundial de atuação. Como observam alguns estudiosos: "As grandes companhias, desde o princípio, estabeleceram seus objetivos internacionais. Foram construídas fábricas nos mercados mais importantes, e através das agências subsidiárias, as companhias cobriam praticamente o mundo todo. Em 1910, existiam poucos países nos quais a indústria fonográfica não tivesse ainda se implantado".[26] A "Gramophone Co" possuía interesses na Escandinávia, Austrália, África do Sul, Egito. A "German Lindström" tinha fábricas na França, Espanha, Itália, Rússia, Argentina, Brasil, e a "Pathé" na Bélgica, império Austro-Húngaro, Estados Unidos. Também a indústria da publicidade adquire desde cedo uma feição transnacional. J. W. Thompson, ainda na década de 1920, abre escritórios em Londres, Berlim, Antuérpia, Sydney, Bombaim, Buenos Aires, São Paulo, Johannesburgo.[27] Comercializando alguns produtos americanos, ela familiariza o público com as marcas Pond's, Kraft, Kodak, Lux. Esta expansão das agências de publicidade se faz em estreita cooperação com a indústria automobilística. Os Estados Unidos encontram-se na liderança da produção mundial de automóveis, e buscam vender seus carros no mercado externo. Para isso Ford e General Motors possuem estratégias internacionais. A publicidade é crucial para suas ambições mercadológicas. Empresas como N. W. Ayer & Son, ao se responsabilizarem pela conta da Ford, vêm-se compelidas a abrir filiais na Europa e na América Latina, e J. W. Thompson, ao associar-se à General Motors, integra-se imediatamente à sua estratégia *overseas*.

Não se deve imaginar que as indústrias fonográfica e publicitária estejam consolidadas globalmente nesse perío-

---

26. P. Gronow, "The record industry: growth of a mass medium" in *Popular Music 3: producers and markets,* Cambridge, Cambridge University Press, 1983.

27. Um estudo histórico interessante sobre a expansão da publicidade americana é o de J. L. Merron, *American culture goes abroad: J. W. Thompson and the General Motors export account, 1927-1933,* Tese de doutorado, The University of North Carolina at Chapel Hill, 1991.

58 RENATO ORTIZ

do. O mercado era ainda reduzido para se pensar em "marketing global", e a tecnologia para gravação e prensagem dos discos era rara fora dos países mais industrializados.[28] Importa, porém, ressaltar que está sendo construído um circuito de trocas culturais com dimensões mundiais. Circuito que irá se expandir e se fortalecer com o rádio e a televisão. No início, esses equipamentos se concentram sobretudo nos países do "Primeiro Mundo", mas aos poucos sua presença torna-se relevante nas localidades mais distantes. Pode-se sempre ressaltar as disparidades existentes entre as sociedades "desenvolvidas" e "subdesenvolvidas". Mas não se pode deixar de entender que também no chamado "Terceiro Mundo" os meios de comunicação têm um crescimento extraordinário. Em 1960 existiam na América Latina 22 milhões de aparelhos de rádio e 3,5 milhões de receptores de televisão. Em 1989 esses números subiram para 149 milhões e 69 milhões, respectivamente. O mesmo ocorre numa região como a da Ásia/Pacífico (excluindo Japão e Ásia do Sul); entre 1960 e 1985, o número de aparelhos de rádio sobe de 4,3 para 244,5 milhões, e os televisores passam de 110 mil para 61,9 milhões.[29] Em algumas partes do planeta, o crescimento dos equipamentos de comunicação é notável. Em 1970, a Ásia era responsável por 10% dos receptores de rádio e 13,4% dos televisores mundiais. Em 1989 sua participação é respectivamente de 27,8% (contra 28,5% da América do Norte, 28,3% da Europa) e 22,6% (contra 27,2% da América do Norte, 36,4% da Europa).[30] Uma distribuição que redimensiona o quadro anterior.

---

28. Pode-se ter uma ideia deste mercado quando se sabe o número de discos vendidos em alguns países em 1929. Finlândia, Noruega, Irlanda (1 milhão), Suécia (3 milhões), Alemanha (30 milhões), França (20 milhões). Números relativamente importantes, mas em nada comparáveis ao consumo atual.

29. Consultar R. Stevenson, *Radio and television growth in the third world: 1960-1985,* Gazette, vol. 38, 1986.

30. Dados in *Statistical Yearbook,* Paris, Unesco, 1991.

MUNDIALIZAÇÃO E CULTURA 59

De qualquer maneira, para a linha de meu raciocínio, não são tanto as desigualdades entre países ricos e pobres que gostaria de reter no momento.[31] Os exemplos do cinema, da publicidade, da indústria fonográfica, da televisão e do rádio são significativos na medida em que indicam a existência de uma malha imprescindível para a mobilidade cultural. A circulação, princípio estruturante da modernidade, se realiza no seu interior. Como as antigas estradas de ferro, a materialidade dos meios de comunicação permite interligar as partes desta totalidade em expansão.

É importante compreender que instâncias comunicativas atuam simultaneamente nos níveis nacional e internacional. No Brasil, a emergência de um sistema de telecomunicação (meados dos anos 1960) favorece a integração do mercado e da consciência nacional, as imagens televisivas, pela primeira vez, podem ser veiculadas em todo o país.[32] Até então, devido a deficiências técnicas e econômicas, a televisão possuía um caráter regional, cobrindo uma parte minoritária do território. As telenovelas, produtos de expressão local, irão assim transformar-se em símbolos nacionais, levando ao público uma autoimagem moldada pelas grandes redes televisivas.

Também na Índia, país de imensa diversidade cultural, a indústria fonográfica e cinematográfica, ao veicular produtos para uma audiência de "massa", contribui para a integração nacional. Peter Manuel observa que apesar da variedade de tipos de música indiana, existe uma relativa homogeneidade, um denominador comum, para a música popular. "O cinema indiano e os filmes musicais têm principalmente uma audiência nas cidades, onde se disseminam mais facilmente. Vários citadinos são migrantes da zona ru-

---

31. Para se ter uma ideia clara das disparidades entre os países, no que se refere às tecnologias e meios de comunicação, consultar *Informe sobre la comunicación en el Mundo*, Paris, Unesco, 1990.

32. Ver A. Costa, et al, *Um país no ar*, S. Paulo, Brasiliense/Funarte, 1986.

60   RENATO ORTIZ

ral, mas suas consciências étnicas, regionais, tendem a ser diluídas quando, em contato com a sociedade urbana, se aclimatam a nova 'Grande Tradição' da cultura popular. Na Índia, como em vários países em desenvolvimento, a música popular tornou-se uma expressão importante, e o veículo de uma identidade urbana pan-étnica."[33] O caso dos Estados Unidos é interessante. Não é apenas Hollywood que funciona como cimento social na unificação da consciência nacional. As histórias em quadrinhos desempenham um papel análogo. No início, publicadas pelos jornais de grande tiragem, elas compõem uma espécie de idioma nacional.[34] Um autor como Max Lerner irá caracterizá-las da seguinte maneira: "Os heróis do Oeste e das novelas baratas foram substituídos pelos personagens dramáticos das histórias em quadrinhos; Paul Bunyan e John Henry, que exprimiam a imagem de um Hércules das fronteiras, são hoje Superman e Dick Tracy; os heróis da floresta, numa versão burlesca, transformaram-se em L'il Abner; as fábulas de animais de Tar Baby e Br'er Rabbit tornaram-se Pogo e seus companheiros; os contos dos sapos encantados são transformados na moderna lenda de modelo T, de Henry Ford".[35] Os personagens míticos do passado são remanejados no contexto da "solidariedade" nacional norte-americana.

Este processo é real, mas não deve nos iludir. Os meios de comunicação contêm uma dimensão que transcende suas territorialidades. O circuito técnico sobre o qual se apóiam as mensagens é também responsável por um tipo de civilização que se mundializa. Filmes, anúncios publicitários, música popular e séries televisivas são formas de expressão que circulam no seu interior, independentemente

---

33. P. Manuel, "Popular music in India: 1901-1986", *Popular Music,* vol. 10, nº 2, May 1988.
34. Consultar D. M. White e R. Abel, *The funnies: an American idiom,* N. York, The Free Press of Glencoe, 1963.
35. M. Lerner, *America as a civilization,* N. York, Simon and Schuster, 1957, p. 804.

MUNDIALIZAÇÃO E CULTURA   61

de suas origens. Neste sentido, McLuhan tem razão quando afirma que "o meio é a mensagem".[36] Não me refiro tanto à ideia de ser a técnica o elemento determinante das relações sociais (discutirei posteriormente esta concepção reducionista). Interessa-me na afirmação de McLuhan a ideia que o meio possui uma autonomia em relação à mensagem. Conteúdos diversos, conflitivos, contraditórios podem por eles ser veiculados. A rigor, a discussão sobre os meios de comunicação pode ser lida dentro desta perspectiva. De uma certa forma, a teoria da informação elaborada na década de 1940 é uma tradução, no plano da consciência científica, deste processo mais amplo. Este é o momento em que Wiener imagina a sociedade como sendo algo análogo a um sistema de comunicação.[37] A ação de cada indivíduo encerraria assim uma quantidade de informação a ser decodificada pelos outros. Como habitamos um mundo complexo, teríamos cada vez mais necessidade delas. "Viver eficazmente é viver com a informação adequada", nos diz Wiener. Por isso a noção de regulação é essencial para o autor, ela pilota a inteligibilidade do fluxo comunicativo. A proposta cibernética entende a informação como uma linguagem abstrata, sem conteúdo específico. Não apenas os homens podem se comunicar entre si, mas também as máquinas. Há uma separação entre forma e conteúdo. Uma informação pode ser reduzida a um conjunto de sinais sem nenhuma significação. Processada tecnicamente ela será codificada numericamente, e transmitida de um local para outro. Eu diria que os meios favorecem o "desencaixe". Seu circuito desterritorializado constitui o suporte material de uma comunicação-mundo (para utilizar uma expressão de Mattelard)[38] transcendendo as particularidades locais ou nacionais.

---

36. M. McLuhan, *Understanding media: the extensions of man,* N. York, McGraw Hill Book Company, 1964.

37. N. Wiener, *Cibernética e sociedade,* S. Paulo, Cultrix, s. d.

38. A. Mattelard, *La communication-monde,* Paris, La Découverte, 1992.

62   RENATO ORTIZ

A reflexão sobre os meios focaliza a relevância da tecnologia nas sociedades contemporâneas. Na verdade, como sublinham diversos autores, seu papel é fundamental na organização da sociedade pós-industrial.[39] A articulação entre ciência e tecnologia implica transformações profundas do setor produtivo, criando novas classes sociais e padrões de racionalidade. Não pretendo, porém, retomar este debate. Para dar sequência a meu raciocínio quero reter da literatura disponível a ideia de que as novas tecnologias incidem diretamente sobre as noções de tempo e de espaço, estimulando a integração e a sincronia. Nesse sentido elas não são apenas uma técnica para se obter um produto, ou atingir um objetivo qualquer, mas um "processo-orientado" que afeta diferentes esferas de atividades.[40] Um exemplo bastante conhecido dos sociólogos do trabalho é o da automação.[41] Desde a Revolução Industrial, existe uma preocupação dos empresários em relação à racionalização da produtividade. A eficácia do trabalho fabril está diretamente vinculada ao lucro. Para isso, diferentes procedimentos foram utilizados: disciplinarização do trabalho, taylorização das tarefas, burocratização da gerência e da administração. No entanto, diversos setores desta cadeia permaneciam ainda separados. As esferas de projeto (desenho e concepção dos produtos), fabricação (produção em série) e coordenação (gerência) existiam enquanto unidades autônomas. De uma certa forma, a história do setor produtivo pode ser vista como uma especialização de cada um desses domínios. A taylorização se realiza sobretudo no setor da fabricação dos produtos, ela privilegia as tarefas repetitivas, exigindo uma mão-de-obra

---

39. A. Tourain e, *La société post-industrielle,* Paris, Denoel, 1969; D. Bell, *The coming of post-industrial society,* N. York, Basic Books, 1976.

40. M. Castels (org.), *High technology, economic restructuring in the urban-regional process in the United States,* Beverly Hills, Sage Publication, 1985.

41. Ver R. Kaplinsky, *Automation: the technology and society,* London, Longman, 1984. Consultar também H. Rattner, *Impactos sociais da automação: o caso do Japão,* S. Paulo, Nobel, 1988.

MUNDIALIZAÇÃO E CULTURA 63

com pouca formação intelectual. A gerência deve contar com trabalhadores especializados – engenheiros, contadores, técnicos em administração, implicando operação de vendas e de marketing. A automação irá reverter este quadro. Com o uso de computadores, combinados com máquinas-ferramentas de controle numérico, robôs, veículos sem condutores, almoxarifados automatizados, banco de dados, o processo de trabalho é organizado dentro de um sistema integrado. As chamadas novas tecnologias são mais "flexíveis", tendo a capacidade de combinar serviços que se encontravam separados. Baseadas na transmissão de informação, elas permitem um concatenamento das partes, sincronizando as ações, antes dispersas.

As inovações tecnológicas têm evidentemente uma influência capital na mundialização da cultura, formando a infraestrutura material para que ela se consolide. Computador, fax, satélites possibilitam a comunicação a distância, favorecendo o desenvolvimento das cadeias televisivas planetárias e das firmas globais. Se no século XIX, e ainda no início do XX, existiam dificuldades técnicas em relação à comunicação, hoje, cada vez mais, elas são irrelevantes. O planeta é uma rede informacional cujas partes encontram-se interligadas.* Ocorre inclusive uma tendência à unificação do sistema técnico existente, contribuindo para a integração mundial. Até há algum tempo, os diferentes ramos da indústria cultural, do ponto de vista tecnológico, evoluíam de maneira independente. Cada um deles possuía sua especificidade e um meio técnico correspondente. Filmes, programas de televisão, música, conversas telefônicas não se misturavam. Com o advento da telemática, os meios de comunicação se articulam a um único fluxo. O que pensadores como Wiener imaginavam no plano teórico, com o avanço tecno-

---

* Entre 1980 e 1991 foram lançados 152 satélites, dos quais 28 com alcance mundial, 15, regional, 109, nacional. Dados da Unesco.

64 RENATO ORTIZ

lógico torna-se realidade. Com a microeletrônica, a codificação e a transmissão das mensagens adquirem um caráter de transversalidade.[42] Som, imagem e texto são convertidos em *bits* e reconvertidos em seus respectivos conteúdos quando chegam a seus destinos. Atividades paralelas tornam-se conexas. A televisão já não está simplesmente conectada aos diversos canais (grandes redes, TV a cabo, parabólica) mas a tela faz o papel de visor, integrando os cassetes, os jogos eletrônicos e o computador. A tecnologia de ponta confere um substrato material à modernidade-mundo, articulando suas partes constituintes. Um evento remoto torna-se próximo, e o que nos rodeia pode estar afastado.

No entanto, apesar da preponderância tecnológica na vida moderna, é necessário não se envolver pelo clima de euforia que predomina na literatura sobre os meios de comunicação. É frequente encontrarmos afirmações do gênero: "o mundo de amanhã será feito de satélites e de cabos", "a era da informática nos oferece ocasiões fabulosas", "a eletrônica mudará inteiramente o homem do futuro".[43] Raciocínio simplista, sempre acompanhado de dados objetivos para corroborá-lo: "os cabos coaxais carregavam antes 24 canais telefônicos, hoje, 8 mil. Com as fibras óticas pode-se chegar a 500 mil conversas telefônicas!". O enunciado é verdadeiro, mas a atitude diante dele não difere da do homem do século XIX, quando afluía às exposições universais, extasiando-se com as maravilhas dos inventores: fonógrafo, elevador, esteira rolante, automóvel. Ou da multidão, ainda no século XX, aclamando os pilotos que cruzavam o Atlântico como se fossem heróis mitológicos (voo de Lindberg, Nova York--Paris). Antes de se banalizar, as conquistas tecnológicas es-

---

42. P. Breton, *História da informática,* S. Paulo, Unesp, 1991.
43. Ver, por exemplo, W. Shawcross, *Le village planétaire,* Paris, Stock, 1993. Este otimismo se exprime também em publicações para o grande público, do tipo: "Info-Revolution usages des technologies de l'information", *Autrement,* nº 113, mars 1990. Um crítico desta perspectiva é o de F. Webster e K. Robin, "Plan and Control: towards a cultural history of the information society", *Theory and Society,* vol. 18, nº 3, 1989.

MUNDIALIZAÇÃO E CULTURA 65

timulam a imaginação sugerindo ideias fantásticas sobre os homens e a sociedade. Elas têm algo de mágico – Mauss dizia que a magia era técnica –, de sobrenatural. Isso induz uma interpretação determinista da história, atribuindo-se à tecnologia uma capacidade sensacional. Diz-se assim que a imprensa de Gutenberg "cria" o indivíduo, que a televisão "gera" uma sensibilidade mosaica, o videoclipe "molda" uma consciência fragmentada. O debate encontra-se profundamente compro metido com tais incompreensões. Como se a tecnologia carregasse em si mesma uma ontologia do Ser social. A sociedade seria apenas sua extensão.

A relação entre técnica e civilização deve ser pensada em outros termos. Lewis Munford já nos ensinava que a cada formação social específica correspondia um grau de desenvolvimento técnico. Com base nesta ideia ele divide a história da tecnologia em três grandes períodos. A fase eotécnica (1000-1750) se caracterizaria por um sincretismo técnico, acumulando as descobertas provenientes das mais diversas culturas (roda hidráulica, usada pelos egípcios; moinho de água, conhecido dos romanos; moinho de vento, proveniente da Pérsia; papel, bússola e pólvora, originários da China) e pela utilização da energia natural – água, vento, tração animal. A debilidade desta fase residiria na impossibilidade de se produzir energia com regularidade. O homem engenhosamente empregava os recursos imediatamente disponíveis na natureza. Uma segunda etapa da progressão, Munford denomina de paleotécnica, e coincide com a Revolução Industrial. A ela segue-se uma terceira, neotécnica, que emerge no final do século XIX com a descoberta de formas desconhecidas de energia. Sinteticamente a história pode ser descrita nos seguintes termos: "a fase eotécnica é um complexo de água e madeira; a paleotécnica, um com-

66 RENATO ORTIZ

plexo de carvão e de ferro; a neotécnica, um complexo de eletricidade e de ligas de metal".[44]

Entretanto, se existe uma correspondência entre técnica e civilização, ela não se resume a uma relação de causalidade. Lewis dirá: "da mina saiu a bomba de vapor, logo a máquina de vapor e em seguida a locomotiva a vapor e depois o barco a vapor".[45] Isto é, a mina, enquanto unidade de produção, articula os níveis técnico e econômico. A sociedade industrial não é produto imediato da "ferramenta" vapor, embora esta venha a constituir o substrato material de sua cultura. O conceito de "sistema técnico", proposto por Bertrand Gille, nos ajuda a trabalhar melhor a relação entre as culturas e os níveis técnicos.[46] Ele considera que todas as técnicas, em graus diversos, são dependentes umas das outras; existe entre elas uma relação de coerência, e o conjunto dessas coerências encontra-se articulado numa mesma estrutura. Em princípio, um sistema técnico só se torna viável quando obtém um certo equilíbrio. A partir de um determinado limite estrutural, ele não consegue mais se expandir. Os limites tecnológicos podem bloquear todo o sistema, criando desequilíbrios e crises. Nesse caso, a sociedade industrial, que se fundamentava em formas energéticas como o vapor e o gás natural, e em materiais como o ferro, entra em crise, não conseguindo mais se projetar para além de sua base estrutural. As transformações que ocorrem, com a descoberta de outras formas de energia (eletricidade, petróleo), com a produção de energia (novos conversores: turbinas hidráulicas, motor de explosão), com o advento de

---

44. L. Munford, *Tecnica y civilisación*, Madri, Alianza Ed., 1987, p. 129.

45 lbid, p. 178.

46. B. Gille, *Histoire des techniques*, Paris, Gallimard, 1978.

MUNDIALIZAÇÃO E CULTURA 67

materiais como o aço e as ligas de metais, implicam uma mutação técnica integral. O final do século XIX vê assim surgir um sistema técnico que substitui o anterior. O argumento se aplica igualmente às transformações recentes. A microeletrônica, a engenharia genética e a energia nuclear constituem o conjunto tecnocientífico da sociedade "pós-industrial". Não é por acaso que os sociólogos irão vinculá-las ao surgimento de um outro padrão societário. A recorrência na utilização do prefixo "pós" revela a tentativa de se compreender esta nova configuração social. Diversos autores têm procurado caracterizar o quadro das sociedades atuais como uma passagem de um "capitalismo organizado" para um "capitalismo desorganizado", ou do "fordismo" para um "capitalismo flexível".[47] Independentemente de como as mudanças são apreendidas, essas interpretações sublinham a importância das tecnologias de ponta no processo de organização da produção fabril. São elas que permitem uma "opção global" pelas empresas multinacionais, facilitando o surgimento das unidades dispersas pelo planeta. Por isso alguns estudiosos dirão que nos encontramos diante de um "novo modo de industrialização", substancialmente distinto daquele fundamentado no vapor, aço, automóvel, petróleo.[48]

É, no entanto, inquietante perceber como muitas vezes este processo é entendido de maneira oblíqua. Creio que neste ponto existe uma confluência entre as problemáticas da mundialização, da pós-modernidade e da tecnologia. Em todas elas temos uma valorização superlativa da ruptura.

---

47. Ver S. Lash e J. Urry, *The end of organized capitalism,* Madison, University of Wisconsin Press, 1987; D. Harvey, *The condition of postmodernity,* Cambridge, Basil Blackwell, 1990.
48. J. Henderson, *The globalisation of high technology production,* London, Routledge, 1991.

68 RENATO ORTIZ

Charles Jenks é claro no seu diagnóstico: "A idade moderna, que parecia durar para sempre, está rapidamente tornando--se uma coisa do passado",[49] estaríamos assistindo hoje ao início de uma "era pós-moderna". Tudo se passa como se os modernistas não tivessem captado como o mundo mudou. Transformações vitais da sociedade contemporânea teriam sido negligenciadas, deixadas de lado. Os pós-modernos procuram vincular sua proposta estética à emergência desta nova articulação social, desta "aldeia global", na qual o consumo, o poder, a produção e as relações sociais se encontrariam cada vez mais descentralizados. O modernismo seria portanto uma visão ultrapassada, obsoleta, pretende--se superá-lo por algo mais integrado aos novos tempos. O mesmo pensamento, a mesma insistência, se exprime em outros con textos. Um autor como Alvin Toffler não 'hesita em dizer: "[Vivemos] na aurora de uma nova era do Poder, momento no qual toda sua estrutura, que mantinha o mundo coeso, está se desintegrando. Uma estrutura de poder radicalmente diferente está emergindo. Isso ocorre em todos os níveis da sociedade".[50] Já alguns participantes do Clube de Roma concluem: "Estamos convencidos de que nos encontramos nas primeiras fases de um novo tipo de sociedade mundial, que será tão diferente da atual, do que o mundo anunciado pela Revolução Industrial em relação à sociedade agrária que o antecedeu. A força motriz dessa transformação, embora não seja a única, foi o surgimento de um conjunto de tecnologias avançadas da microeletrônica e dos novos descobrimentos da biologia molecular".[51] A

---

49. C. Jenks, *What is post-modernism,* London, Academy Editions, 1986, p. 7.
50. A. Toffler, *Power shift,* op. cit. p. 3.
51. King, Schneider, *La primera revolucion mundial,* op. cit. p. 17.

MUNDIALIZAÇÃO E CULTURA   69

sociedade informática instituiria assim um corte profundo com o passado.

Por mais imprecisas que sejam, tais observações possuem pelo menos um mérito: reconhecer a especificidade da etapa que atravessamos. Sem esta consciência da mudança facilmente caímos numa certa tentação conservadora. É preciso, no entanto, reorientá-las. A noção de sistema técnico já nos ensinava que toda expansão implica continuidade e superação. A substituição do momento anterior preserva, no seio da nova configuração, um conjunto de elementos, dando-lhes agora a possibilidade de radicalizarem sua expressão. Abre-se assim a possibilidade de se expandir o potencial da modernidade herdada do século XIX. O aparato tecnológico não é "causa' da mudança social, mas fonte potencializadora. Na verdade, o movimento da modernidade é aprofundado pelas técnicas informatizadas.

Existe um caminhar da modernidade-mundo. A Sociologia nos ensina sobre seus contornos recentes, originalidade, História corrige nosso olhar, desvendando traços de continuidade que persistem no seu interior. Creio que Norbert Elias tem razão quando reflete sobre a mudança social a longo prazo.[52] Muito do mundo atual tem raiz num "processo civilizatório" anterior ao advento das novas tecnologias ou da flexibilidade de um capitalismo "desorganizado". Neste sentido o emprego indevido do "pós" leva a certas incompreensões. Ele requer uma delimitação definitiva entre um "antes" e um "depois". Para evitar confusões, até mesmo alguns autores como Lyotard, após terem celebrado o advento da sociedade "pós-moderna", tornam-se mais cautelosos. Revendo sua po-

---

52. N. Elias, *O processo civilizador*, R. Janeiro, *Zahar*, 1990.

70   RENATO ORTIZ

sição anterior, ele dirá: "nem a modernidade nem a chamada pós-modernidade podem ser identificadas e definidas como entidades históricas claramente circunscritas, a segunda vindo sempre depois da primeira. Pelo contrário, é preciso dizer que o pós-moderno já se encontra implicado no moderno... a modernidade está grávida de pós-modernidade".[53] Talvez fosse mais correto dizer que nos encontramos diante de uma "sobremodernidade", uma configuração social que se projeta para "além" da anterior, mas que se constrói a partir dela. Giddens, sugestivamente, caracteriza o período em que vivemos como sendo de uma "alta modernidade". O termo evoca a continuidade e as especificidades que os historiadores distinguem ao longo da Idade Média. Dentro desta ótica, a modernidade-mundo seria um momento de radicalização das modernidades anteriores.

---

53. J. F. Lyotard, *L'inhumain,* Paris, Galillée, 1988, 34.

CAPÍTULO III

CULTURA E MODERNIDADE-MUNDO

Quando Toynbee escreve seus *Estudos de História*, ele procura dar conta da evolução da humanidade como sendo o resultado de sucessivas "ondas" de civilizações.[1] Cada uma delas – cristã ortodoxa, irânica-arábica, minoica, sumérica, egípcia, ocidental moderna –, passada ou presente, constituiria assim um universo singular. Como Herder, Toynbee vai concebê-las como um organismo, cujo ciclo da vida passaria por momentos distintos: nascimento, crescimento e morte. Todo seu esforço consiste em apreender a gênese e o declínio das formações sociais, na esperança de descobrir uma lógica na sequência de surgimentos e desaparecimentos das culturas humanas. Não me interessa tanto criticar o ponto de vista organicista do autor, a meu ver inconsistente para explicar o intrincamento das relações sociais. Quero apenas ressaltar que seu raciocínio o leva, a certo momento de sua obra extensa, a se deparar com o seguinte problema metodológico: como entender o contato entre as civilizações? Na verdade, Toynbee, após descrever com paciência as características essenciais de cada núcleo civilizatório, termina seu estudo com um mapa cultural, no qual figurariam pelo menos 21 unidades. O número de contato entre elas seria neste caso desproporcional. O quebra-cabeça torna-se ainda maior, quando se sabe que o autor distingue entre gerações de civilizações. Assim, A, B, C, D e E, culturas da primeira geração, além das relações que teriam estabelecido entre si, se difundiriam nos espaços F, G, H, I e J ocupados pelas de

---

1. A. J. Toynbee, *Estudio de la historia*, Madri, Alianza Ed., 1970, 1971.

72   RENATO ORTIZ

segunda geração. As influências mútuas seriam quase infinitas. Mas Toynbee não se intimida com isso; persistente, ele se dedica com afinco a sua "empresa impossível".

O problema levantado por Toynbee é sugestivo. Ele revela um tipo de concepção subjacente a um conjunto de estudos. Afinal o que é um mapa cultural? Trata-se de um espaço ocupado por unidades diferenciadas, no qual a dinâmica global se faz a partir do movimento de cada uma das partes. A ideia de autonomia e de território é neste sentido fundamental, pois o intercâmbio só pode existir quando geograficamente referido ao momento de contato. Um mapa pressupõe dois tipos de limites, interno e externo. O primeiro define a identidade do que se pretende localizar, o segundo, sua projeção para além do lugar de origem.

Não é difícil perceber como as culturas se realizam no marco de suas territorialidades. Daí a preocupação de todo etnógrafo em localizar seu objeto de estudo – primitivos das ilhas de Trobriand, papuas da Nova Guiné, tikopias da Polinésia. O *Manual etnográfico* de Marcel Mauss, que ensina ao jovem antropólogo como proceder metodologicamente seu estudo de campo, começa pela morfologia social. "No estudo de uma sociedade, o primeiro ponto consiste em saber do que se fala. Para isso deve-se estabelecer um mapa completo da sociedade observada, trabalho frequentemente difícil; uma sociedade ocupa sempre um espaço determinado, que não é o da sociedade vizinha."[2] As monografias etnográficas partem da geografia, identificando no espaço homens e costumes. A especificidade cultural se manifesta no seio de contornos determinados, o que torna possível a descrição de seus traços "essenciais". A Antropologia culturalista norte-americana cunhou inclusive um termo para compreender tal "essencialidade": o foco cultural. Em princípio, qualquer organização social poderia ser resumida a um conjunto de valores, traços que desempenhariam

---

2. M. Mauss, *Manuel d'ethnographie*, Paris, Payot, 1947, p. 13.

MUNDIALIZAÇÃO E CULTURA 73

um papel nodal no conjunto de sua articulação. Caberia ao antropólogo explicitá-lo. Um exemplo, a cultura dos todas, na Índia. Nela, o búfalo encerra um significado focal integrando os diversos níveis sociais. Como observa Herskovits, nessa sociedade a criação e a leiteria de búfalos consiste na principal atividade dos homens. Mas não se trata apenas de um trabalho de natureza econômica. "As operações de ordenha e desnatação de sua indústria constituem a base da maior parte do ritual religioso dos todas. Sua vida é assim dedicada aos búfalos e grande parte do cerimonial está associado ao cuidado de alguns desses animais, considerados como mais sagrados que os demais. Os animais sagrados são atendidos por indivíduos especialmente escolhidos, os quais formam o sacerdócio dos todas, e o leite dos animais sagrados é batido para fazer manteiga em leiterias que podem ser consideradas como templos dos todas. As operações ordinárias da indústria leiteira converteram-se em ritual religioso, e cerimônias de caráter sacro acompanham de perto todo incidente importante na vida dos búfalos."[3] Por outro lado, o leite de búfala tem um papel proeminente nos rituais de nascimento, morte e casamento. Sua importância simbólica estende-se ainda ao mundo mitológico, no qual desfruta de uma posição privilegiada, e penetra a divisão social entre as aldeias, diferenciando-as umas das outras em função da complexidade dos ritos leiteiros. A cultura, na sua totalidade, encontra-se estreitamente articulada ao foco búfalo-produção leiteira. Sua vitalidade vincula-se a este traço identitário que a distingue dos outros povos.

O caso dos todas nos remete para a discussão que fizemos anteriormente. No fundo, a noção de "foco cultural" é uma outra maneira de se considerar a centralidade das culturas-civilizações. Da mesma forma que o mundo chinês se constituía a partir de uma matriz específica, os todas constroem suas vidas em torno de uma rede de relações e de sig-

---

3. M. Herskovits, *Antropologia cultural*, S. Paulo, Mestre Jou, 1969, p. 367.

74   RENATO ORTIZ

nificados sociais. As diversas culturas possuiriam uma centralidade significativa. A cartografia tem a virtude de espacializar sua configuração. No entanto, as sociedades não são estáticas, o dinamismo da vida as coloca na presença umas das outras. Isso faz com que elementos de uma determinada matriz viajem "para fora", e outros, externos, sejam assimilados por ela. A problemática da transmissão cultural se impõe como um capítulo importante para a compreensão das influências mútuas. Mas o que devemos entender por difusão cultural? A definição proposta por Kroeber é esclarecedora. "A difusão é processo pelo qual os elementos ou sistemas de cultura se espalham. Obviamente ela está ligada à tradição, na medida em que a cultura material passa de um grupo para outro. Porém, como é usualmente entendida, a tradição se refere à transmissão de conteúdos culturais, de uma geração para outra (do mesmo grupo de população); a difusão, de uma população para outra. A tradição opera essencialmente em termos de tempo, a difusão em termos de espaço."[4]

O conceito pressupõe a existência de um centro difusor e um espaço comum partilhado pelas culturas que interagem entre si. Por isso o difusionismo se interessa tanto pela comparação entre as áreas da civilização, e pela migração dos traços culturais de uma área para outra. Isto fica claro quando abordamos os chamados fenômenos de aculturação. Nesse caso, supõe-se o contato de grupos provenientes de dois universos diferentes, e como resultado, mudanças nos padrões culturais de um ou de outro grupo.[5] Um exemplo, o exílio dos deuses africanos na América Latina, dando origem ao candomblé brasileiro, ao *voudou* haitiano, às *santerias* cubanas.[6] A diáspora africana se distribui no es-

---

4. A. L, Kroeber, *Diffusionism, Encyclopaedia of Social Sciences,* N. York, Macmillan Co., 1963, vol. 5, p. 139.

5. Sobre o conceito de aculturação consultar M. Herskovits, R. Linton, R. Redfield, "A memorandum for the study of acculturation", *American Anthropologist,* vol. XXXVIII, 1936.

6. Ver R. Bastide, *As Américas negras,* S. Paulo, Difel, 1974.

MUNDIALIZAÇÃO E CULTURA 75

paço, reproduzindo sua "autenticidade" nos lugares longínquos. Na verdade, os estudos de aculturação privilegiam o movimento das populações – imigrantes na Europa, negros nos Estados Unidos, índios na cidade, etc. Como as culturas entram em contato por meio dos homens, a base referencial deve ser um agrupamento, uma coletividade de indivíduos que se desloca espacialmente. O choque ou a assimilação cultural se faz sempre no seio de um território, a nação, a cidade, o bairro. Dentro deste quadro, o conceito de memória coletiva torna-se fundamental para a análise antropológica, pois sabemos que as trocas se fazem em detrimento do grupo que parte, para se implantar, em condições adversas, em terras estranhas. Ora, Halbwachs já nos dizia que o ato mnemônico requer a partilha e a participação daqueles que solidariamente se comunicam uns com os outros.[7] A lembrança é possível porque o grupo existe, o esquecimento decorre de seu desmembramento. Entretanto, para ser vivificada, a memória necessita de uma referência territorial, ela se atualiza no espaço envolvente. Quando os negros africanos são trazidos para a América, a infraestrutura material de suas sociedades desaparece. Eles devem, portanto, reconstruir suas crenças, no contexto do mundo escravocrata. Os mecanismos da memória coletiva lhes permite recuperar as lembranças do esquecimento. Mas para isso é preciso que os grupos construam nichos no seio dos quais a lembrança possa sobreviver. Um novo território é redesenhado, no qual a identidade anterior é preservada.

Minha digressão sobre a difusão e a aculturação tem um objetivo: argumentar que o pensamento antropológico se fundamenta em duas premissas metodológicas: centralidade e oposição entre interno e externo. Mesmo quando falamos de sincretismo, fenômeno característico de mudança cultural, essas condições estão presentes. Basta retomarmos a definição de Bastide: "O sincretismo consiste em unir os

---

7. M. Halbwachs, *La mémoire collective*, Paris, PUF, 1968.

76 RENATO ORTIZ

pedaços das histórias míticas de duas tradições diferentes em um todo que permanece ordenado por um mesmo sistema.[8] Existe uma tradição dominante que ordena os "pedaços das histórias míticas" segundo a pertinência de um único sistema significativo, de uma memória coletiva. Fora dela, encontram-se os elementos da tradição subdominante, que lhe servem de matéria a ser sincretizada. O "sistema-partida" ordena e comanda a escolha do que será absorvido. A divindade exu, ao viajar para a América, irá sofrer inúmeras modificações em seus atributos espirituais (sua ligação com os cultos divinatórios irá desaparecer devido ao declínio da organização sacerdotal que se ocupava das tarefas de adivinhação). Porém, ao ser sincretizada com São Pedro, no Brasil e em Cuba, ela conserva o caráter de entidade mensageira, papel que possuía na cultura iorubá, sendo capaz de abrir e fechar as portas de acesso entre o sagrado e o profano. Neste sentido o sincretismo entre santos católicos e orixás africanos revela apenas a máscara cristã. Seu verdadeiro rosto esconde a persistência da "essencialidade" africana. Portanto, a especificidade da matriz cultural permanece enquanto diferença, cada uma delas atuando como filtro seletor do que é trocado. As culturas seriam assim definidas internamente, tendo a capacidade de reinterpretar os elementos estranhos, oriundos "de fora".

Na medida em que me proponho a discutir a modernidade-mundo, pergunto: faz sentido retomar a ideia de centralidade? Sabendo que o processo de desterritorialização é imanente à modernidade, seria convincente estabelecer com tanta clareza esta oposição entre interno e externo? É possível imaginarmos hoje um mapa cultural da maneira como nos propunha Toynbee, ou a escola difusionista?

Para responder às perguntas procurarei encaminhar meu pensamento a partir de um caso concreto: a alimentação. Não se trata de uma escolha fortuita. O consumo

---

8. R. Bastide, *Mémoire collective et sociologie du bricolage*, L'Anée Sociologique, vol. 21, 1970, p. 101.

de alimentos é governado por regras particulares, revelando a natureza dos agrupamentos sociais. A comida representa simbolicamente os modos dominantes de uma sociedade.[9] É o caso de alguns grupos melanésios, nos quais o homem é obrigado a doar parte da colheita à sua irmã, enquanto sua esposa recebe uma parcela igual de seu irmão. As relações de parentesco se exprimem por meio das trocas alimentares. Ou das sociedades estamentais, nas quais os membros de uma determinada casta são proibidos de comer na presença de pessoas de uma casta inferior. A alimentação revela e preserva os costumes, localizando-os em suas respectivas culturas. Ela traduz a estabilidade do grupo social. As velhas análises sobre a modernização dos países subdesenvolvidos (que estiveram na moda nos anos 1950 e 1960), sublinhavam este aspecto quando consideravam os hábitos alimentares como "barreiras culturais para a mudança", isto é, um obstáculo ao "progresso".

Mas não são apenas os antropólogos que se voltam para o estudo da alimentação. Também os historiadores se ocupam do tema. Em 1936, Lucien Febvre, representante da Escola dos Anais, propõe uma pesquisa sobre os ingredientes para cozinhar. Por que o interesse por tal assunto? Ele nos explica: "A maneira de se preparar os alimentos, em particular a utilização das gorduras, é de uma relativa fixidez. A rigor, não sem dificuldades os homens aceitam alimentos novos, quando consentem provar algum animal ou vegetal, até então desconhecidos de seus pratos. Mas esses pratos novos se acomodam a seus hábitos. É raro quando não passam pelo mesmo tratamento dos pratos tradicionais. A técnica culinária, que preferencialmente usa as gorduras, para cozinha trivial ou excepcional, parece de uma fixidade notável; em todos os lugares, ela possui a solidez dos hábi-

---

9. Ver Y. Cohen, "Food: consumption patterns" in *International Encyclopaedia of Social Sciences,* N. York, Macmillan Co, 1972.

78   RENATO ORTIZ

tos que não são nunca questionados.[10] A fixidez dos modos de cozinhar revela a permanência da tradição. Fevbre raciocina como os antropólogos culturalistas. A inovação, isto é, os pratos vêm "de fora", se adaptam ao paladar local, sendo "sincretizados" segundo as regras culinárias vigentes. O peso dos costumes os enraiza à terra. Daí a oportunidade em cartografá-los. Considerando-se os três principais tipos de matéria gordurosa para se cozinhar – banha, manteiga e azeite –, é possível então localizá-los dentro do território francês. O azeite situa-se sobretudo no litoral mediterrâneo e na região da Provence. A manteiga, praticamente desconhecida na maior parte da França, restringe-se à Bretanha e ao vale do Loire. Já a banha constitui a base principal da cozinha rural francesa, ela se estende por várias regiões do país, de norte a sul, de leste a oeste. Restaria ainda precisar algumas subespecializações. A gordura de ganso, limitada à Alsácia e a alguns departamentos do Midi; o óleo de nozes, confinado a lugares como Cantai, Puy-du-Dôme, Jura. Como entender o predomínio de certas matérias gordurosas em determinadas regiões? Febvre sugere ao pesquisador: "Eis o caso da manteiga. Onde procurar o seu centro de propagação na França? O uso se difundiu do oeste para o leste, da Bretanha para a Touraine, depois para os Alpes? Teria ele se espalhado a partir de um centro, da Touraine, por exemplo, para o leste e para o oeste?".[11] Suas dúvidas estão próximas a dos difusionistas, que a todo custo buscam pela inteligibilidade da propagação dos costumes.

Alguns autores tentaram aplicar a proposta de Febvre a um objeto mais complexo. Michel Cepede e Maurice Langelle tinham a intenção de traçar um mapa alimentar

---

10. L. Febvre, "Pour la premiere enquête d'alimentation de 1936, Annales, Economies, Société, Civilisations, n⁰ 4, juillet-août 1961, p. 749. Sobre o mesmo tema consultar, J. J. Hémardinguer, "Les graisses de cuisine en France, essais de cartes" in J. J. Hémardinguer (org.), *Pour une histoire de l'alimentation,* Paris, Colin, 1970

11. L. Febvre, op. cit. pp. 754-755.

MUNDIALIZAÇÃO E CULTURA 79

do mundo.[12] Eles elaboraram uma geografia qualitativa dos alimentos, dividindo as áreas mundiais segundo o consumo de óleo, banha e manteiga. Cada zona definiria assim um tipo de "civilização". O mesmo raciocínio se aplica ao consumo de carne, leite, cereais, tubérculos, raízes, etc. O globo pode ser então cartografado como sendo uma sucessão de territórios no interior dos quais predominam determinados produtos e hábitos alimentares: Japão (cereais e raízes); Escandinávia (leite e peixe); Itália (carne e matéria gordurosa fluida); Bálcãs (cereais). Existiriam ainda sub-regiões da carne, como na Argentina e no Uruguai.

História, Antropologia e Geografia convergem na afirmação da territorialidade das culturas. Da mesma forma que os orixás preservam suas qualidades de origem, os hábitos alimentares se moldam no espaço. No entanto, a modernidade é o contrário da fixidez. Ela é mobilidade. O princípio da circulação, que se realiza nas reformas urbanas (Paris de Haussmann, Viena de Camilo Sine), nos meios de transporte (trens, automóveis, aviões), na moda (a fugacidade dos modelos), penetra também nossos hábitos recônditos. A alimentação deixa de ser um universo ao abrigo da fragmentação e da rapidez do mundo moderno. O advento das técnicas de conservação, o barateamento do transporte, a invenção da comida industrial transformam radicalmente este quadro. Por isso alguns estudiosos começam a falar de internacionalização dos comportamentos alimentares. "Tudo se passa como se os hábitos alimentares, regionais ou nacionais, caracterizados por um número limitado de produtos, e uma certa monotonia, recorrente nas preparações culinárias, explodissem os meios técnicos – conservação, transportes, distribuição dos produtos – e o nível de renda, permitindo a expansão do consumo a uma gama de produtos não tradicionais."[13] Na verdade, durante o século XX, dois movimentos acentuam

---

12. M. Cepède, M. Langelle, *Economie alimentaire du globe*, Paris, Libr. Medicis, 1953.
13. M. Guerry de Beauregard, "Vers une internationalisation des componements alimentaires?" *Annales de Géographie*, nº 493, mai-juin 1980, p. 301.

80   RENATO ORTIZ

o processo de mundialização. Primeiro, a diversificação dos produtos. Uma região já não se define apenas pela presença de um número limitado de alimentos cultivados ou fabricados em suas áreas. Segundo, a passagem da cozinha tradicional, com a preparação de pratos típicos, para uma cozinha industrial. Dentro desse contexto, a pergunta sobre a difusão (a manteiga teria se propagado da Bretanha para outras regiões da França?) ou sobre o enraizamento das receitas faz pouco sentido. Os alimentos descolam de suas territorialidades para serem distribuídos em escala mundial. Não existe nenhuma "centralidade" nas cervejas, chocolates, biscoitos, refrigerantes. Trata-se de produtos consumidos mundialmente e distribuídos por grupos multinacionais. Mercado de bebidas: Coca-Cola (Estados Unidos – 44,7% de vendas no exterior), Lonrho (Reino Unido 34,8%), Segram (Canadá – 92,9%), Gruiness (Reino Unido – 51%), Molson (Canadá – 56%).[14] Mercado de chocolate, dominado por grandes companhias como Mars Incorporation (EUA), Hershey Foods Corporation (EUA), Rowntree-Mackintosh (Reino Unido), Nestlé (Suíça), Cadbury-Sweppes (Reino Unido), Jacobs-Suchard (Suíça). Mercado de biscoitos, cuja concentração mundial, 50%, encontra-se nas mãos de quatro grandes empresas: Nabisco, United Biscuits, Générale Biscuit, Bahlsen.[15] Produtos que se encontram em exposição nas prateleiras dos supermercados, sendo ainda veiculados pelas cadeias de hotéis e de restaurantes internacionais. Na Inglaterra, United Biscuits está associado à Whimpy e Pizzaland, Grand Metropolitan à Crest Hotels; nos Estados Unidos, Pepsico promove Kentucky Fried Chicken, Pizza Hut, Taco Bell, e Campbell Soup se ocupa de Petro's Pizza. Na França, Socopa se vincula à

---

14. Consultar F. Clairmonte, J. Cavanagh, *Alcool et les pouvoir des transnationales,* Lausanne, Favre, 1986.

15. F. Savary, "Une stratégie d'implantation des firmes multinationales: le cas de la biscuiterie, de la chocolaterie, de la brasserie", tese de doutoramento, Université Paris II, 1986; da mesma autora, *Les multinationales du chocolat,* Paris, Centre Français du Commerce Extérieur, 1986.

MUNDIALIZAÇÃO E CULTURA 81

FreeTime (companhia francesa apesar do nome), e na Suíça, Nestlé se agrupa à cadeia norte-americana Stouffer Hotels.[16] Rompe-se assim a relação entre lugar e alimento. A comida industrial não possui nenhum vínculo territorial. Não quero sugerir que os pratos tradicionais tendam com isso a desaparecer. Muitos deles serão inclusive integrados à cozinha industrial. Mas perdem sua singularidade. Existiria alguma "italianidade" nas pizzas Hut, ou "mexicanidade" nos tacos Bell? Os pratos chineses, vendidos congelados nos supermercados, têm algum sabor do império celestial? O exemplo de McDonald's é a meu ver heurístico. Ele permite compreender melhor o tema da deslocalização. Uma forma de analisá-lo é sublinhar sua "essência" norte-americana. Esta maneira de pensar faz parte de todo um senso comum, e supõe uma ideia partilhada por muitos: a "americanização" do mundo. Os dados empíricos tendem a confirmar esta impressão apressada. De fato, McDonald's tem uma presença insofismável, oferecendo seus préstimos na Europa, Ásia e América Latina. Sua "marca" abraça as cidades de Paris, Nova York, São Paulo, Moscou e Tóquio. Entretanto, sua história nos sugere uma outra leitura. Afinal o que significa realmente este fenômeno?

Em 1940, os irmãos McDonald abrem um *drive-in* em São Bernardino, ao lado de Los Angeles.[17] Esse tipo de restaurante floresce na Califórnia, incentivado pela abertura das rodovias e pela expansão da indústria automobilística. Reserva-se assim um lugar relativamente tranquilo para os motoristas e seus acompanhantes, onde, sem deixar seus automóveis, sejam atendidos nas suas necessidades. O cardápio era composto de uma variedade de pratos, incluindo sanduíches diversos, além de costeletas grelhadas. Em 1948, devido à concorrência, os proprietários decidem transformar o negócio. Eles observam que 80% do consumo é de hambúrguer e não de pratos. Resolvem "simplificar" as ofertas.

---

16. Ver J. Pinard, *Les industries alimentaires dans le monde,* Paris, Masson, 1988.
17. J. F. Love, *Sous les arches de McDonald's,* Paris, Michel Lafont, 1989.

82   RENATO ORTIZ

Fecham o restaurante e o reformam dentro de um novo tipo de atendimento. As mudanças principais são: padronização do menu – hambúrguer (com ou sem queijo), gasosa (três gostos), leite, café, batata frita e bolo; o cliente serve-se a si mesmo (self-service); o preço do sanduíche cai pela metade. Inaugura-se assim uma fórmula rápida de servir e de comer. Para atender a demanda, a cozinha é também alterada. "Sendo limitado, o menu pode ser decomposto em operações rápidas, repetitivas, simples de serem aprendidas. A equipe – três membros cozinham os hambúrgueres, dois preparam o leite batido, dois fazem batatas fritas, dois temperam e embrulham os hambúrgueres, três outros recebem os pedidos – é composta de especialistas."[18] Sugestivamente, o novo empreendimento é batizado com o nome de *Speedy*. Só mais tarde, em 1952, quando os proprietários se associam ao empresário Ray Kroc, haverá a troca para McDonald's, agora uma marca, que, sob o sistema de franquias, conquista o mercado nacional e internacional.

Interessa menos no caso McDonald's sua americanidade, do que o fato de ele exprimir um novo padrão alimentar, o *fast-food*. Durante os anos 1920 e 1940, os Estados Unidos conhecem uma profunda mudança dos hábitos alimentares, fenômeno ligado à emergência das grandes companhias processadoras de comida (Nabisco, por exemplo) e à vida na cidade.[19] Não há tempo para se comer em casa, daí a necessidade de se conseguir uma boa refeição a preços módicos. A modernidade impõe seu ritmo aos costumes arraigados. Os primeiros *drive-in* já exprimem uma adequação da refeição ao movimento dos automóveis. O *fast-food* o acelera. No fundo, o que os irmãos McDonald fazem é aplicar o modelo de taylorização, conhecido nas fábricas, na produção de sanduíches e no atendimento do cliente. O parcelamento das tarefas permite um ganho na produtividade, mas para isso é necessário uma padronização da escolha. A restrição e sim-

---

18. Idem, p. 27.
19. Ver H. Lovenstein, *Revolution at table*, Oxford, Oxford University Press, 1988.

MUNDIALIZAÇÃO E CULTURA   83

plificação do menu é uma exigência da rotatividade fabril. Porém, o sucesso da fórmula se explica pela sincronia entre produção e consumo. A rapidez não é uma qualidade restrita ao universo empresarial, ela permeia a vida dos homens. No mundo moderno o tempo é uma função da interrelação de um conjunto de atividades, entre elas: morar, vestir, fazer compras, trabalhar, passear, etc. Adaptar-se ou não a seu ritmo passa a ser uma questão fundamental. "Perder tempo" significa estar em descompasso com a ordem das coisas.

O caso da França é interessante. Ele traz elementos que reforçam minha argumentação. Desde o final do século XIX existiam empórios, tipo Felix Potin, cadeias de lojas que abasteciam as populações regionais de bens que não podiam ser produzidos em nível local. Essas sucursais florescem entre 1920 e 1930, porém, em 1945, o movimento se estagna, os pontos de venda concentrando-se apenas no norte do país.[20] Não há, portanto, uma rede nacional de distribuição alimentar. Por isso Lucien Febvre pode imaginar, nos anos 1930, um mapa fixando os produtos às suas regiões. Na verdade, o próprio hábito de fazer compras, em algumas categorias sociais, encontra-se ainda arraigado aos lugares. Em sua pesquisa sobre a vida cotidiana das famílias operárias, Chombart de Lauwe observa que elas compram sempre, em pequenas quantidades, do comerciante mais próximo a seus lares.[21] Presta-se menos atenção aos preços e à qualidade dos produtos do que na familiaridade do lugar ou na simpatia do dono da loja. Dito em jargão sociológico, as relações pessoais predominam sobre as impessoais.

Uma mudança radical se consolida com a abertura das "grandes surfaces", os "super" e "hiper" mercados. Inaugurados nos anos 1960, sua importância torna-se cada vez maior. Em 1964 existem nesses enormes espaços 226.900 m^2 disponíveis aos clientes, ou seja, 4,7 m^2 por cada mil habi-

---

20. Ver C. Marenco, *La concentration dans le commerce d'alimentation générale*, CORDES, Université Paris IX, 1979.
21. P. Chombart de Lauwe, *La vie quotidienne des familles ouvrières*, Paris, CNRS, 1956.

84   RENATO ORTIZ

tantes. Em 1984 são 7.288.000 m², uma proporção de 113,4 m² por mil habitantes.[22] Os supermercados se constituem no principal modo de abastecimento da população. Com isso, os estabelecimentos tradicionais começam a declinar, os produtos deixando de ser comprados na "loja ao lado"; *boucher, boulanger, volailler* são gradativamente substituídos pelos grandes distribuidores. Essa transformação do pequeno comércio se associa ao desenvolvimento e a consolidação de uma indústria agroalimentar, dissociando os alimentos do ritmo das estações. Como dizem alguns especialistas, "a natureza recua na mesa dos franceses". Ainda nos anos 1940 e 1950 era significativa a parcela da população que se abastecia de produtos provenientes dos jardins e das hortas. Tal recurso torna-se irrisório com a preponderância da industrialização.[23] Por outro lado, cada vez mais diminui o consumo de legumes e de frutas frescas, mas aumenta o de conservas, geleias, biscoitos, doces industriais, comidas dietéticas, pratos congelados, etc. As conquistas tecnológicas "libertam" os alimentos do meio ambiente, do solo que os prendia às regiões.

Concomitante a essas mudanças, outras ocorrem no polo do consumidor. Nas décadas de 1950 e 1960 era considerável o número de pessoas que almoçavam em casa; outras, quando saíam para o trabalho, comiam em pensões ou levavam lanches. Pouco a pouco, essas práticas são vistas como sinais de arcaísmo, e caem em desuso.[24] O restaurante e o *fast-food* tomam-se as opções preferenciais. Isso implica a redefinição do significado da refeição. Até então, ela se constituía em verdadeira "instituição social", agregando os modos de vida específicos dos grupos e das classes sociais. Desde Halbwachs a tradição sociológica francesa vem con-

---

22. "L'Evolution de 1964-1984 des grandes surfaces alimentaires", Institut d'Aménagement et d'Urbanisme de la Région d'Ille-de-France, 1984.

23. O autoconsumo é de apenas 0,6%, em 1985. Ver N. Herpin e D. Verger, *La consommation des Français*, Paris, La Découverte, 1991.

24. Consultar P. Pynson, "Le four et le snack", tese de doutoramento, Paris, Écolé Hautes Études en Sciences Sociales, 1986.

MUNDIALIZAÇÃO E CULTURA   85

siderando os aspectos singulares da instituição refeição, modelo de congregação dos membros dispersos da família. Ela seria espécie de comunhão coletiva, momento ritualístico da reunião de todos. Chombart de Lauwe acredita que ela representaria um dos pilares do grupo familiar, a partilha da mesma mesa assegurando uma unidade à vida doméstica.[25] A estabilidade da família proletária pode ser assim compreendida a partir da comunhão alimentar. O costume preserva coesão de seus membros. Ora, como sublinha Nicolas Herpin, o mundo moderno modifica a ordem das coisas.[26] A refeição estruturada (entrada, prato principal, sobremesa) cede lugar a uma alimentação fragmentada. Contrariamente à refeição tradicional, que se fazia em horários fixos, come-se agora em horas variadas. Ocorre ainda uma dessincronização entre o tempo e o lugar no qual os alimentos são ingeridos. Se antes os membros da família se sentavam regularmente à mesa, partilhando um momento em comum, hoje, cada um tende a coordenar seu tempo em função de suas próprias atividades. Há uma deslocalização do ato de comer. A instituição refeição se concentrava em lugares fixos (copa ou cozinha); as novas modalidades alimentares favorecem a mobilidade (restaurante, cafés, cantinas, automóvel, etc.). O ritmo da alimentação é pautado pelas exigências da sociedade. A instituição refeição se desestrutura, se fragmenta. O termo inglês *snack* exprime bem esse processo de segmentação. Ele denota uma alimentação fracionada, tomada em pequenas quantidades ao longo do tempo, sem nenhuma ordenação comunal.

O *fast-food* é uma das expressões (existem outras) do movimento de aceleração da vida. Nesse sentido, quando McDonald's "migra" para outros países, não devemos compreendê-lo como um "traço cultural" que se impõe à revelia dos valores autóctones. Ele exprime a face interna da

---

25. C. de Lauwe, op. cit.
26. N. Herpin, "Le repas comme institution", *Revue Française de Sociologie,* juillet-septembre, 1988.

modernidade-mundo. Na verdade, o conteúdo da fórmula *fast-food* – hambúrguer, salada, pizza, taco, sanduíche – é arbitrário. McDonald's e Brioche Dorée possuem o mesmo sentido social. Pouco importa se esta última se volte para a venda de *croissants* e de tortas. A tradição que se evoca tem apenas um valor simbólico. O mundo artesanal dos padeiros e dos doceiros é atropelado pela cozinha industrial. A padronização é uma condição da alimentação rápida. Como os hambúrgueres de McDonald's, ou de Quick (companhia francesa), as guloseimas "tradicionais" são preparações industrializadas. Por isso podem ser encontradas fora de seus horizontes de origem. Quick, Free Time, Brioche Dorée e La Croissanterie são empresas francesas, cujo interesse é disputar o mercado mundial. Seus serviços são trasnacionais.

Barthes nos diz que a polissemia dos alimentos caracteriza a modernidade.[27] Cada situação social, a festa, o lazer, o esporte, o trabalho, conteria assim uma expressão alimentar. Os alimentos são informações que nos remetem às diferentes atividades das pessoas. Porém, como nos lembra Wiener, o conceito de informação implica a descontextualização dos conteúdos. Por isso Barthes dirá que no mundo moderno o alimento perde em substância e ganha em circunstância. Tomar cafezinho, por exemplo, é percebido mais como um ato que reenvia à suspensão do trabalho, do que propriamente ao gosto do café. A informação veiculada por cada alimento se associa assim às situações nas quais ele é consumido. Ora, quem diz substância se refere, mesmo que indiretamente, à ideia de "ser", às características próprias de um objeto. A circunstância é decorrente da funcionalidade das coisas, não de suas "identidades". Ela é móvel, adaptando-se à diversidade das atividades humanas. No mundo funcional da modernidade-mundo, os alimentos perdem a fixidez dos territórios e dos costumes. Eles se adequam às circunstâncias que os envolvem. Neste contexto, a

---

27. R. Barthes, "Pour une psycho-sociologie de l'alimentation contemporaine" in J. J. Hemardinguer (org.), *Pour une histoire de l'alimentation,* op. cit.

MUNDIALIZAÇÃO E CULTURA   87

veracidade dos mapas alimentares se esvai, pois seus "traços essenciais" (diriam talvez os antropólogos culturalistas) são informações ajustadas à polissemia dos contextos. Não há mais centralidade, a mobilidade das fronteiras dilui a oposição entre o autóctone e o estrangeiro.

* * *

Ao percorrer os escritos sobre a cultura contemporânea, dificilmente o leitor escapará de uma tese insistente: a americanização do mundo. Seja na sua vertente ideologizada norte-americana, ou como crítica ao imperialismo, ela permeia o senso comum e boa parte dos textos sobre o "contato cultural" nas sociedades atuais. A concepção genuinamente americana não passa de uma afirmação rústica do pensamento, e tem origem na idealização de seu povo e de sua história. "América", terra prometida, seria a síntese das esperanças humanas. O nascimento de uma nação abriria assim o caminho para uma idade de ouro, pois o destino manifesto da América do Norte não se confinaria a seus cidadãos, eles teriam ainda o dever de difundir entre os homens os valores democráticos e liberais. O mito justifica o presente, o progresso e a supremacia de um país. Esta ideologia ingênua, mas eficaz, é partilhada por diferentes estratos da sociedade, governo, empresariado, militares, políticos, etc. Quando no final dos anos 1920 a agência publicitária J. Walter Thompson começa a se expandir internacionalmente, seus membros não hesitam em dizer: "Os olhos de todos os credos e raças estão voltados para a América, a nação maravilha da Terra. Em todos os lugares, as pessoas estão adotando os costumes americanos, seu modo de vida, seu padrão de conforto. E os produtos americanos estão se tornando conhecidos onde as mercadorias são vendidas".[28] Os Estados Unidos seriam o espelho do mundo. Caberia aos publicitários um papel importante na divulgação de

---

28. Citado em J. Merron. "American culture goes abroad", op. cit., p. 113.

88   RENATO ORTIZ

sua imagem. Sua missão, promover a transição dos povos "atrasados" para a modernidade norte-americana. De alguma maneira, ao ensinar aos outros como consumir suas mercadorias, eles estariam realizando uma tarefa pedagógica, educando os homens para uma sociedade "melhor". Os Estados Unidos se imaginam como paradigma a ser imitado por todos. Com o desenvolvimento econômico e o advento do Estado de bem-estar, esta ideologia se reforça. Em 1941, a revista *Life,* com orgulho e autossegurança, retrata o século XX: "América é o centro dinâmico da qualificação dos trabalhadores da humanidade. América é o bom samaritano. América é a casa de força do ideais da Liberdade e da Justiça".[29] Tal versão apologética do americanismo possui evidentemente desdobramentos. Com a guerra fria, ela favorece uma política de cunho nitidamente intervencionista – Guerra da Coreia, do Vietnã, golpe no Chile, etc. E mesmo atualmente, com a ruptura do equilíbrio internacional, com o relativo declínio dos Estados Unidos como potência mundial, o mito se preserva na esfera da geopolítica. A Guerra do Golfo deixou isso claro todos nós.[30]

O contraponto a esta perspectiva escatológica se configura na tese do imperialismo.[31] Passa-se do apanágio dos valores dos "Pais Fundadores" a sua crítica. Economia, política e cultura são vistos agora como exercício do poder. Poder imperial, ao arbitrar a paz mundial em função do interesse exclusivo do Estado e da sociedade americana; poder econômico, materializando-se nos trustes e nas multinacionais. O capitalismo monopolista, por meio de sua face

---

29. Citado em E. Rosemberg, *Spreading the American dream: American economic and cultural expansion, 1890-1945,* N. York, Hill and Wang, 1984, p. 229.

30. Uma boa crítica desta mentalidade intervencionista, com as implicações relativas à guerra do Golfo, encontra-se no livro de Alain Joxe, *L'Amérique mercenaire,* Paris, Stok, 1992.

31. A bibliografia sobre o imperialismo cultural é imensa. Ela abarca tanto as correntes marxistas como nacionalistas. Apenas para uma visão panorâmica sobre o assunto, ver A. Mattelart, S. Siegelaub (orgs.), *Communication and class struggle,* N. York, International General, 1979.

norte-americana, impõe a todos sua coerção. Do ponto de vista que me interessa, cabe sublinhar os aspectos culturais deste processo. Dallas, Disneyland, McDonald's, calças *jeans*, *rock and roll* etc. seriam expressões de uma cultura de exportação. A "indústria da consciência " (para utilizar uma ideia de Enzensberger) se desdobraria assim em nível internacional, subjugando os sujeitos em escala planetária. O resultado desta operação estratégica seria, por um lado, o reforço da dependência lítica e cultural de outros países em relação aos Estados Unidos, por outro, o enfraquecimento das culturas nacionais.

A tese do imperialismo cultural, independentemente de sua postura crítica, tem, a meu ver, um forte apelo devido a inúmeras evidências empíricas. Sua verossimilhança se fundamenta em dados concretos. Vários são os exemplos que confirmam sua materialidade. A articulação entre a indústria norte-americana de comunicação e o complexo militar é verdadeira, não uma ficção ideológica. A invenção do computador não se deve apenas ao gênio dos homens, mas decorre da convergência de interesses científicos e militares. Os historiadores da informática são categóricos: "A Segunda Guerra Mundial e a guerra fria que se seguiu constituíram-se no fator decisivo que permitiu a invenção do computador moderno. Assim como para o nuclear, a guerra e os imperativos da defesa nacional permitiram o encontro dos sonhos mais avançados dos melhores cientistas com amplas possibilidades de financiamento e de experiência oferecidos pelo exército de um país altamente industrializado: os Estados Unidos".[32] Seria inútil elidir as relações intrínsecas entre a construção do sistema internacional de telecomunicação norte-americano, as instâncias políticas (International Communication Agency, CIA) e as corporações multinacionais.

---

32. P. Breton, *História da informática*, S. Paulo, Ed. Unesp, 1991, p. 123.

90 RENATO ORTIZ

Trata-se de fatos documentados.[33] Também a propagação de alguns produtos comerciais contam com uma atenção especial das agências estatais americanas. A distribuição mundial da Coca-Cola se fez com o auxílio cordial das forças armadas.[34] Durante a Segunda Guerra Mundial, para atender a demanda dos soldados, o exército instalou plantas de engarrafamento em diversos pontos do mundo. Para o seu funcionamento, o Pentágono providenciou ainda maquinário e pessoal especializado; com o término do conflito, a companhia incorporou, sem despesas, as produções locais.[35] Os estudos realizados pela Unesco não deixam dúvidas quanto à hegemonia norte-americana no campo da indústria cultural. Os Estados Unidos dominam a produção e a distribuição mundial de dramaturgia televisiva, filmes e publicidade. Todas as estatísticas comparativas entre produtos importados *versus* exportados confirmam seu predomínio.

No entanto, a certeza das evidências oculta a parcialidade da interpretação. Apesar de serem diametralmente opostas, a ideologia americanista e a crítica do imperialismo partilham as mesmas premissas metodológicas expressas nos conceitos de difusão e de aculturação. A centralidade do "foco cultural" se repõe, só que em termos de uma outra entidade, o Estado-Nação. Quando Lenin escreve: "O imperialismo, fase superior do capitalismo", ele distingue o imperialismo dos tempos modernos das sociedades passadas (Roma antiga, por exemplo). Não teríamos mais um único império tendendo inexoravelmente ao crescimento, mas um conjunto restrito de sociedades avançadas competindo em

---

33. Consultar H. Schiller, *Mass communications and American empire,* Boston, Beacon Press, 1971; Y. Eudes, *La colonización de las conciencias: las centrales USA de exportación cultural,* México, Gustavo Gili, 1984.

34. Ver T. Oliver, *The real coke, the real story,* N. York, Random House, 1986.

35. Ver *Repports and papers on mass communication* publicados pela Unesco. Em particular: T. Varis, N. Nordenstreng, "Television trattic: a one way street?", nº 70, 1974; T. Guback, T. Varis, Transnacional communication and cultural industries", nº 92, 1982; G. Murdock, N. Janus "La communication de masse et l'industrie publicitaire", nº 97, 1985; T. Varis, "International flow of television programmes", nº 100, 1987.

MUNDIALIZAÇÃO E CULTURA 91

escala internacional. A nação é o núcleo deste capitalismo monopolista que abarca o planeta, dividindo-o geograficamente em pedaços diferenciados. O imperialismo vem, portanto, marcado pela sua origem (inglês, americano, francês, ou japonês). Cada foco de difusão procura propagar, isto é, impor suas ideias, seus modos de vida, aos que se encontram sob seu jugo.

Não é surpreendente constatar que a discussão sobre a especificidade das culturas, que fizemos anteriormente, ressurja no quadro da americanização. Ao escrever "A mídia é americana", Jeremy Tunstall se pergunta sobre as razões da supremacia dos Estados Unidos. Sua visão substancialista nada mais é do que uma racionalização das opiniões cotidianas dos homens de negócio. Tunstall considera que a mídia é fundamentalmente comércio e tecnologia, por isso seria "essencialmente" norte-americana. A indústria cultural, ao se desenvolver preferencialmente em solo americano, teria inventado um tipo de cultura irresistível, e pela sua extensão, portadora dos germes da universalidade. Caberia aos outros imitá-la. A história do predomínio dos Estados Unidos teria assim pouco a ver com os elementos políticos ou econômicos. "O apelo da mídia americana em outros países se deve apenas à gramática dos filmes, da televisão, das histórias em quadrinho e da publicidade."[36] Evidentemente, outros povos podem copiar esse modelo, mas com ressalvas. "Os japoneses e os outros podem e fazem filmes de ficção científica, mas eles se ressentem da autenticidade dos americanos."[37] A identidade americana estaria assim preservada das imitações incompletas. Curioso, Tunstall busca ainda a essência americana no uso do inglês como língua internacional. Sua perspectiva fundamentalista supõe que ele seria, por natureza, o idioma mais adequado para expressar a sociedade mediática. O inglês é percebido como "brevidade, concisão, compasso e precisão. Sua gramática

---

36. J. Tunstall, *The media are American,* London, Constable, 1977, p. 85.
37. Idem, p. 86.

92   RENATO ORTIZ

é mais simples do que qualquer outra língua rival, como o russo. O inglês é a língua que melhor se adequa às histórias em quadrinhos, às manchetes de jornais, às frases concisas, às ilustrações das fotos, aos nomes, aos subtítulos, às canções populares, aos gracejos dos disc-jóquei, aos flashes, aos comerciais".[38] Em suma, os genuínos produtos da indústria cultural seriam a expressão de um americanismo profundo.

Embora antagônica à visão anterior, a perspectiva anti-imperialista se move no seio de pressupostos semelhantes. Em nenhum momento a centralidade do imperialismo é colocada em dúvida, pelo contrário, ela se afirma por meio dos mecanismos de dominação. Isto significa que o embate cultural se realiza no contexto de um universo dual. A noção de "situação colonial " explicita bem este aspecto. No jogo da luta política, colonizador e colonizado se opõem como termos antitéticos. Por isso diversos autores dirão (como Franz Fanon) que a situação colonial se funda no processo de alienação".[39] Da mesma forma que para Hegel o senhor se opõe ao escravo, o colonizado é a negação radical do colonizador. A dominação persiste enquanto o "ser" do escravo se encontre alienado no "ser" do senhor, isto é, separado de sua verdadeira essência. A proposta anti--imperialista, à revelia de suas intenções políticas, reforça a perspectiva substancialista da existência de uma cultura norte-americana. Evidentemente, esta não se manifesta como afirmação do espírito humano, mas como "essência alienada", negadora do outro. O debate se desloca assim para a questão da autenticidade das culturas nacionais. Como se considera que o colonizado realizaria sua liberdade apenas no momento da conquista de sua autenticidade nacional, o confronto é inevitável. Na verdade, o tema da dominação

---

38. Idem, p. 128.

39. Ver F. Fanon, *Les damnées de la terre,* Paris, Maspero, 1970; ou ainda, J. P. Sartre, "Le colonialisme est un système, *Les Temps Modernes,* nº 123, mars-avril 1956; G. Balandier, "La situation coloniale: approche théorique", *Cahiers Internationaux de Sociologie,* nº XI, 1951.

MUNDIALIZAÇÃO E CULTURA

não se restringe às dimensões política e econômica; a rigor, a própria especificidade das culturas nacionais estaria em risco diante da constante ameaça de uma cultura estranha. Neste sentido, o nacional ontologicamente se contrapõe ao que vem de "fora". Como diriam alguns: "Assim como, no plano econômico, a colônia exporta matéria-prima e importa produto acabado, assim também, no plano cultural, a colônia é material etnográfico que vive da importação do produto cultural fabricado no exterior. Importar o produto acabado é importar o ser, a forma, que encarna e reflete a cosmovisão daqueles que a produziram. Ao importar o cadillac, o chiclete, a coca-cola e o cinema não importamos apenas objetos ou mercadorias, mas também todo um complexo de valores e de condutas que se acham implicados nesses produtos".[40] O texto reproduz a consciência de um autor, mas reflete uma tendência generalizada. Nos diversos lugares onde se trava uma luta anti-imperialista, o diagnóstico apresentado ressoa como verdadeiro. Sua plausibilidade se sustenta sobre expectativas reais, a possibilidade de uma reação nacional diante dos constrangimentos de natureza internacional. Não tenho dúvidas de que este tipo de postura tem consequências importantes no plano político. Sem ele, o desejo de dominação imperial de alguns países não encontraria maiores obstáculos para se concretizar. No entanto, do ponto de vista de uma reflexão sobre a condição contemporânea, a proposta encontra seus limites. A discussão sobre as culturas nacionais reatualiza a dicotomia entre interno e externo, promovendo o pensamento dualista.

Os países centrais são vistos como núcleos difusores de uma determinada formação cultural, chocando-se em princípio com a veracidade dos costumes locais. O que é externo se configura como elemento estranho, alienado, distante da modalidade nacional. Dentro desta perspectiva, o mundo seria formado por unidades distintas, submetidas, é claro, à

---

40. R. Corbisier, *Formação e problema da cultura brasileira*, R. Janeiro, ISEB, 1960, p. 69.

94   RENATO ORTIZ

hegemonia dos mais poderosos. A crítica anti-imperialista raciocina em termos de geopolítica. As grandes corporações, enraizadas nacionalmente, e o Estado-Nação delimitariam geograficamente as fronteiras do poder. Da mesma maneira que Toynbee buscava cartografar as civilizações, é possível esboçar o mapa da dominação mundial. Existiriam espaços difusores de cultura (em particular os Estados Unidos) e locais periféricos, sujeitos às suas influências.[41]

A dificuldade com a tese da americanização é que ela se fixa sobremaneira na difusão dos elementos nacionais, esquecendo-se de analisar a globalização enquanto processo. A evidência dos balanços estatísticos (cultura importada x cultura exportada) pertence ao reino da quantidade. Entretanto, seu valor explicativo é frágil. Primeiro, porque o raciocínio opera uma redução da cultura a seus produtos – discute-se McDonald's, Dallas, Cadillac, e não o *fast-food,* a serialização da dramaturgia televisiva, ou o automobilismo nas sociedades modernas. Segundo, as expressões culturais são assimiladas aos bens econômicos, sendo desta forma pesadas em função dos fluxos de importação e de exportação. Cultura e economia seriam assim dimensões equivalentes. Isto significa, porém, que a mundialização só pode ser compreendida como um fenômeno externo aos países que a adotam. Ela decorreria necessariamente de uma indução social. Os países que se encontram fora de seu círculo determinante só podem portanto experimentá-la enquanto imposição alheia. Por isso é comum encontrarmos, na discussão que estamos enfrentando, afirmações do tipo: "os países do Terceiro Mundo imitam os do Primeiro Mundo"; "o *rock and roll* latino-americano é uma imitação dos valores americanos"; "nas sociedades periféricas o consumo é a

---

41. É interessante observar que mesmo autores como Braudel e Wallerstein não conseguem se desvencilhar do tema da centralidade. Para eles, o capitalismo mundial teria sempre um núcleo a partir do qual se organizaria. Com o movimento da história ele se deslocaria – Amsterdã, Londres, N. York –, mas a ideia de centro permaneceria intacta através dos tempos.

MUNDIALIZAÇÃO E CULTURA 95

imitação das sociedades de Primeiro Mundo". A categoria "imitação" surge como elemento explicativo da propagação dos costumes. O argumento lembra as teorias de Gabriel Tarde, que entendia a sociedade como um conjunto de relações resultante das "leis de imitação". Desta maneira, a opinião pública seria um fenômeno de propagação que se realizaria graças ao movimento social da imitação dos cérebros.[42] Os indivíduos, ao tomarem contato com uma opinião veiculada por um polo emissor, seriam persuadidos a aceitá-la. Seria o caso da moda, que se difundiria entre as diferentes camadas sociais por meio deste mecanismo de reprodução de si mesma.

Na verdade, este tipo de pensamento capta apenas as aparências das coisas, identificando modernidade com *american way of life*. Vários estudos sobre a "exportação da cultura" assumem implicitamente este ponto de vista. É o caso de Emily Rosenberg, cujo livro *Divulgando o sonho americano* traça uma crítica severa, a meu ver pertinente, do expansionismo norte-americano. No entanto, sugestivamente a autora inicia seu texto com a Exposição Universal de Chicago no final do século XIX. Ela procura decifrar no passado, isto é, na apresentação das máquinas agrícolas e das técnicas de transporte, o futuro dos Estados Unidos. As explorações tecnológicas e a pujança das mercadorias expostas visualizariam os traços do caráter nacional norte-americano. Até mesmo a apresentação do show de Búfalo Bill é percebida como "uma expressão temporã, mas já plenamente desenvolvida da cultura de massa americana".[43] Técnica e consumo são desta maneira entendidos como atributos da americanidade. Ora, bastaria olharmos para as exposições universais europeias para nos desvencilharmos desta concepção inadequada. Elas são também uma mistura de mercadoria, técnica e entretenimento. Walter Benjamin as considera uma espécie de "escola para o consumo", ensinando ao público o gosto

---

42. Ver G. Tarde, *L'opinion et la foule*, Paris, PUF, 1989.
43. E. Rosenberg, *Spreading the American dream*, op. cit., p. 6.

96 RENATO ORTIZ

prazeroso da contemplação, e depois da compra, dos objetos.[44] As exposições universais – um agrupamento heterogêneo de máquinas, invenções, aparelhos, roupas, e lazer – promovem as trocas comerciais num clima de divertimento e efusão.[45] Nesse contexto, o show de Búfalo Bill (que também se apresenta na Europa) se define como expressão de um movimento intrínseco à modernidade. Ele se alinha a outras atrações apresentadas em Londres ou Paris – rodas-gigantes, torre Eiffel, viagens ao fundo do mar, passeio pelos ares, ou os mareoramas, onde o visitante, a bordo de um navio gigantesco, tem a ilusão de navegar pelos oceanos. As exposições universais contêm os germes da amálgama entre o consumo, a técnica e o lazer. Por sua abrangência planetária, congregando povos dos diferentes lugares da Terra, elas são uma miniatura da modernidade-mundo. Por isso, parece-me impróprio dizer que o mundo "se americanizou" (o que não significa negar o papel dos Estados Unidos enquanto potência mundial ou agente cultural internacional). A circulação dos bens culturais ganha maior consistência ao ser pensada em termos de mundialização, e não de difusão. Neste caso, é necessário vincular as expressões culturais ao solo da modernidade que lhes dá sustentação.

* * *

Eu havia observado que o conceito de imperialismo cultural restringia a compreensão da mundialização. Devo acrescentar que ele não é apenas negativo. O imperialismo é um momento da expansão mundial (do século XIX a meados do XX), e contém uma dimensão universa lista, extravasando as fronteiras nacionais. À sua maneira, a meu ver parcial, o conceito procura dar conta do mundo em termos da submissão das partes pelo avanço do todo capitalista. Por isso o pensamento se vê enredado pelos dilemas internacio-

---

44. W. Benjamin, *Parigi capitale del XIX secolo,* Torino, Einaudi, 1987.
45. Ver P. Ory, *Les expositions universelles de Paris,* Paris, Ramsay, 1982.

MUNDIALIZAÇÃO E CULTURA 97

nais. Ao se projetar para fora das realidades nacionais, ele se obriga a construir uma visão dos mecanismos de dominação exercidos em escala planetária. Esta dimensão do poder, crucial para o entendimento da globalização, encontra-se ausente nas problemáticas da aculturação e da difusão. Na verdade, a tradição antropológica culturalista tenta a todo custo evitar a ideia ele conflito, subsumindo o choque das civilizações que se convencionou chamar de "contato cultural". O relativismo cultural é uma maneira cômoda de se evitar o drama da desigualdade. Ao se afirmar a plenitude das diferenças, esquece-se que elas se situam no contexto hierarquizado das sociedades. Neste ponto, é preciso reconhecer que o tema do imperialismo (assim como o do colonialismo) atualiza um conjunto de processos nos quais as relações de poder vêm à tona. Ao fixar o Estado-Nação e as corporações transnacionais como agentes do capitalismo monopolista, o raciocínio permite identificar algumas instâncias mundiais de produção e de reprodução da ordem social globalizada. Isso é importante.[46] No entanto, seria inconsequente retomarmos as premissas anteriores, privilegiando uma leitura na qual o poder é um elemento externo às configurações nacionais. Quero reafirmar a importância do tema da dominação, sem o que cairíamos numa visão idílica na qual as relações mundializadas seriam apenas a expressão indiferenciada do movimento de globalização. Mas é necessário pensá-la enquanto mecanismo interno de uma "megassociedade" que se expandiu. Retomo o exemplo da língua para esclarecer minha perspectiva.

Muitos autores se referem ao inglês como sendo uma "língua franca", sugerindo com isso uma certa neutralidade em relação às trocas linguísticas. Em comparação aos outros idiomas, ele seria mais flexível, conciso, pragmático e moderno. Sua preponderância decorreria de suas qualida-

---

46. Ver, por exemplo, o debate sobre a ordem internacional e o direito à informação. B. Pavlic, C. Hamelink, *The new international economic order: links between economics and communications,* Unesco, nº 98, 1985.

98 RENATO ORTIZ

des intrínsecas (como pensava Tunstall em relação à mídia). Esta proposta ingênua, essencialista, nos lembra a época em que o francês era considerado, na Europa, como língua universal. Diziam alguns gramáticos do século XVIII: "O que não é claro não é francês. O que não é claro é inglês, italiano, grego ou latim". Como se clareza e precisão fossem atributos apenas de uma língua. O mesmo ocorreria com o inglês. Como "língua franca" ele seria o representante "natural" do processo de globalização. Uma alternativa – a esta visão simplista – está contida na crítica ao imperialismo linguístico. A problemática do poder, antes suprimida, torna-se explícita, mas enquanto dimensão externa, imposição alheia à autenticidade dos idiomas nacionais.

Como pensar o poder como algo interno à ordem da mundialização? Os estudos de Bourdieu sobre a economia das trocas linguísticas nos ajudam em parte a equacionar o problema.[47] O autor faz uma crítica severa da postura estruturalista, pois a oposição entre "língua" e "fala", proposta por Saussure, ignora a produção social do discurso. Dentro dessa perspectiva, a língua existiria como realidade objetiva independentemente da presença dos sujeitos; a fala prescinde do atar social, ela é uma mera atualização das possibilidades gramaticais contidas na estrutura. O sujeito falante se definiria portanto pela sua competência, isto é, pela capacidade de produzir frases gramaticalmente coerentes. Bourdieu entende a linguagem como práxis, "ela é feita para ser falada" (encontra-se sempre contextualizada). Por isso as condições sociais de aceitação do discurso são essenciais para o ato de comunicação. O sujeito falante, além de enunciar uma sentença, o faz envolvido em determinadas situações nas quais seu discurso possui um valor desigual. Uma língua não é somente instrumento de comunicação, ela é também instrumento de poder. A fala, para ser levada em consideração (ou seja, para ser escutada), deve se revestir de

---

47. P. Bourdieu, "A economia das trocas linguísticas" in R. Ortiz (org.), *Pierre Bourdieu*, S. Paulo, Ática, 1983.

MUNDIALIZAÇÃO E CULTURA 99

legitimidade. Existe, portanto, um mercado dos sentidos no qual as falas desfrutam de valores diferenciados.

O caso da língua oficial é significativo. No processo de construção nacional, o papel do Estado é fundamental na unificação do mercado linguístico. A unidade política se faz por intermédio da codificação e da submissão, dos dialetos e das outras línguas que porventura habitem um mesmo território. O neerlandês é perseguido na Bélgica, o catalão na Espanha, e na Itália, as variedades regionais do italiano devem se acomodar à prevalência da língua-padrão. O Estado, por meio de atitudes repressivas (censura), ou de instituições totalizantes, a escola e a administração pública, define a norma em relação à qual as variações idiomáticas devem se ajustar. Da mesma maneira que a nação se respalda na construção de um mercado amplo de bens materiais, ela pressupõe uma unicidade linguística que lhe confere legitimidade. A língua oficial adquire, portanto, um valor simbólico e se impõe como hegemônica diante da pluralidade das falas. Ou como insiste Bourdieu, quando se refere à França: "A imposição de uma língua legítima contra os idiomas e os dialetos faz parte das estratégias políticas para assegurar os ganhos da Revolução, pela produção e reprodução de um homem novo. Seria ingênuo imputar a política de unificação linguística apenas às necessidades técnicas de comunicação entre as partes do território, em particular entre Paris e a província. O conflito entre o francês da *intelligentsia* revolucionária e os idiomas ou os dialetos é um conflito sobre o poder simbólico, cujo objetivo é a formação das estruturas mentais. Não se trata apenas de se comunicar, mas de reconhecer um novo discurso de autoridade".[48]

Como passar do nível nacional para o mundial? Os linguistas denominam de diglossia, um conjunto de fenômenos que ocorrem em sociedades nas quais coexistem duas línguas distintas (árabe literário ou coloquial, alemão alto e

---

48. P. Bourdieu, *Ce que parler veut dire,* Paris, Fayard, 1982, p. 31.

100 RENATO ORTIZ

suíço-alemão, na Grécia, karethevoussa e demotiki). Eles nos mostram que esta coexistência é um fato culturalmente estável (não se trata de um anacronismo), sendo transmitido, como outros costumes, de uma geração para outra. Um traço importante deste fenômeno de co-habitação é uma certa divisão das tarefas, cada código opera dentro de contextos sociais relativamente fixos. Há uma repartição das atividades que fazem com que as línguas disponíveis sejam utilizadas em uma situação, mas não em outra. Em Cingapura, "o inglês é amplamente utilizado nas grandes lojas, nos bancos, e nas pequenas lojas modernas dos *shopping centers*. Existem, porém, no complexo do parque do Povo, grandes lojas nas quais se usam algumas variedades do chinês. Nas pequenas lojas de provisão e nas bancas de jornais, ele parece ser usado quando o vendedor é indiano, e o comprador não fala a mesma língua".[49] Um outro aspecto deve ser ainda ressaltado. Tal coexistência não é mera justaposição. Existiria uma forma "alta" usada preferencialmente nas situações formais, e outra "baixa", empregada nas ocasiões informais. A primeira é utilizada sobretudo na esfera pública, a outra restringe-se a determinadas partes, mas não a todas, do domínio privado. Evidentemente a forma "alta" se reveste de um *status* privilegiado, conferindo ao falante uma posição simbólica diferenciada no seio da sociedade. Os que têm a capacidade de manipular ambos os códigos podem trocar de língua, em função dos assuntos tratados. Porém, aqueles que por algum motivo não dominam o código "alto" encontram-se desmunidos de um certo "capital cultural". Por exemplo, o camponês egípcio, que fala apenas o árabe coloquial, possui um acesso limitado ao ensino profissional.

Os fenômenos de diglossia esclarecem a problemática da mundialização. Mas é necessário contornar algumas questões conceituais. Quando os linguistas falam de diglossia eles supõem que os falantes de uma sociedade conside-

---

49. R. Bailey, M. Gorlach, *English as world language,* Ann Arbor (Michigan), University or Michigan, 1985, p. 391.

MUNDIALIZAÇÃO E CULTURA 101

rem normal a utilização simultânea de dois códigos linguísticos. Pouco importa, no momento, levarmos em consideração como esta "normalidade" foi gestada (geralmente ela decorre das estratégias de conquista). As causas históricas desta situação de fato são importantes, mas, apesar delas, o emprego do duplo código é percebido como um elemento culturalmente disponível, um costume. É o caso do inglês, considerado como segunda língua na Índia. Certamente sua presença deriva da influência do colonialismo, no entanto, mesmo após a independência, ele continua sendo utilizado como forma de comunicação. O inglês faz parte da tradição social indiana. As coisas tornam-se um pouco mais complicadas quando consideramos os casos nos quais o idioma é entendido como língua estrangeira (inglês x alemão, inglês x japonês, inglês x espanhol, etc.). Se realmente esta antinomia fosse definitiva, dificilmente poderíamos falar em diglossia. Entretanto, observamos que o inglês se caracteriza cada vez mais como língua mundial. Sua presença é insofismável em diversos setores das atividades humanas. Por isso alguns linguistas perguntam se ele não se transformou numa espécie de forma "*super High*".[50] Ele deixa assim de ser "língua estrangeira" para se transformar em "língua segunda". O que era externo (estrangeiro) toma-se interno (nativo), isto é, parte da vida cotidiana das pessoas. A utilização do inglês no trabalho (publicações científicas, informática), na publicidade, no *show business* e nas trocas internacionais são sinais da existência de um fenômeno de diglossia em escala mundial. Ele adquire então uma autonomia interna às diversas culturas mundializadas, possuindo uma vida própria no seio das comunidades linguísticas. Posso agora retomar as observações de Bourdieu. A emergência de uma diglossia mundial só é possível devido à ampliação do mercado

---

50. Ver N. Bullard, "Towards dijglosia: the role of English in a monolingual society" in *L'Anglais: langue etrangère ou langue seconde?*, Groupe d'Etudes sur le Plurilinguisme Européen, Actes du Premier Colloque, Strasbourg, Université des Sciences Humaines de Strasbourb, Mai 1984.

102   RENATO ORTIZ

linguístico. Num primeiro momento, ele se restringe ao território nacional, mas a expansão das fronteiras da modernidade-mundo instaura uma comunidade linguística de dimensão transnacional.[51] Não se trata porém da constituição de uma "língua franca", cuja atribuição seria unicamente colocar em contato grupos de falas distintas. O processo de globalização se assenta sobre interesses políticos e econômicos. Analogamente ao que havia se passado no momento da construção nacional, temos agora a emergência de uma legitimidade em escala ampliada. Com isso o inglês passa a ocupar uma posição de autoridade semelhante àquela detida pelas línguas nacionais em relação aos idiomas regionais. Sua importância atual não decorre apenas dos fatores vinculados à sua expansão histórica (domínio militar e econômico dos Estados Unidos e da Inglaterra). Ironicamente, sua consolidação como língua mundial se faz justamente no momento em que os Estados Unidos entram em declínio. Isso ocorre porque estamos diante de um novo padrão de linguagem que tende a se perpetuar devido a interesses específicos do mercado linguístico. Como observa Stankley Lieberson: "Uma vez estabelecido o padrão existente do uso da língua, tende a perpetuar-se nas situações, caso ele não existisse antes, jamais o teriam engendrado. Isso porque as expectativas e adaptações criadas perpetuam o padrão linguístico. Uma vez que a língua A é considerada como um meio de comunicação no mercado de falantes de B e C, a simples mudança do número de falantes de A, B, C não gera uma transformação comparável do padrão de linguagem; um conjunto de entendimentos emergem que tendem a fortalecer A".[52] Dito de outra forma, os atores sociais possuem vantagens em utilizar esta língua mundial.

---

51. Ver A. Elimam, "Souverainété linguistique et marché international du sens", in *Langue - française - langue anglaise: contacts et conflits,* Groupe d'Etude sur le Plurilinguisme Europée, Actes du Deuxième Colloque, Strasbourg, Université des Sciences Humaines de Strasbourg, mai 1986.
52 S. Lieberson, "Forces affectin language spread: some basic propositions" in R. L. Cooper (org.), *Language spread,* Bloomington, Indiana University Press, 1982, p. 39.

MUNDIALIZAÇÃO E CULTURA   103

A entrada de novas culturas, com seus idiomas particulares, neste mercado linguístico, não o debilita, pelo contrário, irá fortalecê-lo. Evidentemente o conflito entre língua nacional e mundial é latente, mas, devido às posições dos países no contexto global, ele se resolve de maneira distinta.[53] O caso das identidades étnicas é interessante. No sul da Índia, onde o hindi não é a língua materna, o inglês é preferido nas interações sociais. As pessoas o utilizam quando conversam com os amigos, os professores, com um estranho no ônibus, ou quando fazem negócios nos bancos e compras nas grandes lojas.[54] Isto significa que na hierarquia social o inglês vem antes da língua nacional, o idioma materno sendo reservado ao domínio da vida privada. Também na Bélgica e na Espanha isto se repete. O inglês penetra mais facilmente onde existe uma variedade de línguas em conflito.[55] Para as minorias, ele diminui a pressão da língua oficial, conferindo ainda ao falante uma legitimidade simbólica tecida internacionalmente.

O exemplo da língua mundial nos permite retomar o tema da hegemonia. Max Weber dizia que "todas as dominações procuram despertar e entreter a crença na sua legitimidade". O mundo da cultura é o espaço no qual essas "crenças" se transformam em conivência. No caso da mundialização torna-se importante discernir as instâncias e as formas como tal legitimidade se implanta. No seio de uma civilização que se consolida surgem novos hábitos e costumes, que constituem a "tradição" da modernidade-mundo. Este movimento planetário não se restringe aos territórios nacionais, nem pode ser compreendido como difusão cultu-

---

53. Por exemplo, France Quick foi condenada por um tribunal francês por utilizar nos seus menus palavras como "big-cheese", "fishburger", "coffe-drink", "milk-shake", sem a tradução francesa. A Comissão das Comunidades Europeias julgou posteriormente a decisão excessiva, pois implicaria o aumento do custo econômico (sic). Já nas Filipinas, o sistema de ensino diferencia as disciplinas "eticamente não marcadas", ciências e matemáticas, ensinadas em inglês, das "eticamente marcadas", humanidades, ministradas em filipino.
54. R. Kachru, "Institutionalized second language", op. cit.
55. Ver C. Truchot, *L'Anglais dans le monde contemporain*, op. cit.

ral, à maneira como a velha história das civilizações o entendia. As relações sociais mundializadas exprimem a estrutura interna de um processo mais amplo. Entretanto, a emergência desta modernidade centrípeta, na qual fica difícil localizar a centralidade das coisas, não significa a ausência do poder, ou sua partilha em termos democráticos. Pelo contrário, as relações de autoridade, ao se tornarem descentralizadas, adquirem outra abrangência. A civilização mundial, ao nos situar em outro patamar da história, traz com ela desafios, esperanças, utopias, mas engendra também novas formas de dominação. Entendê-las é refletir sobre as raízes de nossa contemporaneidade.

CAPÍTULO IV

UMA CULTURA INTERNACIONAL-POPULAR

Enzensberger conta a história de um executivo alemão que foi mandado à China para projetar uma grande instalação industrial.[1] Durante algumas semanas, devido às exigências de sua profissão, ele se vê obrigado a viver uma experiência amarga. Não fala chinês, desconhece os costumes locais; ressente-se da falta dos automóveis, encontra-se na contingência de partilhar um modesto quarto de hotel com outro viajante qualquer. De retorno a Hong Kong, sua conexão para voltar à Europa, respira aliviado. A paisagem que o cerca é sua velha conhecida. Mas por que um alemão "sente-se em casa" em Hong Kong? O que lhe é tão familiar neste lugar longínquo?

A história de Enzensberger, talvez uma fábula, recoloca o tema da desterritorialização. São vários os autores que procuram entender as transformações ocorridas com o processo de globalização. Jean Chesnaux nos diz que *'hors-sol'* constitui uma categoria geral da modernidade, uma situação de dissociação em relação ao meio natural, social, histórico e cultural".[2] Contrariamente aos "lugares", carregados de significado relacional e identitário, o espaço desterritorializado "se esvazia" de seus conteúdos particulares. Os *free-shops* nos aeroportos, as cidades turísticas (Acapulco, Aruba), os hotéis internacionais parecem constituir uma espécie de "não-luga-

---

1. H. M.Enzensberger, *Com raiva e paciência,* R. Janeiro, Paz e Terra, 1985.
2. J. Chesnaux, *La modernité-monde,* Paris, La Découverte, 1989, p. 12. Consultar também. M. Augé, *Non-Lieux,* Paris, Seuil, 1992.

106 RENATO ORTIZ

res", locais anônimos, serializados, capazes de acolher qualquer transeunte, independentemente de sua idiossincrasia. Espaço que se realiza enquanto sistema de relações funcionais, circuito no qual o indivíduo se move. Daí a necessidade de sinalizá-lo, para que as pessoas não se percam no seu interior. Numa civilização na qual a mobilidade é essencial, é necessário que existam balizas, um código de orientação. Um aeroporto, uma grande estação ferroviária, ou uma cidade são análogos a um texto semiológico, recortado por indicações e painéis, comunicando ao usuário um conjunto de informações que lhes permite enveredar nesse labirinto de signos. Espaço impessoal, no qual o indivíduo se transforma em usuário, isto é, em alguém capaz de decodificar a inteligibilidade funcional da malha que o envolve[3] (fazer compras, passear, tomar um avião, ir ao trabalho, etc.).

Mas como se sentir "em casa" no seio deste anonimato? Alguns geógrafos, como Milton Santos, se perguntam se realmente o espaço teria se esvaziado.[4] Não seria o contrário? Hoje, com as transformações tecnológicas ele estaria "mais cheio". Com efeito, pela primeira vez na história dos homens, a ideia de um mundo-mundo se realiza com a globalização da Terra. A velocidade das técnicas leva a uma unificação do espaço, fazendo com que os lugares se globalizem. Cada local, não importa onde se encontre, revela o mundo, já que os pontos desta malha abrangente são susceptíveis de intercomunicação. Neste sentido o mundo teria se tomado menor, mais denso, manifestando sua imanência em "todos os lugares". Espaço "cheio" ou "vazio"? Talvez pudéssemos resolver esta antinomia numa afirmação comum: o espaço torna-se "cheio" porque se "esvaziou". Isto significa que o movimento da mundialização percorre

---

3. Ver P. Virilio, *O espaço crítico*, R. Janeiro, ed. 34, 1993.
4. M. Santos, "A aceleração contemporânea: tempo, mundo e espaço mundo" in M. Santos et al (orgs.), *Fim de século e globalização*, S. Paulo, Hucitec, 1993.

MUNDIALIZAÇÃO E CULTURA   107

dois caminhos. O primeiro é o da desterritorialização, constituindo um tipo de espaço abstrato, racional, deslocalizado. Porém, enquanto pura abstração, o espaço, categoria social por excelência, não pode existir. Para isso ele deve se "localizar", preenchendo o vazio de sua existência com a presença de objetos mundializados. O mundo, na sua abstração, torna-se assim reconhecível.

Por isso temos a tendência em detectar a mundialização por meio de seus sinais exteriores. McDonald's, Coca-Cola, cosméticos Revlon, calças *jeans*, televisores e CDs são sua expressão. Nos pontos mais distantes, Nova York, Paris, zona franca de Manaus, na Ásia ou na América Latina nos deparamos com nomes conhecidos – Sony, Ford, Mitsubitshi, Phillips, Renault, Volkswagen. Qual o significado disso? Que a mundialização não se sustenta apenas no avanço tecnológico. Há um universo habitado por objetos compartilhados em grande escala. São eles que constituem nossa paisagem, mobiliando nosso meio ambiente. As corporações transnacionais, com seus produtos mundializados e suas marcas facilmente identificáveis, balizam o espaço mundial. Biscoitos Nabisco, iogurte Danone, chocolate Nestlé, cerveja Budweiser, tênis Reebok mapeiam nossa familiaridade. Sem essa modernidade-objeto, que impregna os aeroportos internacionais (são idênticos em todos os lugares), as ruas do comércio (com suas vitrinas e mercadorias em exposição), os móveis de escritórios, os utensílios domésticos, dificilmente uma cultura teria a oportunidade de se mundializar. É a esta presença cheia, de um espaço desterritorializado, que Enzensberger se refere. A China Popular, para nosso executivo alemão, é um "mundo" distante, inóspito. Em seu território, tudo lhe é estranho. Em contrapartida, Hong Kong representa algo próximo, um recanto povoado por coisas de sua vida prosaica (hotéis, padrão de refeição e de conforto, táxis, etc.). Envolvido por uma miríade de objetos-mobílias, ele sente-se à vontade neste mundo-mundo. Familiaridade

108   RENATO ORTIZ

que se realiza no anonimato de uma civilização que minou as raízes geográficas dos homens e das coisas.

* * *

São vários os sinais de desterritorialização da cultura. Um carro esporte Mazda é desenhado na Califórnia, financiado por Tóquio, o protótipo é criado em Worthing (Inglaterra) e a montagem é feita nos Estados Unidos e México, usando componentes eletrônicos inventados em New Jérsey, fabricados no Japão. O "Ford-Fiesta" é montado em Valência (Espanha), mas os vidros vêm do Canadá; o carburador da Itália; os radiadores da Áustria; os cilindros, as baterias e a ignição da Inglaterra; o pistão da Alemanha; e o eixo de transmissão da França. Uma campanha publicitária de cerveja, feita pela Saatchi & Saatchi, é concebida na Inglaterra, rodada no Canadá, e editada em Nova York. Um "filme-global", realizado para um público-alvo mundial, é produzido por uma *major* de Hollywood, dirigido por um cineasta europeu, financiado pelos japoneses, contém no elenco vedetes internacionais, e as cenas se passam em vários lugares do planeta. As roupas japonesas, consumidas no mercado americano, são fabricadas em Hong Kong, Taiwan, Coreia do Sul e Cingapura; já a indústria de confecção norte-americana, quando inscreve em seus produtos "*made in USA*", esquece de mencionar que eles foram produzidos no México, Caribe ou Filipinas.

Uma forma de se entender o que está se passando é focalizarmos o movimento de deslocalização da produção. Um mesmo elemento encontra-se na origem deste fenômeno. A competição internacional faz com que as grandes empresas tenham interesse em diminuir o custo de seus produtos. A flexibilidade das tecnologias lhes permite descentralizar a produção e acelerar a produtividade. Isto é válido para filmes e automóveis. Com a crise do *studio-system*, modelo de produção cinematográfica, Hollywood volta-se para o mercado

MUNDIALIZAÇÃO E CULTURA 109

mundial, sendo obrigada a deslocalizar a fabricação dos filmes (entre 1978 e 1982, o número de películas filmadas fora dos Estados Unidos passa de 41% para 57%).[5] O mesmo acontece com o carro mundial. Diante da concorrência global, as grandes firmas fragmentam o processo de produção, fabricando, em lugares distantes, as peças que serão montadas posteriormente. Do ponto de vista da Sociologia do Trabalho, isto implica um conjunto de transformações – subcontratação, enfraquecimento dos sindicatos, integração do trabalho num modelo flexível, fim da linha de montagem tal como era definida pelo fordismo, exploração do trabalhador em escala mundial, etc. Para a discussão que nos interessa sublinho um aspecto. Os objetos transformam-se em compostos resultantes da combinação de pedaços dispersos aleatoriamente pelo planeta. Não há como definir sua origem. Como as unidades produtivas encontram-se interligadas, a ação final não possui nenhuma autonomia, ela só ganha sentido como acoplagem de parcelas distintas.

A rigor, este fenômeno não se manifesta apenas no seio da produção flexível, como muitas vezes pensam os economistas. A deslocalização exprime o "espírito de uma época". Basta olharmos a discussão que os arquitetos pós-modernos fazem na esfera da arte. O problema que eles enfrentam é semelhante. Críticos do modernismo, eles buscam valorizar as formas estéticas do passado. Ao se rebelarem contra a unicidade do estilo internacional, tentam valorizar as formas esquecidas pela arquitetura moderna. Pirâmides, colunas gregas, frontispício neoclássico adquirem assim direito de cidadania. Mas fica a dúvida. Trata-se realmente de uma recuperação do passado? Os próprios artistas se encarregam de esclarecer os possíveis mal-entendidos. "O passado do qual reclamamos a presença não é uma idade de ouro a ser recuperada. Não

---

5. Ver C. Michalet, *Drôle de drame du cinéma mondial*, Paris, La Découvert, 1987.

110　RENATO ORTIZ

é a Grécia como infância do mundo da qual falava Marx, atribuindo-lhe a universalidade, a permanência e exemplaridade de certos aspectos da tradição europeia. O passado com a sua presença, que hoje pode contribuir para fazermos ser os filhos de nosso tempo, é no nosso campo o passado do mundo. Ele é o sistema global das experiências conectadas e conectáveis pela sociedade."[6] Não há, pois, uma visão nostálgica. O clássico não é recuperado enquanto tal, mas como forma produzida em algum tempo e lugar.

Dizer, porém, que o passado é um sistema significa atribuir-lhe uma intemporalidade. Retirados do contexto original, uma cornija egípcia ou um panteão ao ar livre podem co-habitar ao lado de arcos clássicos ou góticos. Por isso o passado do qual falam os pós-modernos é estrutural, ele se compõe de invariantes. Pirâmides, catedrais góticas, palhoças, colunas helênicas ou jônicas, formas abobadais, teto japonês são elementos de um conjunto lógico atemporal. Ele constituiria, por assim dizer, o legado da humanidade, englobando quantitativamente todas as formas conhecidas, ontem e hoje. A consciência pós-moderna exprime o desenraizamento das formas e dos homens. O espaço, que surgia ainda como uma resistência à mobilidade total, definindo os indivíduos e as formas em relação ao solo, às cidades, aos países, transubstancia-se em elemento abstrato. O presente se alinha ao passado, e as arquiteturas nacionais, desvencilhadas do peso da tradição se articulam no interior deste megaconjunto, domínio de todas as formas. Resta ao arquiteto relacionar-se ecleticamente com esta disponibilidade estética quase infinita. Segundo suas necessidades, ele escolheria (ou conectaria, como sugere Portoghesi) os termos adequados para compor seu projeto particular. Como um fabricante de carro mundial, ou realizador de um filme global, ele age sele-

---

6. P. Poltoghesi, *Postmodemism,* N. York, Rizzoli, 1983, p.26.

tivamente para responder a cada problema que enfrenta. Sua arquitetura é um "composto" desterritorializado.

O movimento de desterritorialização não se consubstancia apenas na realização de produtos compostos, ele está na base da formação de uma cultura internacional-popular cujo fulcro é o mercado consumidor. Projetando-se para além das fronteiras nacionais, este tipo de cultura caracteriza uma sociedade global de consumo, modo dominante da modernidade-mundo. Vejamos alguns casos. Todos conhecem a propaganda da Marlboro, um homem forte, cavalos, a paisagem rude e, finalmente, o cigarro. Ela foi concebida em Nova York, rodada no interior dos Estados Unidos, e certamente editada em outro lugar qualquer. No entanto, não me interessa mais sublinhar o aspecto da deslocalização da produção, é o próprio encadeamento das imagens que chama a atenção. O que esta publicidade faz é capitalizar determinados signos e referências culturais reconhecidos mundialmente. A virilidade, valor universal, é traduzida em termos imagéticos, imediatamente inteligíveis, a despeito das sociedades nas quais o anúncio é veiculado.

Isso implica que não só os objetos, mas também as referências culturais que o compõem, devem se desenraizar. O universo da publicidade é rico em ensinamentos desta natureza.

Anúncio de *cookies* "Lu" (veiculados na França).

> Filha telefona para os pais nos Estados Unidos. A conversa se passa em inglês, com legendas em francês.
> Cena: mãe no fundo, cozinhando *cookies;* primeiro plano, pai sentado no sofá falando ao telefone. Filha: – "Diga a mamãe que estou comendo *cookies*". Pai disfarça. Mãe murmura:
> - "Pobre filhinha, tão longe, sozinha na França!".

Tudo é verossimilhante neste cenário idealizado. A conversa em inglês, os personagens, "típicos americanos", e claro, o biscoito. Um detalhe porém: "Lu" é uma empresa francesa. O que confere sentido à mensagem – "não é

112   RENATO ORTIZ

preciso ir à América para se comer um verdadeiro *cookie*".
No fundo, a alusão aos Estados Unidos nada tem de real.
Importa porém que ela seja consumida na sua "americanidade" fictícia, isto é, não mais enquanto símbolo nacional
(aí teríamos um mercado reduzido de consumidores), mas
como referência sígnica. O inglês, língua mundial, não vei-
cula neste caso as qualidades de um povo, ele é suporte de
um traço cultural *hors-sol,* que num passado remoto teve algo
de americano. O mesmo acontece com o vinho e o queijo
"francês", fabricado e consumido nos Estados Unidos. A
francité que anunciam está distante das raízes gaulesas, podendo ser encontrada na prateleira de qualquer supermercado. Temos apenas uma série de referências simbólicas que
funcionam como sinais de distinção social no mercado consumidor. Sua nacionalidade conta pouco.

Esta ressemantização dos significados pode ser observada em relação ao *western.* À primeira vista, todos concorda-
ríamos em dizer: trata-se de um autêntico valor americano.
Tal interpretação fez escola entre os críticos cinematográfi-
cos. André Bazin o considera como símbolo por excelência
do cinema americano. Para ele, o *western* seria uma epopeia
que refletiria a essência do mito do Oeste.[7] Alguns críticos
arriscam inclusive uma definição inequívoca do gênero: "Um
filme, tendo por quadro geográfico o Oeste americano, por
quadro histórico a marcha de um povo na direção de uma
fronteira móvel (1820-1890); por critérios dramáticos, as características, material, humana, moral e sociológica, ligadas a
uma e a outro, agenciadas segundo as necessidades dinâmi-
cas inerentes à ação do indivíduo, ou de um grupo de indivíduos, engajados nesta aventura, e diretamente dependentes
de sua paisagem natural e da sua história".[8] A veracidade

---

7. A. Bazin, "Le western ou le cinéma américain par excellence" in *Qu'est ce que le ciné-ma?,* Paris, Les Ed. du Cerf, 1990.
8. J. L. Rieupeyrout, *La grande aventure du western,* Paris, Les Ed. du Cerf, 1971, pp. 423-424.

MUNDIALIZAÇÃO E CULTURA   113

de um *western* é dada pela sua geografia. A ação vincula-se umbilicalmente ao solo. Montanhas rochosas, desertos do Arizona, pradarias do Rio Grande não são simplesmente cenários, mas territórios que ontologicamente constituem a história que está sendo relatada. Daí o fracasso das tentativas inúteis em imitá-la. Os "falsos" faroestes produzidos na Austrália, nos anos 1940, no Brasil com os filmes de cangaceiro, ou no Japão, nos anos 1960, seriam apenas uma cópia malfeita, a pálida presença de um ideal inatingível. Bazin acredita que os filmes de John Ford, Raoul Walsh, Frank Lloyd, cineastas da primeira geração, constituiriam uma espécie de modelo clássico, no qual o mito americano se encaixaria na sua inteireza. Daí seu desgosto pelos filmes do pós-guerra, que pejorativamente ele denomina de *sur-western* "Esse é um faroeste que tem vergonha de ser ele próprio, procurando justificar sua existência por um interesse suplementar, de ordem estética, moral, sociológica, psicológica, política, erótica, em resumo, por um valor extrínseco ao gênero, que supostamente o enriqueceria."[9] Para os críticos do *Cahier du Cinéma* o gênero teria uma identidade própria, uma unicidade, faria pouco sentido buscar entendê-lo por meio de elementos exteriores, estranhos a sua definição. Daí sua força e perenidade. Como epopeia moderna, o faroeste estaria acima das modas, das mudanças, e, por que não, da história. Confiantes, nossos críticos concluem: "Apesar de tudo, não devemos nos inquietar demasiadamente com o futuro do faroeste. É tarde demais para matá-lo. Mesmo se ele morresse, renasceria sob outra forma. Mas a morte do faroeste significaria que o cinema se encontra bem perto do fim. Significaria também que os Estados Unidos estariam prestes a morrer. Melhor nem pensar".[10]

---

9. A. Bazin. op. cit., p. 231
10. J. Wagner, "Le western, l'histoire et l'actualité" in Henri Agel (org.), *Le western,* Paris, Lettres Modernes Minard, 1969.

114   RENATO ORTIZ

Mas é justamente a ronda da morte que torna intrigante a discussão. Morte não por exaustão, mas por ampliação. Na verdade, o *westen* será arrancado do solo americano, para se projetar, fora dele, como cenário. Gênero em declínio nos estúdios de Hollywood, ele irá florescer na Austrália ("Silverado"), e com o *spaghetti* italiano. A reação dos críticos é imediata. Eles recusam a incursão italiana junto ao mito sacramentado internacionalmente. Como observa Christopher Frayling, "um argumento que se repete como regular monotonia é o seguinte: dado que os faroestes produzidos nos estúdios da Cinecittà não possuem raiz na história e no folclore americano, eles só podem ser produções baratas, imitações oportunísticas".[11] A ideia de falsificação prevalece, mas não consegue explicar como esta distorção é prontamente aceita pelo público. Na verdade, nada há de casual na emergência do faroeste na Itália. Durante um período considerável, os italianos transformam a "essência" da americanidade em ponta-de-lança de sua indústria cinematográfica (entre 1963 e 1973 são produzidos 471 *westerns,* uma média de 47 filmes por ano).[12] Isto só é possível porque o gênero deixa de se vincular a sua territorialidade. Um crítico italiano faz uma observação arguta a esse respeito: "Enquanto no faroeste clássico o ponto de referência para a construção do mito é providenciado pelo passado histórico, no faroeste italiano, o ponto de referência é o mesmo mito (o mito cinematográfico) olhado pela luz sombria do presente".[13] Portanto, já não é mais a realidade mítica (que não corresponde à realidade social) que conta, mas sua imagem. Como signo ela possui uma identidade própria, afastando-se de suas

---

11. C. Frayling, *Spaghetti westerns,* London, Routledge & Kegan Paul, 1981, p. 121.

12. Dados in *Dietionnaire du western Italien,* Paris, Ed. Grand Angle, 1983.

13. Citação in ibid, p. 124.

MUNDIALIZAÇÃO E CULTURA   115

origens históricas. A indústria cultural italiana se apropria do formato imagético, podendo reelaborá-lo segundo suas conveniências mercadológicas.

Mas seria ingênuo pensar que o *western* se manifesta apenas no cinema. O caso do *jeans* revela sua associação íntima com o universo do consumo.[14] Inventado por Levi Strauss, um judeu da Baviera, o *jeans* era uma calça resistente, feita de *denin,* tecido originário de Nîmes (França), pintado com índigo. Nada de especial existia nessa vestimenta de trabalho. Ela atendia à demanda de um mercado pouco sofisticado, e sua única qualidade era resistir por mais tempo ao uso e às intempéries. No entanto, por volta da década de 1930, o *jeans* adquire uma outra conotação. Ele é descoberto pela moda dos *duke ranch* que revaloriza o Oeste. Americanos ricos, citadinos, começam a comprar ranchos como residência secundária. Durante suas férias eles querem "viver a aventura do oeste", adotando, simbolicamente, os costumes populares. A firma Levi Strauss & Co. aproveita esta onda mercadológica para remarcar seu produto. Patrocina rodeios, distribui prêmios entre os campeões de montaria, e agora, uma "autêntica" camisa faroeste acompanha suas calças tradicionais. Em 1935 a revista *Vogue* traz a seguinte publicidade: "O verdadeiro chic do oeste foi inventado pelos vaqueiros, se você se esquecer deste princípio, estará perdido".[15] O que era sinônimo de simplicidade, labuta, roupa de trabalhador, transforma-se em sinal de distinção. Apropriado pelo mercado publicitário, o *western* irá viajar rapidamente para fora de suas fronteiras, adequando sua imagem à demanda funcional das mercadorias.

---

14. Ver D. Friedman, *Histoire du blue jeans,* Paris, Ramsay, 1987.

15. In D. Friedman, op. cit., p. 43.

116   RENATO ORTIZ

Também a literatura se ocupa do faroeste.[16] Mas não são unicamente os escritores americanos (como Louis l'Armour) que se interessam pelo tema. Na Europa, entre 1870 e 1912, Karl May vende mais de 30 milhões de exemplares de seus livros populares; metade deles se ocupam do Oeste americano. Em meados do século XIX, o escritor francês Gustave Aimard redige livros como Os *piratas das pradarias, Aventuras no deserto americano, A filha do caçador, O matador de tigres*. Com a televisão e os seriados tipo "Bonanza" e "Bat Materson", o faroeste se difunde ainda mais. Neste sentido, é possível dizer que o Oeste já não é mais americano. A imagem, nele operacionalizada, pertence a um domínio comum, distante da territorialidade dos Estados Unidos. Por isso ela é mundialmente inteligível. Isto explica em boa parte o sucesso da propaganda de Marlboro.[17] Sua eficácia reside em algo que lhe é anterior, uma educação, temática e visual, propiciada pelo cinema, televisão, histórias em quadrinhos, literatura, que divulgou entre os povos uma imagem verossímil do que seria o faroeste. Evidentemente, a estratégia de Marlboro, que algumas vezes procura se adaptar à exigência dos mercados locais (na África, ao lado da mensagem "Marlboro: o gosto da aventura", o cavaleiro é negro), evita os pontos conflituosos da história sangrenta dos homens. A luta entre o branco e o índio, os massacres, os sinais de violência e de trabalho são apagados. Assepsia sígnica necessária para a aceitação do produto, pois o mercado não tolera as contradições da vida real. Mas os elementos imagéticos principais, o horizonte, os cavalos, a cerca, sela, corda, assim como o *jeans* utilizado pelo personagem princi-

---

16. R. Athearn, *The mythic west in twenty-century America,* The University Press of Kansas, 1986.
17. Ver J. G. Blair, "Cowboys, Europe and smoke; marlboro in the saddle", *Revue Française d'Etudes Américaines,* nº 24/25, 1985.

MUNDIALIZAÇÃO E CULTURA   117

pal, estão presentes para nos lembrar que nos encontramos diante do verdadeiro/falso velho Oeste.

* * *

Refletir sobre a mundialização da cultura é de alguma maneira se contrapor, mesmo que não seja de forma absoluta, à ideia de cultura nacional. Diante deste desafio, temos às vezes a tendência em negar o processo que estamos vivenciando, nos refugiando nas certezas e convicções contidas nas análises clássicas das Ciências Sociais. Curioso, alguns autores acreditam que uma cultura mundializada seria algo impossível, pois nos encontraríamos diante de uma cultura sem memória, incapaz de produzir nexos, vínculos entre as pessoas.[18] Caberia, pois, unicamente à memória coletiva nacional integrar a diversidade das populações e das classes sociais, definindo desta forma a identidade do grupo como um todo. Neste caso, apesar das transformações tecnológicas, da globalização da economia, a cultura nacional, como formadora de relações identitárias, estaria incólume às mudanças atuais. O mundo seria composto por nações culturalmente autônomas, independentes umas das outras. Certamente, parte deste raciocínio é verdadeiro. De fato, a memória nacional confere uma certidão de nascimento para os que vivem no interior de suas fronteiras. Todo um esforço foi feito para que isso acontecesse. A língua oficial, a escola, a administração pública, a invenção de símbolos nacionais (bandeiras, comemorações de independência, heróis, etc.) agem como elementos que propiciam a interiorização de um conjunto de valores partilhado pelos cidadãos de um mesmo país. Existe uma história da formação das nacionalidades, cristalizando maneiras de pensar, formas de conduta. Mas algumas objeções podem ser levantadas a este

---

18. Ver A. D. Smith, "Towards a global culture?", in *Global culture*, op. cit.

118   RENATO ORTIZ

entendimento do problema. Primeiro, do ponto de vista histórico, é preciso reconhecer que a nação e, por conseguinte, as identidades nacionais são fatos recentes na história dos homens. Por que reificá-las, imaginando que representariam uma espécie de término da humanidade? Não há nada nos tempos modernos, a não ser certos hábitos intelectuais, que nos leve a pensar desta forma. Se a autonomia do Estado-Nação encontra-se comprometida com o processo de globalização das sociedades, por que a cultura permaneceria intacta, imune aos humores do sistema mundial? Mas é possível ir mais longe em nossa análise. Efetivamente, falar em cultura significa privilegiar uma instância social na qual as identidades são formuladas. Fica, porém, a pergunta: seria a nação a instância por excelência de articulação da identidade dos homens? Os exemplos que vimos não fornecem indícios de que nos encontramos diante da formação de uma memória coletiva internacional-popular? A ideia pode parecer incongruente, paradoxal, pois nos habituamos a falar em memória nacional. Mas as transformações que conhecemos exigem que a hipótese seja levada a sério. Gostaria de desenvolvê-la, tomando como objeto o mundo do consumo. Para isso, quero num primeiro momento mostrar como consumo e memória nacional se entrelaçam. Em seguida, procurarei argumentar como este consumo, ao se mundializar, configura um tipo de relação identitária específica. Inicio minha reflexão com os Estados Unidos, pois trata-se, a meu ver, de um caso paradigmático.

Entre o final do século XIX e as primeiras décadas do século XX, a sociedade americana passa por um conjunto de transformações. Urbanização e industrialização são fenômenos que mudam a cara do país. Este é o momento de formação de um mercado nacional, favorecendo o florescimento do *big business,* o advento dos oligopólios – Swift (desde 1880 transporta carne congelada do Oeste para os centros urbanos do Leste), American Tobacco Company

MUNDIALIZAÇÃO E CULTURA 119

(1890), National Biscuit Company (1898), etc. Os historiadores da Administração de Empresas nos mostram como essas grandes corporações, diante da premência em distribuir seus produtos, têm a necessidade de se reestruturar, promovendo um processo intenso de racionalização de suas operações.[19] Nascem assim os princípios da administração moderna, integrada horizontal e verticalmente, fundada no marketing e na publicidade. No contexto emergente já não é mais suficiente que as mercadorias sejam produzidas, é importante que sejam difundidas e consumidas em escala nacional. Essas mudanças que se realizam na esfera econômica supõem, no entanto, uma outra, de natureza cultural. Os homens devem estar aptos a comprar os produtos fabricados. Existe, porém, resistências e hábitos que os levam a agir de outra forma. No mundo "tradicional" da sociedade industrial que se forma até o final do século XIX, o produto é percebido apenas como algo funcional. Ele serve para alguma coisa (lavar roupa, matar a sede, embriagar-se, cozinhar, etc.). Sua utilidade é o elemento preponderante na sua definição. A sociedade emergente requer, no entanto, um outro entendimento das coisas. As mercadorias têm de ser adquiridas independentemente de seu "valor de uso". A ética do consumo privilegia sua "inutilidade". Há, portanto, um choque de valores. A reflexão de Veblen sobre o consumo conspícuo revela bem esse impasse.[20] Ela traduz um momento no qual a sociedade americana encontra-se ainda marcada pelo pensamento puritano, racional, preconizando, mesmo aos ricos, uma vida simples e frugal. Sabemos que Veblen, crítico da ostentação e dos excessos, toma partido pela moralidade protestante, pela valorização do trabalho

---

19. Ver A. D. Chandler, "The beginnings of big business in American Industry" in R. Tedlow, R. John (orgs.), *Managing big business,* Boston, Harvard Business School Press, 1986.

20. T. Veblen, *The theory of the leisure class,* N. York, New American Libray, 1953.

120   RENATO ORTIZ

enquanto esfera de dignidade do homem. Ele acredita que a classe dirigente norte-americana se corrompeu diante do luxo e do brilho dos objetos. Mas não é isso que importa reter. Como outros autores da época (Simon N. Pattern e George Gunton), Veblen reflete um momento de transição no qual os outros valores se consolidam.[21]

Uma ética do consumo não deriva apenas de necessidades econômicas. É preciso que ela se ajuste às relações determinadas pela sociedade envolvente e, simultaneamente, seja compartilhada pelos seus membros. Com o advento da sociedade urbano-industrial, a noção de pessoa já não mais se encontra centrada na tradição. Os laços de solidariedade se rompem. O anonimato das grandes cidades e do capitalismo corporativo pulveriza as relações sociais existentes, deixando os indivíduos "soltos" na malha social. A sociedade deve, portanto, inventar novas instâncias para a integração das pessoas. No mundo em que o mercado torna-se uma das principais forças reguladoras, a tradição torna-se insuficiente para orientar a conduta. Uma dessas instâncias é a publicidade, pois cumpre o papel de elaborar o desejo do consumidor atomizado, conferindo-lhe uma certa estabilidade social. Como observa Roland Marchand: "Nos anos 1920, a percepção de um tempo de mudança acelerado intensificou o receio das pessoas em perderem o passo em relação às novas complexidades, transformando-se em indivíduos solitários na multidão. A tendência societária para a organização burocrática, a alta mobilidade, e as relações anômicas e segmentadas, se multiplicaram. Mesmo no final do século XIX, uma rede, confusa e distendida de relações econômicas e sociais, assim como o esfacelamento da fé na comunidade, ética ou religiosa tinham distanciado muitos

---

21. Ver D. Horowitz, *The morality of spending*, Baltimore, John Hopkins University Press, 1985. Consultar ainda R. W. Fox e T. J. J. Lears, *The culture of consumption*, N.York, Pantheon Books, 1983.

americanos do sentido de autossegurança. Agora, para sua maior segurança e autorrealização, um grande número deles passa a procurar indícios e aconselhamentos junto a uma nova fonte disponível – a mídia. Os publicitários, consciente ou inconscientemente, gradualmente reconhecem a complexidade do modo de vida urbano, especializado, interdependente, que cria um resíduo de necessidades desencontradas. Percebendo o vácuo na orientação das relações pessoais, eles começam a oferecer seus produtos como resposta para o descontentamento moderno".[22] A publicidade adquire, assim, um valor compensatório e pedagógico. Ela é modelo de referência. Por isso os publicitários da década de 1920 e de 1930 se consideram como "apóstolos da modernidade". Eles procuram guiar os indivíduos, ensinando-lhes, por meio dos produtos, como se comportar. Dentro desta perspectiva, os modos vigentes são vistos como algo ultrapassado (o que significa que a ética calvinista do início do capitalismo torna-se um anacronismo), e a fugacidade e efemeridade das coisas, um valor do tempo presente.

O interessante no caso americano é que essas mudanças vinculam-se intimamente ao processo de construção nacional. Para os homens de negócio, a produção de massa implica a educação do povo. Consumo e nação são faces da mesma moeda. Como a escola, o consumo impele à coesão social. Os publicitários se consideram, assim, como verdadeiros artífices da identidade nacional. Ensinando aos homens as maneiras, e o imperativo de consumir, eles trabalham para a eficácia do mercado e o reforço da unidade nacional. Como observa Stuart Ewen: "Através da publicidade o consumo adquiriu um tom nitidamente cultural. Com a retórica empresarial e governamental, ele assume o véu ideológico do nacionalismo e do patuá democrático. O típico

---

22. R. Marchant, *Advertising the American dream,* Berkeley, University of California Press, 1985.

122   RENATO ORTIZ

americano de massa, em resposta à produção capitalista, nasce dos desejos massificados. A indústria requeria, portanto, uma individualidade de massa correspondente, denominada de civilizada e americana, herança que encontrava-se no mercado".[23] A rigor, esta associação entre consumo e nação não se faz somente no caso da publicidade. Também as histórias em quadrinhos são vistas como cimento da unificação nacional. Como dizem alguns estudiosos: "Durante séculos consideramos as escolas como agentes da unidade nacional de uma população heterogênea, inculcando nas crianças, quando elas crescem, conceitos comuns, doutrinas, atitudes, sentimentos. Mas as histórias em quadrinhos, consideradas mais como diversão, vêm fazendo isso continuamente, muito mais do que a escola ou a imprensa".[24] Na medida que expressariam a autenticidade das crenças e dos sonhos do homem médio americano, os gibis difundiriam uma consciência do destino e das aspirações da América.

O exemplo do automóvel é ainda sugestivo.[25] No início da história automobilística, os carros americanos, como os europeus, eram produzidos para um mercado restrito, constituindo-se num produto de luxo. Apenas uma elite tinha capacidade econômica para absorvê-lo. O advento do Ford T, produzido em série nas linhas de montagen, inverte este quadro. Em poucos anos o automóvel penetra profundamente nos hábitos americanos (em 1924, 53% da população que vivia em fazendas e cidades com menos de 5 mil habitantes possuíam um veículo motorizado). O Ford T passa então a ser considerado como um arquétipo da cultura nacional. Ele simboliza "a vitória do povo, que considerava o automobilismo uma reforma social contra uma visão míope, na qual a unidade dos lucros se contrapunha ao automobi-

---

23. S. Ewen, *Captains of consciousness: advertising and the roots of consumer culture*, N. York, McGraw-Hill, 1976.

24. D. M. White, R. H. Abel, *The funnies: an American idiom*, op. cit, p. 8.

25. Ver J. Flink, *The car culture*, Cambridge, MIT Press, 1975.

lismo de massa, desejado por todos".[26] Henry Ford torna-se um herói popular, símbolo da amálgama entre democracia e consumo. O exemplo contém as premissas ideológicas de toda a discussão sobre cultura de massa nos Estados Unidos. Contrariamente à visão, dita europeia, e evidentemente rotulada como elitista, os americanos contrapõem a ideia de democracia = mercado. Como dizem nessa época os executivos das grandes corporações: "o dever primeiro de todo cidadão é ser um bom consumidor". O universo do consumo surge assim como lugar privilegiado da cidadania. Por isso os diversos símbolos de identidade têm origem na esfera do mercado. Disneyland, Hollywood, Superbowl e Coca-Cola constituem o espelho do autêntico *American way of life*.[27] A memória nacional, para se constituir, não faz apelo aos elementos da tradição (o folclore dos contos de Grimm na Alemanha, o artesanato na América Latina, ou os costumes ancestrais no Japão), mas à modernidade emergente com o mercado. Ser americano significa estar integrado a este sistema de valores. A presença deste mundo de signos e de objetos será inclusive legitimada pela arte. Tal é o destino da *pop art*, ao traduzir sua americanidade em contraposição à tendência artística europeia.[28] Os temas das pinturas de Rosenquist – Cadillac, Marilyn Monroe, Joan Crawford –, de Wesselman – Kellog's Corn Flakes, Coca-Cola, latas Del Monte –, de Warhol – Pepsi-Cola, Dick Tracy, Popeye – mostram como a consciência artística capta o universo do consumo, promovendo, no imaginário, os símbolos identitários gerados no seu contexto.

Memória nacional e consumo se entrelaçam a tal ponto que aparentemente a própria tese da americanização se

---

26. Idem, p. 55.

27. Ver, por exemplo, D. M. White e J. Pendleton, *Popular culture: mirror of American life*, Publisher's Inc. 1977. Consultar também R. Malthy, *Passing parade; a history of popular culture in the Twenty Century*, Austin, University of Texas Press, 1989.

28. Ver C. J. Mamiya, *Pop art consumer culture*. Austin, University of Texas, 1992.

124   RENATO ORTIZ

justifica. De fato, a ilusão do modo de vida americano se fortalece quando comparada com o exterior.[29] Em 1932, os 19 milhões de telefones em uso nos Estados Unidos deixam longe os outros países: Argentina, 300 mil; Japão 965 mil; França, 1,232 milhão; Itália, 479 mil; Noruega, 197 mil. Como comparar, em 1938, os 41 milhões de receptores de rádio americanos com o restante do mundo? Argentina, 1,1 milhão; Japão 4,1 milhões; França, 4,7 milhões; Itália, 978 mil. Na década de 1950 a televisão é uma realidade de massa nos Estados Unidos, quando em outros lugares não passa de um bem restrito: EUA, 31 milhões de aparelhos; Argentina, 125 mil; Japão, 250 mil; França, 314 mil; Alemanha Ocidental, 445 mil; Itália, 224 mil. Ainda em 1963, dos 53 milhões de aparelhos de TV existentes, 50 milhões encontravam-se nos Estados Unidos.[30] Já em 1927, em todo o mundo, 80% dos automóveis eram americanos, uma taxa de 5,3 pessoas/veículo contra 44 pessoas/veículo na Inglaterra. Basta compararmos esta preponderância da "sociedade de abundância" com a França, país que conhece sua segunda revolução industrial ainda no final do século XIX. Em 1954, apenas 20% dos domicílios franceses possuía um carro, 8% telefone, geladeira e máquina de lavar roupa. Na década de 1950, a revista *Elle*, referindo-se ao padrão de vida americano, nos diz: "Essas novidades, corriqueiras na América, vêm povoar o imaginário frustrado das donas de casa francesas, que assistem, a conta-gotas, à proposição dos frutos tão esperados da indústria agroalimentar ainda balbuciante".[31] A penúria de alguns realça a riqueza de outros. Enquanto o mundo dos objetos manifesta indubitavelmente sua presença nos Estados Unidos, nos diferentes locais do planeta (sem con-

---

29. Dados in *Statistical Yearbook*, United Nations, 1956.

30. Dados in T. Varis, "La television circule-t-elle a sens unique?", op. cit.

31. Citação in P. Pynson, "Le four et le snack", op. cit., p. 335.

MUNDIALIZAÇÃO E CULTURA 125

tar o "Terceiro Mundo" que se debate com problemas de colonialismo e de subdesenvolvimento) ele é incipiente. No entanto, as premissas relativas à sociedade de consumo emergem com a modernidade, elas não reconhecem as fronteiras nacionais. Os dilemas sobre a legitimidade de uma ética do consumo também surgem na Europa.* Na França, já no século XIX, os críticos do luxo "inútil" dirão: "O luxo perigoso não é o uso da riqueza mas o seu abuso. Ele não consiste em satisfazer mais ou menos nossas necessidades legítimas, mas na criação de necessidades factícias e um consumo prejudicial ao indivíduo e ao Estado. Ele poder ser definido como a má utilização do supérfluo".[32] Um economista como Leroy-Beaulieu afirma: "O luxo moderno, pelo menos aquele que não é depravado, consiste sobretudo em objetos duráveis, jóias, mobílias, objetos de arte, coleções. É o que chamamos de capitais de fruição. Ele é bem superior ao luxo que se difunde nos objetos passageiros".[33] Objetos duráveis/passageiros, luxo útil/inútil, a polaridade revela o mesmo fenômeno que Veblen e os pensadores americanos enfrentam. A ética capitalista, que prescrevia ao indivíduo uma vida racional e laboriosa, começa a se desagregar. O reino da "inutilidade", do supérfluo, deita sua sombra sobre os frutos do trabalho, honesto, árduo e frugal. A fugacidade da moda, o advento dos *grands-magazins,* dos utensílios domésticos são indícios de que as sociedades industrializadas

---

* Mesmo no Japão, que se julgava ao abrigo desta ética do consumo, essas mudanças ocorrem, embora tardiamente. Até 1970 os japoneses podiam vangloriar-se da ética do trabalho. A tradição confuciana, em nome da nação, impelia a todos a trabalhar com afinco. Mas esta atitude se modifica. As novas gerações, conhecidas como "cigarra" (em oposição às "formigas"), já não se contentam mais com os valores tradicionais. Elas privilegiam o lazer, a frequência aos balneários, às viagens. Ver Yasuyuki Hippo, "Japon: la réduction du temps de travail, une révolution culturelle inachevée", *Futuribles,* nº 165-166, maio-jun., 1992.

32. H. Nadault, *Notre ennemi le luxe,* Paris, Jouvert et Cie, 1869, p. 24.
33 P. Leroy-Beaulieu, "Le luxe: la fonction de la richesse", *Revue des Deux Mondes,* 1º novembro, 1894, p. 87.

126 RENATO ORTIZ

europeias abrem-se para o universo do conforto, promovendo valores contrastantes com o capitalismo clássico.[34] Da mesma forma que o *big business,* para distribuir em massa suas mercadorias, deve estimular as vendas, sobretudo via publicidade, as lojas de departamento surgem como centros difusores de uma nova postura, voltada para a efemeridade das coisas. Existe, porém, uma diferença substancial entre a Europa e os Estados Unidos. Este universo, que nos países europeus é fruto da segunda revolução industrial, limita-se a determinados setores da sociedade – e a alguns países mais industrializados: Inglaterra, Alemanha e França. Apenas um grupo sociologicamente restrito pode desfrutá-lo. Dito de outra forma, a sociedade de consumo é incipiente, e não determina as relações sociais como um todo. Esta indefinição permanece ao longo da primeira metade do século XX, devido a problemas econômicos e políticos (a Europa passa por duas guerras mundiais). Nos Estados Unidos, ao contrário, graças à dinâmica da economia e à estabilidade política, os princípios do mercado podem não apenas se cristalizar, como florescer plenamente. A relação entre consumo e americanidade provém desta conjunção histórica fortuita. Sabemos, porém, que as inclinações do mercado não se contentam com os limites nacionais. A modernidade-mundo, consubstanciada no consumo, tem uma dinâmica própria. O processo de globalização das sociedades e de desterritorialização da cultura rompe o vínculo entre a memória nacional e os objetos.* Com a sua proliferação

---

34. J. P. Goubert (org.), *Du luxe au confort,* Paris, Belin, 1988

* Na minha opinião, boa parte da crise da atual identidade norte-americana está diretamente relacionda com o processo de globalização. Porém, não é apenas a posição político-militar dos Estados Unidos que se debilitou. Hoje, o país faz parte do mercado mundial. Isto significa que a identificação entre cultura americana e sociedade de consumo se cindiu. Os objetos que envolvem o cotidiano dos cidadãos perderam sua territorialidade. Carros japoneses, artigos europeus, roupas do "Terceiro Mundo", curto-circuitaram os mecanismos laboriosamente construídos pela ideologia da americanidade.

MUNDIALIZAÇÃO E CULTURA   127

em escala mundial, eles serão desenraizados de seus espaços geográficos. Por isso podemos falar do automóvel como um mito do homem moderno. Como as catedrais góticas, ele seria o símbolo de uma época. Suas qualidades, mobilidade e velocidade são atributos de uma civilização, não a mera expressão da personalidade de um Henry Ford.

Afirmar a existência de uma memória internacional--popular é reconhecer que no interior da sociedade de consumo são forjadas referências culturais mundializadas. Os personagens, imagens, situações, veiculadas pela publicidade, histórias em quadrinhos, televisão, cinema constituem-se em substratos desta memória. Nela se inscrevem as lembranças de todos. As estrelas de cinema, Greta Garbo, Marilyn Monroe ou Brigitte Bardot, cultuadas nas cinematecas, pôsteres e anúncios, fazem parte de um imaginário coletivo mundial. Neste sentido pode se falar de uma memória cibernética, banco de dados das lembranças desterritorializadas dos homens. Marcas de cigarro, carros velozes, cantores de rock, produtos de supermercado, cenas do passado ou de *science-fiction* são elementos heteróclitos, estocados para serem utilizados a qualquer momento. A memória internacional-popular contém os traços da modernidade-mundo, ela é seu receptáculo. Esses *objetos-souvenirs* são carregados de significado e, ao se atualizarem, povoam e tornam o mundo inteligível. Daí, ao contemplá-los, esta sensação de familiaridade que nos invade. O viajante de Enzensberger, ao ser atravessado pelas coisas da modernidade, lembra-se que está "em casa". O ato mnemônico se realiza mediante reconhecimento (não podemos esquecer que Adorno faz do reconhecimento um dos mecanismos fundamentais da cultura popular de mercado). A familiaridade emana deste mecanismo, a impressão de se encontrar em um ambiente "estranho" (propiciado pelo deslocamento no espaço) mas envolvido por objetos próximos. O espaço dilatado, serializado, anônimo, imanente à racionalização funcional da sociedade, é desta forma "compensado"

128 RENATO ORTIZ

em suas qualidades abstratas. As lembranças transformam os "não-lugares" em lugares.

Um arquivo de lembranças permite que cada "dado" individual seja agenciado em diferentes contextos. Eles são, portanto, em função de seu uso, intercambiáveis, ajustando--se, combinando-se uns com os outros. Essa característica nos leva a um tema, bastante tratado pela literatura pós--moderna, o da intertextualidade.[35] Os críticos literários têm demonstrado como, na literatura atual, um texto é sempre construído a partir de outros discursos anteriores. Como se cada escritor, à sua maneira, contasse uma história que já foi contada. O argumento nos lembra Borges, com sua Biblioteca de Babel. Nela todos os livros estariam contidos – a história minuciosa do futuro, o evangelho gnóstico, o comentário desse evangelho, o comentário do comentário desse evangelho, e assim por diante. A versão de qualquer livro, que porventura viesse a ser escrito, seria apenas a combinação dos elementos existentes nesta biblioteca universal. O raciocínio nos leva à discussão sobre a descentralização do autor, da originalidade da obra, da paródia dos textos passados. Um aspecto deste debate me interessa particularmente: a ideia de citação. O que é uma citação? Trata-se de uma referência que baliza o leitor na compreensão de um texto determinado. Por que o interesse por tal assunto? É que os pós-modernos entendem, e com razão, que as fronteiras rigidas que existiam, separando a arte erudita da cultura popular, se desgastaram. Na esfera erudita, a citação cumpria um papel de referência de legitimidade.[36] O que era citado (autor, ideias ou formas), pela sua presença no texto, conferia autoridade ao que estava sendo enunciado. Legitimidade garantida pelo círculo fechado das regras do universo artís-

---

35. Ver L. Hutcheon, *Poética do pós-modernismo,* R. Janeiro, Imago, 1991.
36. Ver F. Jameson, "Pós-modernidade e sociedade de consumo", *Novos Estudos Cebrap,* nº 12, junho, 1985.

MUNDIALIZAÇÃO E CULTURA 129

tico. A emergência de uma "cultura de bens ampliados" fez com que este mecanismo de citação se dilatasse. No contexto das sociedades atuais, os filmes B de Hollywood, os livros de bolso com histórias de detetive, os seriados de televisão e a propaganda constituem-se agora em elementos legítimos, passando a integrar a intertextualidade da linguagem dos artistas. Um livro, um quadro, um filme, uma obra arquitetônica, não só dialogam, como assimilam, na sua constituição, os traços da cultura de mercado. As pinturas de John Wesley têm como referência o mundo das histórias em quadrinhos. O mesmo se dá com Robert Venturi, ao integrar o *kitsch* de Las Vegas às suas preocupações arquitetônicas.[37] Isto significa que o artista trabalha com um conjunto de referências, uma memória, cujos traços podem ser usados, "citados", no momento de realização de sua obra.

Posso agora retomar o fio de minha argumentação. O mecanismo da citação é imprescindível no reconhecimento das imagens-gestos desterritorializadas. Ele garante a inteligibilidade da mensagem. A publicidade é pródiga em exemplos deste tipo. Um anúncio das botas Camel utiliza como enredo "Os Caçadores da Arca Perdida"; a loja, "A Samaritana", para sugerir a grandiosidade de seu estabelecimento, coloca King Kong no alto de seus telhados; uma propaganda de cigarro, para ser convincente, cita Humphrey Bogart, com sua capa de gabardine, o cigarro nos lábios, e o ambiente *noir* dos filmes de detetive da década de 1940; uma publicidade do tênis Nike cruza um ídolo do basquete americano com figuras de ciência de ficção, representadas em desenho animado. O *western* de Marlboro é também uma citação. Na verdade, devido à abrangência desta memória internacional popular e à diversidade de grupos que envolve, a evocação da lembrança só pode se concretizar quando referida a um "conjunto bibliográfico" partilhado pelos seus membros.

---

37. Ver R. Venturi et al, *Learning from Las Vegas,* Cambridge, MIT Press, 1972.

130   RENATO ORTIZ

Este conhecimento, fragmentado nos objetos-lembranças, é o vestígio que "lhes permite reconhecer, rememorar o que está sendo dito. A memória internacional-popular funciona como um sistema de comunicação. Por meio de referências culturais comuns, ela estabelece a conivência entre as pessoas. A "juventude" é um bom exemplo disso. *T-shirt, rock and roll*, guitarra elétrica, ídolos da música pop e pôsteres de artistas (ou até mesmo de Che Guevara, *"Hay que endurecer, pero con ternura"*) são elementos partilhados planetariamente por uma determinada faixa etária. Eles se constituem assim em cartelas de identidade, intercomunicando os indivíduos dispersos no espaço globalizado. Da totalidade dos traços-*souvenirs* armazenados na memória, os jovens escolhem um subconjunto, marcando desta forma sua idiossincrasia, isto é, suas diferenças em relação a outros grupos sociais.

Familiaridade e citação. O imaginário contemporâneo é fortemente impregnado desses termos. Basta olharmos a EuroDisney. Logo ao chegar, o visitante percebe que se encontra num lugar de memória. Para se ter uma visão de conjunto, ele pode, utilizando-se o "Expresso EuroDisney", optar em dar a volta panorâmica pelo parque. Antes mesmo de se chegar à Fantasyland, Frontierland, Adventureland, inicia-se um mergulho no tempo. O trem, a roupa dos empregados, os jornais distribuídos na estação, tudo sugere que nos retraímos ao passado.

Caso nossos olhos nos traíam, os folhetos da empresa garantem a veracidade desta ilusão. "Os trens funcionam realmente a vapor. Para construí-los, foi necessário reviver técnicas artesanais, que há muito não eram utilizadas na Europa."[38] Em "Main Street", nos deparamos com os veículos motores, movidos a eletricidade ou a gasolina – carros, ônibus –, sem esquecer, é claro, os cabriolés e o bonde puxado

---

38. As citações que se seguem são todas retiradas do prospecto "Les hotels et les activités de loisirs d'EuroDisney resort", publicado pela empresa Disney.

MUNDIALIZAÇÃO E CULTURA   131

a cavalo. Existe até mesmo um empório da época, "do início do século XX e que abriga um antigo e surpreendente sistema de pagamentos, composto de pequenos panos móveis, que através de um sistema de cabos se deslocam até a caixa". A preocupação com os detalhes, com o realismo, manifesta-se em todos os recantos. Em Fronuerland, uma das principais atrações é o "Diorama do Grand Canyon", "construído ao longo do circuito do trem a vapor, com um realismo espetacular. Ele mostra ao visitante o panorama e a vida selvagem do Oeste, no quadro das mais extraordinárias representações das maravilhas da natureza. iluminação especial dá ao viajante a sensação de caminhar, ao longo do Grand Canyon, do nascer ao pôr-do-sol". No palácio da Bela Adormecida, o cenário é minuciosamente composto – a ponte elevadiça, as escadas, as figuras de Branca de Neve e dos sete anões. Esta obsessão pela reprodução fidedigna das coisas é uma constante – o barco dos piratas, as canoas indígenas que descem o rio Mississípi, o *saloon* do velho Oeste, etc. Graças às técnicas e aos efeitos especiais pode-se também visitar o futuro. Em Discoveryland, uma nave espacial conduz o visitante a um passeio estelar. Fortes emoções o esperam durante o trajeto, rumo ao planeta desconhecido. A nave é atacada pelos senhores da guerra e, perigosamente, consegue desviar-se de uma chuva de mísseis. Mas tudo se acalma. "Alguns segundos mais tarde, na melhor da tradição de na Guerra das Estrelas, a nave desacelera para tocar o solo, deslizando docemente sobre a plataforma de Discoveryland."

O que nos propõe esta memória? Seria uma fuga da realidade, um mergulho no universo mágico, fantástico e imprevisível da fantasia? Pelo contrário, em seu domínio o destino está traçado de antemão. Mickey, os sete anões, Pluto, a barca do Mississípi, a luta entre o mocinho e o bandido no velho Oeste são imagens-situações que trazemos conosco desde a infância. Até mesmo as melodias, tocadas como fundo musical das apresentações, nos são próximas – *coun-*

132 RENATO ORTIZ

try em Frontierland, futurista (tema de Star Wars) em Discoveryland, de pirata (aquela música de acordeão, que nos filmes pontuam sempre as cenas de taberna). Tudo é costumeiro, nenhuma surpresa. Mas é justamente este aspecto que diverte as pessoas. O prazer está no re-conhecimento, na identificação daquilo que se sabe. Prazer sincero, encantando-se com os detalhes das decorações, do realismo dos bonecos e dos robôs. Já vimos este barco no filme de Peter Pan, ou nas histórias em quadrinhos. Agora, ele se encontra diante de nós, saído das telas, ou das páginas dos gibis. EuroDisney é um conjunto de citações das lembranças estocadas em nossa memória internacional popular. Para isso, nossa educação imagética é fundamental. O cinema surge assim como uma referência privilegiada. A voz de Vincent Price habita o fantasma do casarão da Thunder Mesa, ela "arrepia" o visitante. Bela Adormecida, apesar da expectativa vã do patriotismo francês – diz um estudo do governo, cujo objetivo era fornecer subsídios para a construção do parque: "A companhia Disney, tomando como fonte de inspiração para o castelo da Bela Adormecida a gravura do antigo torreão do Louvre, do livro *(As Ricas Horas),* do duque de Berry, mostrou sua capacidade de adaptar-se ao contexto europeu. Isso, para atender a algumas expectativas poderia ser aprofundado, valorizando-se o fundo comum euroamericano"[39] –, pouco tem a ver com a cultura popular dos folcloristas europeus. A personagem, os anões, o castelo e a madrasta são retratos retirados do arquivo Disney. Inclusive o futuro tem um sabor banal. Ele é uma soma heteróclita de citações de George Lucas, com sua Star Wars; a música, os robôs, a nave espacial, a paisagem estelar e os animais

---

39. "Rapport de mission sur le parc à thèmes de Disney World (Floride, USA, 24-29 octobre 1988", Region d'Ile de France, Comite Economique et Social, décembre 1988, p. 58.

MUNDIALIZAÇÃO E CULTURA   133

divertidos são fragmentos de situações projetadas nas telas de cinema.

Peter Berger considera que os universos simbólicos possuem um valor central em todas as sociedades.[40] Eles interpretam a ordem institucional das coisas, conferindo sentido à vida dos homens. Os universos simbólicos ordenam a história, localizando os eventos numa sequência que inclui o passado, o presente e o futuro. Em relação ao passado estabelecem uma "memória", partilhada pelos componentes de uma coletividade; com respeito ao futuro, definem um conjunto de projeções, modelos para as ações individuais. Certamente, os universos simbólicos variam de acordo com os tipos de sociedades que os constituem. O mito tem um papel fundamental nas sociedades primitivas. Ele explica a atualidade pelos acontecimentos passados nos tempos imemoriais, na idade em que os deuses ainda estavam fixando a mitologia dos povos. A saga das divindades possui um valor exemplar, ela fixa a conduta e o destino dos homens. O presente é uma constante rememorização do que "se passou", reminiscência idílica de algo que se cristalizou na memória coletiva. O mundo das sociedades primitivas encontra sua razão de ser no relato mitológico, garantindo a eternidade do gesto fundador contra os avatares do futuro. Já a mentalidade utópica caminha em outra direção. Presente e passado são preteridos pelo *topos* criado pela imaginação. O pensamento entra assim em contradição com a realidade existente. As energias são canalizadas para a construção de uma ordem que se encontra ainda fora do história. Transformação e esperança alimentam a visão utópica.

O que dizer da memória internacional-popular? A visita à EuroDisney nos sugere algumas ideias. Nela, passado e futuro se fundem na familiaridade dos objetos. O ensinamento deste grande espetáculo é lembrar-me que não pos-

---

40. P.Berger, *A construção social da realidade*, Petrópolis, Vozes, 1973.

134 RENATO ORTIZ

so escapar da inexorabilidade do mundo que me rodeia. Se eu imaginar o futuro, terei de fazê-lo como George Lucas; se me inclinar para as épocas pretéritas, descobrirei diante de mim uma cartografia onírica mapeada em seus mínimos detalhes. Na verdade, uma memória-arquivo me aprisiona no presente. Os elementos que a compõem são atemporais, podendo ser reciclados a qualquer momento. Como a desterritorialização eliminou o peso das raízes, cada sinal, traço, adquire uma mobilidade que desafia a sequência temporal. A imagem de Humphrey Bogart existe como virtualidade, e se atualiza apenas quando "citada" em algum filme ou anúncio publicitário. Os robôs de Star Wars desfrutam a mesma posição que Bogart. Eles repousam, lado a lado, no universo virtual do arquivo-memória. Passado e presente partilham da mesma dimensão. A destenitorialização prolonga o presente nos espaços mundializados. Ao nos movimentarmos percebemos que nos encontramos no "mesmo lugar". Neste sentido, a ideia de viagem (saída de um mundo determinado) encontra-se comprometida. Desde que o viajante, nos seus deslocamentos, privilegie os espaços da modernidade-mundo, no "exterior", ele carrega consigo seu cotidiano. Ao se deparar com um universo conhecido, sua vida "se repete", confirmando a ordem das coisas que o envolvem. Por isso Frederic Jameson dirá que as sociedades "pós-modernas" têm uma "nostalgia do presente".[41] Nos grupos primitivos, para se atualizar, o mito tinha a necessidade de se materializar nos rituais mágico-religiosos. Porém, entre um rito e outro, uma "dúvida" pairava no ar. A memória coletiva, a cada vez que era invocada, funcionava como alimento na renovação das forças sociais. Nas sociedades atuais, a ritualização deve ser permanente, sem o que o presente se esvairia na sua substancialidade. Os objetos e

---

41. Ver F. Jamenson, *Postmodernism or the cultural logic of late capitalism,* London, Verso, 1992.

MUNDIALIZAÇÃO E CULTURA   135

as imagens têm de ser incessantemente reatualizados, para que o vazio do tempo possa ser preenchido. Neste sentido, a memória internacional-popular se aproxima do mito como Barthes o define[42] (e não como os antropólogos o entendem). Mito como palavra despolitizada que "congela" a história. Ele imobiliza o presente dando-nos a ilusão de que o tempo chegou a seu término.

* * *

Muitas vezes temos tendência a imaginar as sociedades modernas como um organismo anômico. A fragmentação seria sua característica principal. Na multidão solitária, o homem caminharia sem sentido nas malhas de sua irracionalidade. Cada parte formaria assim uma entidade fechada, opaca, evoluindo segundo sua lógica interna, incomunicável às outras. No entanto, basta olharmos para os "não-lugares" (retomo a expressão de Marc Augé) para percebermos como nesses espaços serializados a ordem se instaura na sua plenitude. Um aeroporto possui um conjunto de normas que orienta o viajante desde que chega ao estacionamento até o momento do embarque – horário de chegada e de partida, compra do bilhete, *check-in, check-out,* acesso às bagagens, exibição do documento de identidade. Cada ação é minuciosamente descrita no plano de funcionamento do todo-aeroporto, e independe da individualidade daquele que a executa. Um supermercado agrupa de maneira lógica os produtos nas suas prateleiras: cereais, enlatados, laticínios, carnes e frangos, além de sugerir ao cliente toda uma atitude de comportamento quando este caminha pelos corredores repletos de mercadorias. Um *shopping center,* apesar do movimento errático da multidão que nele transita, tem uma lógica interna, dispondo suas lojas de maneira adequada nas ruas

---

42. R. Barthes, *Mithologies,* Paris, Seuil, 1970.

cuidadosamente projetadas em seu plano arquitetônico. O deslocamento das pessoas é particular, porém, como ocorre em função de uma atividade-fim, sua orquestração é coletiva. Não se trata, é claro, de uma ordem pensada em termos durkheimianos, na qual a solidariedade entre os indivíduos pertence inteiramente ao domínio das representações coletivas. Com efeito, Durkheim compreendia a coesão social como resultante de uma consciência coletiva, cimento das relações sociais. Como a religião, que entre os povos primitivos, ou nas civilizações cristã e islâmica, congregava as pessoas dispersas na malha social. O todo pode desta forma ser ordenado segundo os princípios de um mesmo universo simbólico. A comunhão entre os homens se faz na medida em que partilham ideais semelhantes. Evidentemente, essas premissas não são válidas para o quadro atual, pontilhado pela multiplicidade ideológica. A modernidade é plurirreligiosa, abrindo espaço para que as mais diversas concepções de mundo, inclusive ideários políticos conflitantes, co-habitem entre si. Eu diria que a globalização acentua a erosão do monolitismo simbólico. Nem mesmo os ideais nacionalistas possuem mais a dinâmica que os caracterizavam. A coesão nacional, quer se queira, ou não, é de alguma maneira minada pelo avanço da modernidade-mundo.

Entretanto, seria ilusório imaginarmos a vida social como resultado das volições pessoais. Como se seu fundamento residisse no âmbito da escolha individual. Esta visão, bastante difundida no senso comum, geralmente procura justificar a existência do consumo como algo exclusivo de caráter pessoal. Argumento recorrentemente utilizado pelo meio empresarial e publicitário. O produto é sempre apresentado ao cliente como decorrente de sua vontade. Na verdade, a pulverização das vontades revela uma anomia aparente. Jean Baudrillard tem razão quando insiste em dizer que o consumo "é uma conduta ativa e coletiva, uma imposição moral, uma instituição. Ele é todo um sistema de valo-

MUNDIALIZAÇÃO E CULTURA 137

res, com tudo o que esse termo implica, isto é, sua função de integração grupal e de controle social".[43] Moral que, mesmo vivida solitariamente, ultrapassa a contingência das necessidades particulares. O sistema de produção e o de consumo se integram no mesmo conjunto. As exigências objetivas da esfera da produção são assimiladas subjetivamente, sem que os atores sociais tenham uma clara consciência de seus mecanismos. Mas para isso é preciso um aprendizado, uma socialização de determinados hábitos e expectativas. A substituição da ética do trabalho pela ética do lazer nada tem de natural. Ela é fruto de mudanças sociais e econômicas. Vimos como na passagem do século XIX para o XX existe ainda uma indefinição a este respeito. A moral da frugalidade prevalece frente à condenação da "inutilidade do luxo". O trabalho é considerado uma virtude essencial, seja para o capitalista, que aumenta seus lucros, ou para o operário, que não só melhora suas condições de vida, como se afirma enquanto parte de uma classe social emergente. Até mesmo as grandes filosofias entendem o trabalho como fonte de liberação. Hegel e Marx viam no trabalho não alienado o espaço de realização das pontencialidades humanas. O trabalho deixa de ser um valor no momento em que a ética do consumo supera a ética anterior (Clauss Offe[44] considera que ele já não mais seria uma categoria central nas sociedades atuais). No entanto, foi necessário, para isso, um enorme esforço de socialização e de convencimento. Da mesma maneira que o camponês teve de aprender a prática da labuta industrial – postura do corpo, pontualidade no serviço, técnicas específicas, etc. –, o que lhe exigiu um esforço de disciplinarização profundo, nós tivemos de interiorizar um conjunto de valores e de comportamentos que nos permitem circular

---

43. J. Baudrillard, *La société de consommation,* Paris, Denoël, 1970, p. 114.
44. Ver C. Offe, "Trabalho: categoria sociológica chave?" in *Capitalismo desorganizado,* S. Paulo, Brasiliense, 1989.

138   RENATO ORTIZ

com naturalidade entre os objetos. Neste sentido, a memória internacional-popular cumpre um papel de destaque na constituição e na preservação deste universo, ela se revela como instância de reprodução da ordem social. Sua presença não garante apenas a possibilidade de comunicação entre os espaços planetarizados, ela confirma os mecanismos de autoridade contidos na modernidade-mundo.

Mas fica a pergunta: qual a especificidade desta memória em relação às outras? Uma comparação entre memória coletiva e memória nacional nos ajuda a refletir sobre este aspecto. Quando Halbwachs define o conceito de memória coletiva, ele toma o grupo como unidade de referência sociológica. Os grupos podem ser ocasionais e instáveis como um número pequeno de amigos que se reúnem para relembrar uma viagem feita em conjunto. Ou permanentes, no caso das coletividades religiosas. Eles possuem uma característica em comum, trata-se de comunidades de lembranças. O ato mnemônico atualiza uma série de fatos, situações, acontecimentos, partilhados e vivenciados por todos. O exemplo do candomblé, já citado, é esclarecedor. A celebração do ritual reforça os laços de solidariedade entre os membros da comunidade religiosa. Cada terreiro é uma unidade de evocação, promovendo, entre seus componentes, os valores africanos dispersos pela história da escravidão. Mas a memória coletiva possui um inimigo, o esquecimento. Ele espreita a evocação do passado, trabalhando no sentido de sua desagregação. Todo o empenho da memória coletiva é lutar contra o esquecimento, vivificando as lembranças no momento de sua rememorização. Esquecer fragiliza a solidariedade sedimentada entre as pessoas, contribuindo para o desaparecimento do grupo. Comunidade e memória se entrelaçam.

A situação é outra quando falamos de memória nacional. Neste caso, o grupo já pode mais ser restrito, pois a nação se define pela sua capacidade em transcender a diversidade da população que a constitui. Ela é uma totali-

MUNDIALIZAÇÃO E CULTURA 139

dade que nos faz passar da "comunidade" à "sociedade" (como dizia Tönnies). "Sociedade" enquanto conjunto de interações impessoais, distante, portanto, dos laços solidários imanentes à vida comunal. Na comunidade, os vínculos pessoais prevalecem e o ato da rememorização reforça a vivência compartilhada por todos. A sociedade-nação quebra esta relação de proximidade entre as pessoas. Os cidadãos participam de uma consciência coletiva, mas já não se situam mais no nível das trocas restritas a um grupo autônomo e de tamanho reduzido. Por isso a memória nacional é um universo simbólico de "segunda ordem", isto é, engloba uma variedade de universos simbólicos. Ela pressupõe um grau de transcendência, envolvendo os grupos e classes sociais em sua totalidade. A memória nacional pertence ao domínio da ideologia (no sentido positivo de ordenação do mundo como a considera Gramsci), dependendo de instâncias alheias aos mecanismos da memória coletiva – Estado e escola (quando nos referimos a "comunidade nacional" o termo é utilizado no sentido metafórico e não conceitual como entendia Tönnies). No fundo, todo o debate sobre a autenticidade das identidades nacionais é sempre uma discussão "ideológica". Importa definir qual a identidade legítima, isto é, política e culturalmente plausível para a maior parte da população de um território determinado. Cito Renan: "Uma nação é uma alma, um princípio espiritual. Duas coisas, que na verdade fazem uma, constituem esta alma e este princípio espiritual. Uma está no passado, outra no presente. Uma, é a posse em comum de um rico legado de lembranças; o outro é o consentimento atual, o desejo de viver juntos, a vontade de validar a herança que recebemos como indivíduo. A nação, como o indivíduo, é resultado de um longo passado de esforços, de sacrifícios, e de devotamento. O culto dos antepassados é, de todos, o mais le-

140   RENATO ORTIZ

gítimo; os antepassados fizeram o que nós somos".[45] Mas seria realmente importante lembrarmos de "tudo"? O que dizer dos eventos contraditórios, violentos, que poriam em risco a harmonia do presente? Renan é explícito: "O esquecimento e, eu diria, o erro histórico são fatores essenciais na criação de uma nação. Por isso o progresso dos estudos históricos coloca frequentemente a nacionalidade em perigo. Com efeito, a investigação histórica ilumina os fatos de violência que se passaram na origem de todas as formações políticas, mesmo aquelas nas quais as consequências foram benéficas".[46] Contrariamente ao caso anterior, o realismo do passado é uma ameaça. A construção da memória nacional se realiza através do esquecimento. Ela é o resultado de uma amnésia seletiva. Esquecer significa confirmar determinadas lembranças, apagando os rastros de outras, mais incômodas e menos consensuais.

Devido à sua abrangência, uma memória internacional--popular não pode ser a tradução de um grupo restrito. Sua dimensão planetária a obriga a envolver as classes sociais e as nações. Neste caso, o esquecimento é acentuado, pois os conflitos mundiais são em bem maior número, e profundos, do que os dilemas nacionais. Para garantir a "eternidade" do presente, a memória internacional-popular deve expulsar as contradições da história, reforçando o que Barthes chamava de o mito da "grande família dos homens"[47] – em todos os lugares, o homem nasce, trabalha, ri e morre da mesma forma. Esta postura universalista constitui uma unidade mítica, sendo explorada em larga escala pela publicidade e pelas firmas transnacionais. Dentro desta perspectiva, as necessidades básicas do homem seriam idênticas em todos os lugares, e sua vida cotidiana se nivelaria às exigências uni-

---

45. E. Renan, *Qu'est-ce qu'une nation?*, Paris, Presses Pocket, 1992, p. 54.
46. Idem, p. 41.
47. R. Barthes, "La grand famille des hommes" in *Mythologies*, op. cit.

MUNDIALIZAÇÃO E CULTURA 141

versais de consumo, prontamente preenchidas em suas particularidades. Tomar uma cerveja – "Só há um lugar onde se tomar uma Heinecken: o mundo". Calçar um tênis – planeta Reebok, onde se divertir prevalece sobre a monotonia das ideologias e dos conflitos. A metáfora do globo terrestre torna-se assim parte constituinte da mensagem publicitária. Em Atlanta (EUA), sede da Coca-Cola, qualquer um pode visitar "O Mundo de Coca-Cola", uma exibição permanente do desempenho da companhia. Aí o visitante aprende como o produto é engarrafado em vários países, e como ele é genericamente consumido pelos habitantes do planeta. O intuito da visita é óbvio: Coca-Cola unifica a "grande família dos homens". Isto fica claro em um filme como *"Todos os dias de sua vida"*, um conjunto de cenas rodadas em mais de doze países e em todos os continentes. "O conjunto do filme é uma mostra de clipes da Coca-Cola, relacionando sua atividade gloriosa em todos os lugares. Alguns dos clipes encontram-se tematicamente ligados; um segmento, por exemplo, mostra uma sequência de férias pelo mundo. Outras vezes, são apresentadas algumas vinhetas, como no episódio no qual uma estrela do rock tailandês transforma um caminhão de Coca-Cola num palco para concerto. O filme é a grande expressão da ideologia internacionalista da Coca-Cola; a noção de que seu consumo universal unifica numa irmandade a diversidade do mundo."[48]

A dimensão global supera o aspecto nacional. Para que os homens se encontrem e se reconheçam no universo da modernidade-mundo é preciso que sejam forjadas outras referências culturais. Este desnivelamento entre memória nacional e memória internacional-popular pode ser apreendido quando se toma como exemplo os parques Disney. Quando, na década de 1950, a Disneylândia foi inaugurada

---

48. T. Friedman, "The world of the world of Coca-Cola", *Communication Research*, vol. 19, nº 5, 1992, pp. 654-655.

142   RENATO ORTIZ

na Califórnia, seu idealizador era movido por uma ideologia intrinsecamente norte-americana. Walt Disney, cujas relações com o patriotismo do Pentágono e da CIA são conhecidas de seus biógrafos, imaginava construir um complexo no qual a lembrança nacional estivesse contemplada. Seu testemunho é eloquente: "A ideia de Disneylândia é simples. Será um lugar onde as pessoas encontrarão felicidade e conhecimento. Será um lugar no qual os pais e os filhos partilharão momentos agradáveis, um lugar onde mestres e alunos descobrirão os caminhos abertos da compreensão e da educação. Aí, as gerações dos mais velhos poderão reencontrar a nostalgia dos dias passados, e os mais novos poderão saborear os desafios do futuro. Aí, existirá para todos a possibilidade de compreender as maravilhas da natureza e da humanidade. A Disneylândia será fundada e dedicada aos ideais, sonhos e realidades que criaram a América".[49] O "sonho americano" se materializaria assim num parque de diversões. "Main Street" representa a tranquilidade da vida de uma pequena cidade do interior. Uma rua limpa, acolhedora, feliz, cujo intuito é relembrar o transeunte de um passado ideal: A prefeitura, os veículos antigos, as lojas, tudo é preparado para um retorno ao pretérito. "Main Street pode ser entendida como um palco montado para cultivar a nostalgia do passado fabricado; ela contribui para o modelamento de uma imagem – atualmente profundamente inculcada na memória popular – do 'alegre fim de século', um mundo sem classes, conflitos ou crimes, um mundo contínuo do consumo, um supermercado do divertimento."[50] Esta obsessão pela história nacional se manifesta também em outros espetáculos. No "Magic Kingdom" vamos en-

---

49. Citação in R. Lanquar, *L'empire Disney,* Paris, PUF ("Que sais-je?", nº 2726), 1992, p. 24.

50. M. Wallace, "Mickey Mouse history: portraying the past at Disney World", *Radical History Review,* nº 32, 1985, pp. 36-37.

MUNDIALIZAÇÃO E CULTURA 143

contrar o "Hall dos Presidentes". Situado na praça da Liberdade, numa velha mansão filadelfiana do século XVIII, ele contém os bonecos de todos os presidentes americanos, de Washington a Reagan. A mesma atenção para os detalhes se repete. A cadeira de George Washington é idêntica àquela em que se sentou em 1787 durante a convenção constitucionalista. As vestimentas e os cortes de cabelo da época transmitem ao espectador uma sensação de realismo histórico. Tudo é preparado para a celebração da memória nacional.

Porém, quando mais tarde um novo parque é aberto em Orlando, a visão proposta por EPCOT (Experimental Prototype Community of Tomorrow, inaugurada em 1982) é outra. Os promotores já o percebem como "uma comunidade de ideias e de nações, um terreno para o teste, no qual a livre empresa pode explorar, demonstrar e apresentar novas ideias que aproximem as esperanças e os sonhos dos homens".[51] A restrição nacional cede lugar a uma preocupação global. EPCOT conjuga os interesses da empresa Disney com os das transnacionais. Cada uma delas tem a responsabilidade de um pavilhão do parque.[52] Bell comparece com uma gigantesca esfera geodésica, na qual a história das comunicações é contada, desde o povos primitivos até hoje. Exxon se ocupa da energia, relatando como a cada fase da humanidade os homens conseguiram suplantar os obstáculos da natureza. A General Electric fala do século XXI, e a General Motors dos meios de transporte. Kodak, Kraft e American Express (atualmente pertencem aos japoneses) também encontram-se atuantes. No último pavilhão, "World Showcase", reúnem-se várias nações – Estados Unidos, México, Japão, Alemanha, França, Inglaterra, Canadá –,

---

51. Citação in M. Wallace, op. cit. pp. 43-44.
52. Ver G. Hamel, "Evolution d'une entreprise vouée à la communication et aux nouvelles technologies". Tese de doutorado de Estado, Lettres et Sciences Humaines, Université de Paris XIII, 1986.

144   RENATO ORTIZ

cada uma delas mostrando sua particularidade no seio desta "grande família" da humanidade. Sintomaticamente, este padrão se repete com a EuroDisney (1992). Agora, novas firmas transnacionais se associam ao empreendimento. "Em Discoveryland, a IBM apresenta 'Viagem ao Espaço', o Banco Nacional de Paris 'Orbitron', Kodak o 'Cinemágico', Renault o 'Visionarium', Phillips 'Videópolis' e Mattel 'Autopia'. Por meio de suas numerosas marcas (Vittel, Chambourcy, Buitoni, Fiskies, Findus, Herta, Nescafé) a Nestlé patrocina os restaurantes. Os veículos de Main Street rodam sob o emblema de d'Europcar, e o restaurante 'Casey's Corner', assim como o 'Café Hyperion', são colocados sob a guarda da Coca-Cola. A Esso patrocina Main Street Motors, um posto de gasolina e uma rádio FM. France Telecom associa-se a uma das maiores atrações do parque, *It's a Small World,* em Fantasyland. A American Express está ligada ao show de Búfalo Bill."[53]

Disneylândia privilegiava a memória nacional norte-americana, tendo sido edificada quando os Estados Unidos eram incontestavelmente a potência mundial hegemônica. EPCOT e EuroDisney representam um outro momento. A presença ativa das corporações transnacionais desloca o nacionalismo de Disney (uma empresa que na década de 1970 torna-se multinacional) para a sociedade global. Os sinais de americanidade já não podem mais desfrutar de uma posição de centralidade. Na EuroDisney, a fachada de *It's a Small World* "representa as formas e os estilos dos mais célebres monumentos do mundo: torre Eiffel, Big Ben, ponte de Londres, torre de Pisa, sem esquecer os minaretes do Oriente Médio, os arranha-céus americanos, e os pagodes orientais".[54] Numa outra apresentação como o "Visionarium", "subitamente o

---

53. "EuroDisney resort", publicação interna de EuroDisney.
54. Citação retirada de "Les Hotels et les Activités des Loisirs d'Euro Disney Resort", op. cit.

MUNDIALIZAÇÃO E CULTURA 145

público estará cara a cara com os dinossauros, antes de conhecer os cavaleiros da Idade Média, e os personagens lendários, como Leonardo da Vinci, Mozart, e até Júlio Verne, o escritor visionário, pai da ficção-científica". Saímos portanto do imaginário coletivo americano para mergulharmos numa esfera de lembranças mundializadas. Memória que nos revela o caminhar da humanidade, segundo o relato conveniente do esquecimento: a Idade Média, os escritores famosos, e até mesmo a pré-história dos dinossauros. EPCOT e EuroDisney atuam como museus, eles contam a história das comunicações, da energia, da terra, pacientemente ensinadas pelas transnacionais. Em Orlando, a Kraft dá às crianças noções de agricultura, técnicas agrícolas e nutrição. EPCOT na verdade possui um "Conselho para Educação Mediática", cujo objetivo é gerar programas educativos. Derivam dos diversos pavilhões das exposições de filmes 16 mm e programas informatizados sobre energia, comunicação, transporte, informática, agricultura, futuro, etc. Lições do tipo "Habilidades para as Novas Tecnologias", "Vivendo com o Computador", "Vivendo com a Mudança", "Como Decidir" são ministradas a todos que tenham o interesse em melhorar sua performance na sociedade.

Uma maneira de se compreender a relação entre memória e consumo é sublinhar o vínculo econômico que os aproxima. Este é o caminho apontado por vários autores.[55] O *design,* os logotipos de cada produto, teriam a função de fixar sua marca na memória dos clientes potenciais. Exxon, Shell e Nabisco cruzariam o espaço mundializado das sociedades, sendo imediatamente reconhecidos por seus consumidores. A imagem seria vendida enquanto mercadoria, a cada vez que fosse contemplada. Indelevelmente ela se incrustaria na mente dos homens. A interpretação contém muito de verdade, mas não deixa de ser parcial, pois pade-

---

55. Ver, por exemplo, S. Ewen, *All consuming images,* N. York, Basic Books, 1988.

ce, a meu ver, de um certo economicismo crônico. A cada imagem corresponderia uma empresa, cujo produto estaria à disposição no mercado. Uma memória internacional-popular é muito mais do que isso. Ela traduz o imaginário das sociedades globalizadas. Embora as imagens sejam muitas vezes produzidas por determinadas companhias (mas nem sempre, é o caso do cinema, televisão, vídeo), elas ultrapassam a intenção inicial do simples ato promocional. Quando Heineken, Reebok e Coca-Cola falam do mundo, não se está apenas vendendo esses produtos. Eles denotam e conotam um movimento mais amplo no qual uma ética específica, valores, conceitos de espaço e de tempo são partilhados por um conjunto de pessoas imersas na modernidade-mundo. Nesse sentido a mídia e as corporações (sobretudo transnacionais) têm um papel que supera a dimensão exclusivamente econômica. Elas se configuram em instâncias de socialização de uma determinada cultura, desempenhando as mesmas funções pedagógicas que a escola possuía no processo de construção nacional. A memória internacional-popular não pode prescindir de instituições que a administrem. Mídia e empresas são agentes preferenciais na sua constituição; elas fornecem aos homens referências culturais para suas identidades. A solidariedade solitária do consumo pode assim integrar o imaginário coletivo mundial, ordenando os indivíduos e os modos de vida de acordo com uma nova pertinência social.

CAPÍTULO V

OS ARTÍFICES MUNDIAIS DE CULTURA

Raymond Williams diz que nada há de mais corriqueiro do que tratar os membros das sociedades contemporâneas como "consumidores".[1] Nos acostumamos a tal ponto a percebê--los desta maneira, que dificilmente conseguimos imaginá-los de outro jeito. Consumidor, essa metáfora tirada do estômago, pouco a pouco se expandiu, ganhando inclusive o estatuto de categoria sociológica. Concepção bizarra, que assimila o indivíduo a um "canal sobre o qual os produtos navegam e desaparecem" (para falar como o autor), indivíduo-meio, no qual as coisas circulam como informações. No entanto, para que isso aconteça, é necessário a existência de um sistema de produção e de distribuição de bens, que abarque uma parcela considerável da população. No caso da modernidade das nações, ele se enquadrava em limites bem precisos, porém, com a globalização, sua dimensão se dilata. Como entender este conjunto que modela um tipo de cultura calcada num consumo mundializado? Evidentemente há várias maneiras. Gostaria de reter uma delas. Partir de uma série de leituras sobre o marketing e a administração global. Literatura um tanto distante do interesse corrente dos sociólogos e dos antropólogos, e que pode ser encontrada nas revistas e livros utilizados nos cursos de Administração de Empresas. Não a escolho orientado por qualquer predileção especial, ela simplesmente esclarece nosso tema. Os executivos e os publicitários, ao se adaptarem a uma realidade globalizada, devem compreender o terreno

---

1. R. Williams, "Publicité: le système magique", *Réseaux,* nº 42, 1990.

148 RENATO ORTIZ

no qual atuam. Suas agências, com um braço em cada canto do planeta, exigem que eles se preparem para servi-las. Neste sentido, e Armand Mattelart tem razão quando insiste sobre este aspecto,[2] os administradores globais são intelectuais. Eles produzem um saber empírico que lhes permite estabelecer uma mediação entre o pensamento e os interesses políticos e econômicos de suas empresas. Literatura cínica e sugestiva. Cínica, pois calcada explicitamente na ideologia da eficiência mercadológica. Sugestiva, na medida em que não se trata apenas de uma falsa consciência, mas de um entendimento revelador de nossas contradições.

* * *

Os intelectuais das grandes corporações partem do princípio que o mundo vive uma fase de mudança radical. Nos últimos vinte anos teriam ocorrido transformações substanciais na esfera da economia, que exigiriam a reformulação dos negócios. Um primeiro aspecto é a globalização do mercado. Hoje ele é único, possui uma lógica singular, abrangendo toda a Terra. Não se trata, porém, de um mercado internacional, no qual as agências ofereceriam seus serviços individualizados. Como os economistas, nossos empresários entendem que seu campo de atuação é o mercado sem fronteiras, transcendendo inclusive a origem das firmas que o exploram. Outro ponto diz respeito à produção. Atentos às variações dos índices econômicos, os empresários entendem que o capitalismo passou de uma fase de *high volume* para de *high value*. Antes, o que importava era produzir o maior volume de produtos para distribuí-los em massa. Resultava disso a necessidade da padronização dos bens de consumo, maneira de se baixar o custo de sua fabricação. O momento atual seria distinto. Não é tanto a produção em massa que conta, mas a fabricação de produtos especializa-

---

2. A. Mattelart, *L'internationale publicitaire*, Paris, La Découverte, 1989.

MUNDIALIZAÇÃO E CULTURA 149

dos a ser consumidos por mercados exigentes e segmentados. Daí a importância de se incorporar as novas tecnologias; elas permitiriam a rápida confecção de materiais bem acabados, fator essencial para seu barateamento. A passagem do fordismo para o capitalismo flexível determinaria assim uma mudança do consumo e da administração em escala mundial.

Os executivos globais possuem, portanto, uma visão da história. Há um "antes" e um "depois", um divisor de águas separaria esses dois momentos. A etapa pré-global seria coisa do passado. Com isso, as ideias já não podem mais se cristalizar em conceitos ultrapassados. Fala-se muito em "mudança de paradigma", isto é, num conjunto de conceitos novos (flexibilidade, criatividade, descentralização) que serviriam de base para a ação empresarial.[3] O mundo se encontraria, assim, numa fase substancialmente diferente da anterior. Diante deste universo sem fronteiras, no qual a concorrência é forte, os administradores devem se preparar para vender suas mercadorias. Como afirma Robert Reich: "A nova barreira para as entradas já não é mais o volume ou o preço, mas a capacidade de se diagnosticar quais tecnologias se adequam a um mercado particular. As corporações transnacionais não focalizam mais os produtos enquanto tal; suas estratégias comerciais cada vez mais se voltam para o conhecimento especializado".[4] Conhecimento e informação tornam-se categorias-chaves no contexto das sociedades pós-industriais. Um administrador global deve possuir uma formação intelectual capaz de lhe dar uma compreensão abrangente desta realidade. A informação é vital na elaboração das estratégias, ela fornece aos agentes os condicionantes para se desenhar uma cartografia de suas intenções.

A consolidação do mercado mundial coloca para as empresas um conjunto de desafios. Para se adaptarem à situação elas têm de ser reestruturadas. Tudo se resume a uma questão

---

3. Consultar, por exemplo, *Business Week,* nº especial, 1992 ("Reinventing America").
4. R. Reich, *The work of nations,* op. cit., p. 84.

150   RENATO ORTIZ

de eficácia. As velhas crenças devem ser abandonadas, sem o que o diagnóstico e as práticas dele decorrentes estariam em dissonância com as mudanças ocorridas. Neste quadro, a própria noção de multinacional torna-se obsoleta. Theodore Levitt diz com toda a clareza: "A multinacional opera num número de países, e ajusta, a um preço elevado, suas práticas e seus produtos para cada um deles. A corporação global, a um baixo preço de custo, com uma constância resoluta, opera em todo o mundo como se ele fosse uma entidade singular; ela vende as mesmas coisas, e da mesma maneira, em todos os lugares".[5] Apesar de seu caráter diversificado e extraterritorial, a multinacional mantinha ainda laços estreitos com o terreno nacional. Para o cálculo empresarial, cada país ou conjunto de países era considerado uma unidade específica, indivisa. O mercado internacional seria então formado por subconjuntos autônomos, exigindo, para cada um deles, um tratamento particular. A corporação transnacional, ao tomar o planeta como mercado único, redimensiona suas prioridades. Não é a parte que determina o todo, mas o inverso. Sua operacionalidade é ditada pela competição global. As especificidades nacionais são, neste caso, secundárias, sendo levadas em conta apenas quando as políticas totalizantes estiverem traçadas de antemão.

Tal concepção apresenta, evidentemente, implicações. Uma primeira incide sobre a desterritorialização dos produtos. Como insistem alguns autores: "Na velha economia *high volume,* a maioria dos produtos tinha uma nacionalidade distinta. Independentemente de como as fronteiras nacionais eram cruzadas, o país de origem nunca era colocado em dúvida. Mas numa economia emergente *high value,* que não depende da produção em larga escala, poucos produtos possuem na-

---

5. T. Levitt, "The globalization of markets", op. cit., pp. 92-93. Traduzido para o português in *A imaginação de marketing,* S. Paulo, Atlas, 1991.

MUNDIALIZAÇÃO E CULTURA   151

cionalidades distintas".[6] Como vimos, no sistema atual de trocas, os produtos são compostos, fabricados em pedaços e em vários lugares. No entanto, gostaria de realçar outro aspecto deste processo. O desenraizamento dos produtos é algo fundamental para o pensamento administrativo. Se cada objeto fosse determinado pela sua territorialidade, ou pelo gosto local, as premissas de uma administração global seriam inviabilizadas. A "universalidade" do produto garante o elo entre as diversidades existentes. Computadores, remédios, cartões de crédito, bonecas Barbie e roupas Benetton são universais, pois correspondem à existência de um mercado mundial. Esta é a base sobre a qual se sustenta o raciocínio proposto. Sem ela, qualquer ideia de promoção mercado lógica estaria comprometida. Como observa um desses teóricos da administração: "O papel mais importante do marketing internacional afeta suas funções referentes às atividades contra corrente. Basicamente, o protótipo da estratégia global é aquele na qual a firma ganha vantagens, pelo fato de possuir um alto volume de produção de uma linha comum de variedades de produtos. Neste caso, como o marketing pode ser útil? Primeiro, ele providencia informações e suportes necessários aos desenhistas e engenheiros, para desenvolverem produtos universais. Segundo, fornecendo informações que possam criar a demanda desta variedade universal".[7] Demanda, preenchida ou criada, mas sempre em termos globais. As vendas podem ser racionalmente calculadas porque refletem uma estrutura mundial de consumo (retomarei este ponto mais adiante). Isto supõe que o relato mítico da "grande família" não seja, apenas, pura fantasia. Ele encontra no mercado sua plausibilidade. As maneiras de viver ecoam na expressão "cosmopolita" dos objetos que povoam o planeta. Para os publicitários, todo o problema se

---

6. R. Reich, *The work of nations*, op. cit., p. 90.
7. M. Porter, "The strategic role of international marketing", *Harvard Business Review*, vol. 3, nº 2, Spring 1986, p. 20.

152   RENATO ORTIZ

resume em captar esta universalidade presente, retomando-a, enquanto apelo para o consumo generalizado das mercadorias desterritorializadas.

Mas o processo de globalização incide ainda sobre a própria localização das transnacionais. Seria possível imaginarmos firmas globais ancoradas no horizonte nacional? Ou não se trataria de uma contradição? A exposição de Robert Reich é interessante. Ele considera que efetivamente teria havido uma etapa na qual as firmas se identificavam aos países. Isto fica claro com o exemplo dos Estados Unidos. "As corporações americanas, por causa de seu tamanho e de seu papel central na economia, vieram a se identificar, e foram identificadas, pelos americanos e pelos outros, com a economia americana como um todo. Elas eram as campeãs da economia nacional; seu sucesso era o sucesso delas. Elas eram a economia americana, os prédios de seus grandes quarteis-generais eram o altar do capitalismo americano."[8] Durante os anos 1940 e 1950 as multinacionais americanas representavam a hegemonia de um país, e carregavam consigo a fantasia da americanização do mundo. O próprio Ser americano se identificava às grandes firmas. Na verdade, essa aproximação não era inteiramente desprovida de propósito. Na década de 1950, as multinacionais norte-americanas desempenhavam um papel dinâmico na economia interna do país. Um número restrito delas produzia metade da riqueza nacional, possuía $3/4$ do parque industrial e empregava parte considerável da população trabalhadora. Porém, as transformações ocorridas distanciam as corporações de seus sítios de origem. A íntima relação entre o Estado e a empresa é enfraquecida, inclusive porque as trocas mundiais deixam de ser prioritariamente transações entre países. Nos anos 1990, mais de 50% do total de importações e de exportações do Japão e dos Estados Unidos são intercâmbios entre transnacionais.[9] A

---

8. R. Reich, *The work of nations,* op. cit., p. 47.
9. Consultar P. Dicken, *Global shift,* op. cit.

MUNDIALIZAÇÃO E CULTURA 153

identidade nação-corporação se rompe, ou pelo menos é relativizada, surgindo um forte debate sobre o fim do capitalismo nacional.[10]

Dentro deste quadro, é preciso repensar o papel dos executivos. Se as transnacionais deixam de ser multinacionais, é necessário que seus membros possam imaginar que pertençam inteiramente a elas, e não a mais a contingência das culturas particulares. As relações de fidelidade devem ser remodeladas. "Diferentemente de seus antecessores pré-globais, os administradores globais sentem pouca lealdade com o 'nós'. Na empresa global, as fronteiras entre a companhia e o país – entre o 'eles' e o 'nós' estão sendo erodidas rapidamente. Em seu lugar, estamos testemunhando a criação de uma forma de capitalismo mais pura, praticada globalmente pelos administradores, os quais são mais frios e racionais nas suas decisões, abandonando as filiações com os povos e os lugares. Hoje, as decisões corporativas são ditadas pela competição global e não pela lealdade nacional."[11] Ou como afirma um empresário japonês: "Antes da identidade nacional, antes da filiação local, do ego alemão ou do ego italiano, ou do ego japonês, antes de tudo isso vem o comprometimento com uma missão global, única e unificada: os clientes que interessam são pessoas que apreciam seus produtos em todos os lugares do mundo".[12] Este tipo de concepção, cada vez mais prevalente entre os diretores das grandes corporações, permite que um alto escalão da Asea-Brown Boveri elabore o seguinte autorretrato de sua empresa: "ABB é uma companhia sem centro geográfico, sem eixo nacional para se apoiar. Nós somos uma federação de

---

10. A discussão sobre a transnacionalização pode ser entendida quando se analisa a reação à penetração dos produtos estrangeiros no mercado norte-americano. A fobia à japonização é resultado do processo de internacionalização dos Estados Unidos, que até então conhecia apenas o movimento de expansão para o exterior. Ver S. Kelman, "The japanisation of America", *The Public Interest,* nº 98, winter 1990.

11. R. Reich, "Who is them?", *Harvard Business Review,* March-April 1991, p. 77.

12. K. Ohmae, *Mundo sem fronteiras,* op. cit., p. 94.

154 RENATO ORTIZ

companhias nacionais com um centro de coordenação global. Somos nós uma empresa suíça? Nosso quartel-general é em Zurique, mas somente cem profissionais nele trabalham, e não temos a intenção de aumentar esse número. Somos uma companhia sueca? Eu sou o diretor-geral, nasci e fui criado na Suécia. Mas nosso quartel-general não é na Suécia, e apenas dois, dos oito membros do conselho de direção, são suecos. Talvez sejamos uma companhia americana? Nossos relatórios de finança são feitos em dólar, e o inglês é a língua oficial da ABB. Fazemos todos os nossos encontros em inglês. Minha opinião é que a ABB não é nenhuma dessas coisas, e todas essas coisas. Nós não estamos sem teto, somos uma companhia com vários lares".[13]

A irrelevância da nacionalidade das corporações acompanha o desenraizamento dos produtos. Isso requer, entretanto, uma reformulação da política de pessoal. Se os laços sociais mais próximos são neutralizados, algo deve substituí-los. No processo de transição da multinacionalidade para a transnacionalidade, as empresas são obrigadas a rever seus princípios de recrutamento. Como diz Kenichi Ohmae, "elas precisam desnacionalizar suas operações e criar um sistema de valores compartilhado por todos os gerentes de todo o globo, para substituir o vínculo estabelecido pela orientação com base no país de origem. As melhores organizações operam dessa maneira e, como resultado, devotam grande parte de sua atenção corporativa à definição de sistemas de pessoal que tenham nacionalidade neutra".[14] A noção de "sistema de valores universais" surge assim como cimento de uma cultura corporativa desenraizada. Ela soldaria seus membros, como uma consciência coletiva de tipo durkheimiana, moral condizente com a eficácia global e, claro, salvadora dos homens.

---

13. Entrevista com o presidente da "Asea Brown Boveri" in *Havard Business Review*, março-abril 1991, p. 92.

14. K. Ohame, *Mundo sem fronteiras,* op. cit., pp. 93-94.

MUNDIALIZAÇÃO E CULTURA   155

Essas modificações demandam, porém, um aprendizado, uma socialização. Os agentes da mundialização têm clareza disso; eles sabem que "os administradores globais não nascem feitos. Não se trata de um processo natural. Nós gostamos de pessoas como nós, somos animais domesticados. Mas há várias coisas que podem ser feitas. Você pode rodar o pessoal pelo mundo. Pode também encorajar as pessoas a trabalhar em equipes de nacionalidades mistas. Você as força, assim, a criar lealdades além das fronteiras nacionais".[15] Importa, pois, forjar uma solidariedade corporativa, um ideário comum. Um passo para isso foi a adoção do inglês como língua-padrão. Idioma mundial, ele preenche o papel de mediador universal. O contato entre as pessoas, entre os administradores e seus mercados, assim como a comunicação escrita entre as agências, se faz agora codificada pelo mesmo parâmetro. O inglês dilui a barreira das nacionalidades, selando o destino "cosmopolita" dos produtos e das corporações.

Mas o conceito de multinacional possui ainda outra característica, ele postula a ideia de centralidade hierárquica. Existe um núcleo de poder, situado no território nacional, que controla rigidamente as subsidiárias estrangeiras. O centro determina de maneira unívoca as relações de poder, definindo uma identidade que se contrapõe aos elementos "exteriores" a ela. O quartel-general, fixado no *paese* dos fundadores, representa inequivocamente o topo da pirâmide abaixo; em posição de subalternidade, encontram-se as filiais, dispersas nos espaços alienígenas. A questão é saber se as transformações recentes não modificam tais fundamentos. A flexibilização da produção, a deslocalização das tarefas, seriam compatíveis com uma gestão centralizadora? O advento das novas tecnologias não implicaria o remanejamento das próprias técnicas administrativas? A rigor, o processo de globalização implica a perda do sentido da centralidade, o que significa, inclusive,

---

15. Entrevista com o diretor da Asea Brown Boveri, op. cit.

156 RENATO ORTIZ

a obsolescência dos quartéis-generais. Ele exige mobilidade e descentralização. Uma companhia global opera em escala planetária, procurando retirar de cada lugar o maior proveito. Sua estratégia é sistêmica. As "subsidiárias" já não podem ser pensadas como um elemento estranho ao centro, elas fazem parte de uma rede, trabalhando para a reprodução do todo.[16] O sucesso gestionário significa, pois, a capacidade de se administrar, de forma coerente, as partes distintas de um organismo tentacular.

A contraposição entre "multinacional" e "transnacional" permite apreender a passagem de uma era pré-global para outra inteiramente globalizada. Mas, curioso, é por meio de uma ideologia pseudoigualitária (e eu me refiro agora à ideologia como falsa consciência) que a literatura empresarial apreende este movimento. Cito uma das inúmeras passagens que afloram à leitura desses textos. "Hoje, uma corporação transnacional é fundamentalmente diferente do estilo colonial das multinacionais dos anos 1960 e 1970. Ela serve o cliente em todos os mercados-chave com igual dedicação. Ela não oculta as coisas com um grupo, procurando beneficiar outros. Ela não entra no mercado com o único propósito de explorar os lucros potenciais. Seu sistema de valor é universal, aplica-se a todos os lugares, e não é dominado pelos dogmas do país de origem. Num mundo interligado pela informação, no qual os consumidores, pouco importa onde habitem, sabem quais os produtos são os melhores e os mais baratos, o poder de escolher ou recusar está em suas mãos, e não na manga das preguiçosas e privilegiadas multinacionais dos tempos passados."[17] Cinismo? Tudo se passa como se os executivos tivessem se transformado em homens de "esquerda", criticando com ar-

---

16. Ver T. Hout, M. Porter, E. Rudden, "How global companies win out", *Harvard Business Review*, September-October 1982, p. 106.
17. K. Ohmae, "Planting for a global harvest", *Harvard Business Review*, 4, July-August 1989, p. 139.

MUNDIALIZAÇÃO E CULTURA   157

dor o abuso do poder centralizado. Até mesmo a denúncia do colonialismo é relembrada. Um executivo de uma grande empresa publicitária não hesita em dizer: "Nós dirigimos TBWA sem qualquer quartel-general. Nós operamos com muita comunicação – viagens e telefonemas. Nós não damos ordens, dividimos o poder. Nós sabemos o que ganhamos em termos escritórios que vivem sem as diretrizes de um quartel--general".[18] Outro acrescenta: "As organizações amébicas não permitem o aparecimento de reis no topo das pirâmides locais. Sempre haverá fortes lideranças locais. Mas não haverá pirâmides em cujo topo elas possam se sentar".[19] Este discurso falacioso possui um significado. Ele entende que o poder, ao se tornar "amébico", "difuso", contrastaria com o estilo "colonialista", "hierarquizado". Como as multinacionais são coisas do passado, o presente é visto como a realização dos valores democráticos. Graças às transnacionais, a gestão dos negócios teria finalmente atingido uma perspectiva pluralista.

* * *

Eu havia apontado, no segundo capítulo deste livro, para uma confluência entre as problemáticas da mundialização, da pós-modernidade e da tecnologia. Em todas elas, a ideia de ruptura estava presente, a história sendo dividida em duas fases distintas. Creio que esta aproximação pode ser generalizada, o que sugere uma certa homologia na forma como os assuntos são tratados. Quando lemos a literatura produzida pelo empresariado global, vários pontos desenvolvidos em outros contextos ressurgem. Alguns deles parecem-me fundamentais: a questão do poder, da democracia e da liberdade. Mas como aspectos tão diversos podem partilhar de um

---

18. W. Tragos, "The agency perspective" – *The implications for marketing, advertising and the media,* The Economist Conference Unit, London, Rooster Books Limited, 1989, pp. 31-32.
19. K. Ohmae, *Mundo sem fronteiras,* op. cit., p. 99.

158 RENATO ORTIZ

denominador comum? Creio que a noção de centralidade é o fio condutor do debate, ela encobre as vicissitudes inerentes ao "depois", isto é, ao momento que os diversos autores entendem como sendo definidor de uma nova ordem social (informatizada, pós-moderna, global). Afinal, o que nos diz Lyotard, ao descrever a situação pós-moderna?[20] Que vivemos num contexto no qual a pluralidade de regras e de comportamentos impede a existência de uma metalinguagem universalmente válida para todos os sujeitos. A centralidade dos mitos, dos universos ideológicos e das religiões universais estaria comprometida diante da fragmentação do consenso. O sujeito pós-moderno seria profundamente descentrado, escapando da totalidade do "grande relato" que o envolvia nas sociedades passadas. A atomização social prevaleceria, assim, sobre a organicidade coletiva, propiciando aos indivíduos um conjunto de possibilidades para interagirem entre si. O diagnóstico de Charles Jenks não é assim tão diverso. Ao descrever a transição da "autoridade centralizada" para o "pluralismo descentralizado", ele nos diz: "Ao invés de crer na existência de um ou de poucos estilos, ou de um único estilo progressivo na arquitetura, as opções nos forçam a reafirmar a liberdade de escolha e de julgamento comparativo. Cada um escolhe o estilo correto para seu trabalho arquitetônico, ou o gênero mais adequado para sua pintura. É possível que tenhamos abandonado a ideia de uma hierarquia de gêneros, a noção de uma gama de oposições substituindo o 'único estilo verdadeiro'. Variedade de inclinações, adequação das escolhas, são esses os novos valores que substituem a consistência e a ortodoxia estilística".[21] O homogêneo cederia lugar a uma diversidade de julgamentos estéticos, irredutíveis uns aos outros. A mesma ênfase vamos encontrar quando abordamos os escritos sobre tecnologia. Retomo duas citações de McLuhan: "A obsessão

---

20. Ver F. Lyotard, *O pós-moderno*, R. Janeiro, José Olympio, 1986.
21. C. Jenks, *What is post-modernism?*, op. cit., p. 54.

MUNDIALIZAÇÃO E CULTURA   159

com o velho padrão mecânico, que se expandia do centro para a margem, já não é mais relevante em nosso mundo elétrico. A eletricidade descentraliza. Esta é a diferença entre um sistema ferroviário e um sistema elétrico. O primeiro requer centros ferroviários e urbanos. A eletricidade disponível nas fazendas ou nas suítes dos executivos permite que qualquer lugar seja o centro, dispensando maiores agregações. [...] A robótica é descentralizadora. Numa sociedade eletricamente configurada, todas as informações críticas, necessárias para a manufatura e a distribuição de carros a computadores, encontram-se, ao mesmo tempo, disponíveis para todos. A cultura se organiza assim como um circuito elétrico: cada ponto da rede é tão central quanto outro qualquer."[22] Neste caso, a tecnologia surge como elemento vital na passagem de uma era mecânica para outra elétrica/eletrônica. Radicalmente descentralizado, o momento atual seria incompatível com a ordenação hierárquica das coisas.

Não resta dúvida, os administradores globais, os pós-modernos e os tecnocratas, de maneira diferente, estão se referindo ao mesmo processo: a modernidade-mundo é centrípeta. O pensamento procura captar um tipo de organização social emergente com a globalização. No entanto, este movimento, que se abre para a contemporaneidade, se faz marcado pelas inclinações ideológicas. O tema da descentralidade não se limita apenas à compreensão de uma situação histórica específica. Ele carrega consigo uma formulação política, aproximando-a de ideias como individualidade e democracia. Quando os *managers* globais afirmam que as transnacionais são mais democráticas do que as velhas multinacionais, o discurso que utilizam realiza o mesmo *tour de force* que os comunicólogos, ao estabelecerem uma gradação entre os meios, dizendo que uns são democráticos (TV a cabo), outros totalitários ou elitistas (escrita), como se democracia, totalitarismo e elitismo

---

22. McLuhan, *Understanding media,* op. cit., p. 36; *The global village,* op. cit., p. 92.

160   RENATO ORTIZ

fossem qualidades técnicas. Porque as transnacionais são mais flexíveis, elas conteriam os atributos específicos às novas tecnologias, tornando-as expressão da autonomia dos homens. Flexibilidade torna-se sinônimo de independência. A decomposição do centro transubstancia-se em metáfora de democracia, o reforço das partes sendo percebido como um movimento de liberalização.

Descentralização = autonomia = democracia. A equação se reforça. Sem esquecer, porém, de acrescentar um outro elemento: a individualidade. Como o processo de fragilização das centralidades promove as autonomias, os indivíduos ganhariam em "liberdade" no seio das sociedades pós-informatizadas-globais. Indivíduo que, na sua integralidade, teria a todo o momento uma capacidade de escolha. Dirá Alvin Tofler: "(Na Segunda Onda) a imagem produzida com centralismo, e injetada na mente pelos meios de massa, ajudou a produzir a padronização do comportamento, ajustado ao sistema industrial de produção. Hoje, a Terceira Onda altera tudo isso. Os meios de massa, longe de expandir sua influência, subitamente se veem forçados a dividi-la. Em várias frontes, eles estão sendo batidos pelo que eu chamo de mídia desmassificada".[23] No tempo do fordismo, teríamos portanto uma cultura "padronizada", "homogênea", mas com o advento das sociedades tecnificadas, a diferença se impõe. O raciocínio se apoia certamente em dados empíricos. Qualquer estudo de mercado mostra a marcha da especialização na mídia; proliferação das TV a cabo e das técnicas de marketing, particularização das revistas (masculinas, femininas, gays, infantis), emergência das rádios FM, etc. Movimento que evidentemente se apoia na própria segmentação do mercado. Por isso, Jenks pode dizer: "Comparemos esta situação com outras ideologicamente neutras, como da indústria automobilística. Existe a mesma proliferação extraordinária da escolha: na América da era moderna,

---

23. A. Tofler. *The third wave*, op. cit., p. 158.

MUNDIALIZAÇÃO E CULTURA   161

ou se usava um Ford ou um Chevy, preto ou branco. Hoje você pode escolher entre 750 modelos de carros e caminhões, e um sem-número de cores, que mudam anualmente. Na arte como na arquitetura, a escolha do modo não é tão grande assim, e, para o artista e para o arquiteto, o sentido da escolha é completamente diferente; mas um pluralismo similar significa que o papel do estilo mudou, diferenciando-se do que era no século XIX e no modernismo".[24] Se o modernismo era monocromático, o pós-modernismo seria plural, um caleidoscópio de gêneros estéticos. Existiria, portanto, uma homologia entre o mercado de bens materiais e o universo da arte. A possibilidade de escolha no seio de uma sociedade de abundância seria multiplicada ao infinito. Contrariamente ao passado, os homens teriam se livrado dos constrangimentos existentes; hoje, o dilema seria de outra natureza, *l'embarass du choix*. Gilles Lipovetsky, possuído por seu otimismo peremptório, nos diz: "Hoje, o imperativo industrial do novo se encarna numa política de produtos coerente e sistemática, diversificando e desmassificando a produção. O processo da moda despadroniza os produtos, multiplicando as escolhas e as opções. Com a multiplicação do espectro, versões, opções, cores, séries limitadas, a esfera da mercadoria entrou na ordem da personalização".[25] A reflexão dos administradores globais é semelhante. Eles se imaginam como os bem-feitores desta pluralidade social – dezenas de tipos de tênis Nike ou Adidas; infinitos sabores de Coca-Cola, Classic Coke, Diet Coke, Cafeine Free Coke, Cherry Coke. Por isso eles exigem de seus quadros um distanciamento em relação às suas nacionalidades, um compromisso ético com a demanda. Pois, se é no mercado que os homens exercem suas individualidades, não faria sentido impedir tal "pluralismo", invocando-se razões de ordem particulares. O círculo dos enunciados se fecha. O consumidor, ao escolher

---

24. C. Jenks, *What is post-modernism?*, op. cit., p. 52.
25. G. Lipovetsky, *L'empire de l'ephémère*, Paris, Gallimard, 1987, pp. 190-191.

162 RENATO ORTIZ

um artigo no supermercado, um estilo, uma técnica, uma citação da memória internacional-popular, estaria exercendo o poder de sua individualidade. No simples ato de absorção das coisas ele afirmaria sua autonomia descentralizada.

Quando estuda a produção da ideologia das classes dominantes na França, Bourdieu observa que ela, em muito, deve sua coerência e poder de convencimento à existência de um pequeno número de "esquemas geradores" do discurso.[26] Isto significa que grupos diferenciados, às vezes em conflito, podem "dizer a mesma coisa", independentemente do conteúdo que está sendo exposto. Porque as categorias de classificação do pensamento são idênticas, e antecedem a própria ideologia, elas permitem entender como, em situações variadas, a mesma "forma de pensar" se impõe. Os "esquemas geradores" do discurso funcionariam então como categorias de classificação do que está sendo pensado, orientando os enunciados na mesma direção. Penso que é possível dizer o mesmo no caso que estamos considerando. A literatura da administração global, apesar de relativamente distante das análises tecnológicas, ou das preocupações pós-modernas, partilham com elas um conjunto de subentendidos que estruturam o pensamento. Centralidade/ descentralização, padronização/segmentação, homogêneo/ heterogêneo, enrigecido/flexível são antinomias que antecipam outras, de natureza ideológica, totalitarismo/democracia, massa/individualidade. O discurso permite assim associar várias formulações, aparentemente díspares entre si: flexibilidade da produção, descentralização da gestão, democracia das novas tecnologias, segmentação do mercado, individualidade, liberdade de escolha. A coerência se mantém quando referida a cada um desses domínios distintos, ela traduz a reafirmação de uma ideologia específica. A concepção histórica submersa ao discurso fundamenta-se, entretanto, num raciocínio sim-

---

26. P. Bourdjeu, "La production de l'idéologie dominante", *Actes de la Recherche en Sciences Sociales,* nº 2/3, juin 1976.

MUNDIALIZAÇÃO E CULTURA 163

ples e simplificador. Ela postula um "antes" e um "depois", atribuindo cada termo da antinomia a um polo da descontinuidade temporal. Centralidade, padronização, sociedade de massa, ausência de escolha e totalitarismo pertenceriam à face "pré-global", "moderna", a "segunda onda" da vida dos homens. As qualidades positivas, descentralização, segmentação do mercado, pluralismo, *embarass du choix* seriam a expressão do presente. O encadeamento dos argumentos nos induz a pensar o poder como algo distante dos centros, aninhando-se nas partes, sejam elas indivíduos, técnicas flexibilizadas, gestões locais, etc.

Mas se a ideologia do pós-industrialismo aponta para a autonomia local, para a individualidade do consumidor, a dinâmica econômica revela outros aspectos. Basta consultarmos a vasta bibliografia sobre os conglomerados transnacionais. O quadro que nos espera é radicalmente distinto. No lugar da fragmentação, observa-se uma crescente concentração das firmas. No setor da produção têxtil, Burlington Industries, West Point, J. P. Stevens (Estados Unidos), Coats Viyella, Courtaulds (Grã-Bretanha), Kanebo, Toyobo, Nisshin (Japão), Prouvost, DMC (França) constituem os grandes oligopólios mundiais. Apesar do processo de descentralização da confecção (impulsionado pelas novas tecnologias e pela subcontratação de serviços), há uma nítida tendência para a monopolização do setor distributivo. Em cada país, a fatia mais importante do mercado é explorada por um número reduzido de grandes cadeias: Sears-Roebuck, K-Mart (Estados Unidos), Daiei, Mitsukoshi, Daimaru (Japão), Karstadt, Kaufhof (Alemanha), Marks and Spencer (Grã-Bretanha). Quadro que se rebate no plano da alimentação. Cargill, Unilever, Nestlé, Procter and Gamble e Nabisco são os maiores responsáveis pela produção mundial de cereais, óleos, biscoitos e bebidas.[27] Já o surgimento das re-

---

27. Ver J. Pinard, *Les industries alimentaires dans le monde,* op. cit.

164 RENATO ORTIZ

des de supermercados favorece, em cada lugar, a concentração do comércio.

O movimento é análogo para os bens culturais. A indústria fonográfica mundial é dominada por algumas grandes firmas – Bertelsmann Music Group, EMI, PolyGram, Sony, Virgin, Warner Music[28] –, e o mercado publicitário, dividido entre um pequeno número de grupos empresariais – Saatchi & Saatchi, Interpublic, Omnicom, WPP, Ogilvy & Mather, Publicis/FCB, WCRS/Bélier. Esta tendência para a concentração, há muito tempo conhecida na área cinematográfica, se expande para a televisão, envolvendo ainda a produção de vídeos, videogames, livros e periódicos.[29] Talvez a forma mais evidente de se constatar este fenômeno é voltarmos para as megafusões ocorridas na década de 1990 entre as firmas transnacionais. News Corporation, de Rupert Murdoch's, "o barão da mídia australiana", inclui o *New York Post, Chicago-Sun-Times, Boston Herald American, The Economist, South China Morning Post, Metromedia,* e *Fox,* Time Warner Inc. concentra atividades na área jornalística *(Time, Life, Fortune, People),* cinematográfica (Warner), televisão a cabo (American Television, Communication Corporation); Bertelsmann possui canais de satélite que cobrem toda a Alemanha, interesses editoriais (Bantam Books, Doubleday) e fonográficos (RCA, Arista); Pathé comprou MGM/ UA Communication, Sony, CBS Records e Columbia Pictures, Matsushita, MCA/ Universal.[30] Habitualmente, a literatura sobre comunicação tem tratado este processo como uma via de mão única. Dentro da perspectiva do imperialismo cultural, as grandes nações estariam por trás da exploração dos

---

28. A título de exemplo apresento alguns números, de 1992, relativos à participação das transnacionais fonográficas em alguns mercados nacionais europeus: Áustria, 90%; Irlanda, 92%; Portugal, 89%; Alemanha, 87%; Itália, 83%; Suíça,93%.

29. Ver R. Negrine e S. Papathanassopoulos, "The internationalization of television", *European Journal of Communication,* vol. 6, nº 1, 1991.

30. Ver A. Smith, *The age of behemoths: the globalisation of mass media firms,* N. York, Priority Press Publications, 1991.

MUNDIALIZAÇÃO E CULTURA   165

países periféricos. Ele é no entanto mais complexo. A rigor, devido à magnitude do mercado global, e da competição entre as empresas, as fusões resultam como uma forma de maximização dos lucros. As grandes corporações, independentemente de suas fidelidades nacionais, se juntam para melhor administrar suas políticas (por isso, nos Estados Unidos surgem críticas à "internacionalização" de Hollywood).[31] A estratégia das empresas refletem as transformações ocorridas nos níveis tecnológico e econômico. A forma "conglomerado" é uma resposta às exigências do mercado. A associação de empresas diferenciadas, mas afins, multiplica a capacidade de ação global. Provavelmente o exemplo mais significativo deste tipo de fusão seja o casamento *hardware/software*. Sony/Columbia, Matsuchita/ MCA e Phillips/A&M Records conjugam a dinâmica de grupos dominantes do setor eletrônico com a mídia. Cultura e infraestrutura se apoiam mutuamente.

A tendência à oligopolização desvenda uma dimensão diversa da fragmentação. Concentração significa controle. As consequências disso são graves, pois as agências transnacionais são instâncias mundiais de cultura, sendo responsáveis pela definição de padrões de legitimidade social. Se realmente nos encontramos diante de uma totalidade mundializada, é preciso reconhecer que os mecanismos existentes no seu interior são em boa parte (mas não exclusivamente) moldados pelas "indústrias culturais globalizadas". Elas representam um tipo de instituição que supera em muito o alcance de outras instâncias, cujo raio de ação é limitado. Tanto a escola como as tradições populares têm um âmbito de atuação restrito aos domínios regional ou nacional. Por outro lado, se imaginarmos o mundo

---

31. Entre 1985 e 1991, várias firmas norte-americanas, produtoras de filmes, música e programas de TV foram adquiridas por outras, estrangeiras, como Canal Plus, Pioneer, Bertelsmann, Australian Investment, etc. Consultar E. McAbaby e K. Wilkinson, "From cultural imperialism to takeover victims?", *Communication Research,* vol. 19, nº 6, December 1992.

166   RENATO ORTIZ

como um espaço no qual se afrontam diferentes concepções e ideários políticos, temos que a presença dos conglomerados adquire um peso desproporcional. Como o Estado-Nação possui uma capacidade específica para ações internacionais, resta a eles uma grande margem de manobra. Vários autores têm chamado a atenção para este fato.[32] As grandes empresas, pela sua filosofia e pelos seus interesses econômicos, são agentes políticos privilegiados no contexto de uma "sociedade civil mundial". Elas superam os partidos, os sindicatos, as administrações públicas ou os movimentos sociais, todos esses atores confinados ao horizonte dos conflitos nacionais. Isto compromete inevitavelmente a constituição de um "espaço público" (como o entende Habermas), restringindo a liberdade do debate democrático. As maneiras de pensar, distintas da ideologia de mercado, dos valores de uma cultura internacional-popular, encontram um espaço reduzido, previamente demarcado, para se manifestarem. A oligopolização, longe de favorecer o pluralismo, reforça um sistema de crenças, integrando todos a uma ordem coercitiva.

Centralização ou descentramento? A discussão oscila entre dois extremos. Uma primeira proposta nos induz a imaginar a existência de um indivíduo inteiramente livre, solto na malha social, capaz de escolher, sem hesitação, suas roupas, seus programas de televisão, seus objetos. Cada escolha refletiria a profundidade de seu Ser. Mas a tendência real de oligopolização dos cartéis de cultura aponta noutra direção. Controle, monopólio e tolhimento da liberdade surgem como traços intrínsecos ao processo de mundialização. Seria possível nos desvencilharmos desta visão esquizofrênica? Creio que sim, mas para isso devemos afirmar: concentração e fragmentação

---

32. Refiro-me, por exemplo, à série de textos sobre a ordem internacional e o controle da informação, produzidos pela Unesco. Ver, também, H. Schiller, *Culture Inc.: the corporate takeover of public expression,* Oxford, Oxford University Press, 1989.

MUNDIALIZAÇÃO E CULTURA

não são termos excludentes. Retomo a literatura empresarial, com a qual iniciei minha reflexão.

Quando os administradores globais dizem que "uma companhia é um sistema", eles estão propondo: primeiro, que as partes existem como realidades específicas; segundo, elas podem, ou melhor, necessitam ser articuladas entre si. Cabe à gestão unir o que se encontra disperso. Daí o problema que enfrentam: como administrar, de maneira eficiente, esses elementos desconexos? São essas as premissas de um conceito, fartamente utilizado pela inteligência empresarial, o de sinergia – "coordenação de uma companhia de forma que o funcionamento do todo é mais vantajoso do que o funcionamento das partes". Mas o que os administradores entendem por isso? Cito dois exemplos. Sony Corporation, proprietária da Sony Music, Columbia Pictures e da Columbia House, descobriu uma maneira de colocar suas divisões em contato permanente. Ela induziu um artista como Michael Jackson, contratado por Sony-CBS Records, a realizar um filme produzido pela Columbia Pictures. Com isso Sony conseguiu maximizar as relações *cross-media*, vinculando música, astro e cinema, aproveitando ainda sua estrutura publicitária para a promoção da empresa como um todo. Turner Publishing e Citadel Press coproduziram um livro chamado *Kisses*, presente para o dia dos namorados. O livro continha 150 páginas de fotografias oriundas dos arquivos da MGM Turner Entertainment. Simultaneamente, a CNN, do mesmo grupo empresarial, veiculava os anúncios. Uma estratégia clara: o catálogo de fotografias inspira o livro, e o canal de televisão da firma se encarrega da publicidade. Uma companhia é, portanto, um todo no qual as divisões contribuem para o andamento do conjunto. Cada "grão" está sinergeticamente articulado a outros. Por isso é importante para as empresas possuírem *windows* (um sistema operacional de computador) na produção e veiculação dos produtos. Elas são os canais de comunicação entre as partes. A "janela" livro se abre

168 RENATO ORTIZ

para a fotografia e o cinema, que por sua vez se comunicam com os discos, vídeos e *spots* publicitários.

Sistema: esta é a palavra-chave. Como as companhias, o mundo é um sistema no qual os espaços locais devem ser revertidos pela mentalidade gerencial. Pouco importa se o pensamento apreende esta realidade em termos ideológicos. À sua maneira, ele compreende o processo de globalização. A descentralidade surge, assim, como uma condição das sociedades atuais. Porém, os executivos são homens práticos, não lhes interessa o conhecimento enquanto fruição intelectual. Eles desejam moldar a vida à sua imagem. Como o planeta é um vasto território descentrado, os dilemas que enfrentam são análogos ao anterior: juntar as partes distantes entre si. A afirmação do todo não nega a fragmentação ou a diversidade do mercado mundial. Pelo contrário, ela parte desta constatação empírica. No plano teórico, a sinergia é a noção que dá conta desta realidade múltipla. Diante da diversidade existente, busca-se os ensinamentos para uma gestão eficaz. É dentro desta perspectiva que devem ser entendidas as megafusões das corporações. Os oligopólios, na disputa pelos mercados, ao abrigarem sob um mesmo teto "janelas" diferentes, aumentam seu poder de fogo. Como nos diz Joseh Turow: "A transformação-chave nos anos 1980 foi que o conglomerado, para se obter maiores lucros, deixou de ser visto como uma forma de se vincular a mídia. O poder aumenta, não somente para os proprietários desses conglomerados, mas também para aqueles que conseguem usá-los sinergeticamente, isto é, mobilizando transversalmente os materiais, multiplicando assim o seu valor".[33]

A discussão sobre o poder se recoloca, mas já não mais em bases ideológicas. Fragmentação, diversidade e descentramento não significam descontrole, muito menos democracia. Diante da vastidão do sistema-mundo, são necessárias estra-

---

33. J. Turow, "The organizational underpinnings of contemporary media conglomerates", *Communication Research,* vol. 19, nº 6, December 1992, p. 688.

MUNDIALIZAÇÃO E CULTURA   169

tégias globais. Neste caso, o fator tempo é essencial. Como diz um desses homens globais: "O tempo transformou-se na grande medida do desempenho. Companhias são sistemas, o tempo conecta todas as partes".[34] Contrariamente à velha crença do espírito capitalista, tempo não é apenas dinheiro, mas desempenho. O mundo é amplo demais para suportar uma cadência lenta. A integral do espaço flexibilizado exige um tempo vetorial. Daí a importância de se possuir uma real capacidade de comunicação entre as partes (o que as tecnologias propiciam). O descentramento das atividades demanda a constante aferição do fluxo de informações. Há, portanto, a necessidade de novos tipos de controle (e não a sua ausência, como agora idealizam os pós-modernos), não mais centralizados como nas "antigas" multinacionais mas materializados em "núcleos globais de decisão", isolados dos contextos geográficos, compostos por executivos de nacionalidades diversas, e munidos de um complexo instrumental de comunicação.

* * *

Os homens de negócio costumam dizer que "o mundo está cada vez mais idêntico".[35] Quando viajam, eles têm a impressão de ter havido uma convergência dos gostos dos consumidores. Esta sensação de familiaridade envolve suas práticas cotidianas e, desde a década de 1980, foi tematizada por alguns teóricos da administração. Certamente, Theodore Levitt é o principal deles. Seu texto "A globalização dos mercados" inaugura um ciclo de discussões sobre a problemática. Levitt parte da ideia de que o mundo é plano, unidimensional.

---

34. G. Stalk, "Time – the next source of competitive advantage", *Harvard Business Review*, nº 4, July-August 1988, pp. 45-46.
35. Ver, R. Goizueta (diretor da Coca-Cola), "Globalization, a soft drink perspective", e C. Howard (vice-diretora de Reader's Digest), Integrating public relations into the marketing mix, respectivamente *Vital Speeches of the Day*, April 1, 1989; November 15, 1989.

170   RENATO ORTIZ

Nele, as necessidades e os humanos se encontrariam irremediavelmente homogeneizados. Automóveis, cimento, seguros de vida, produtos farmacêuticos, semicondutores, bebidas e cigarros seriam a expressão monolítica deste processo avassalador. Caberia, pois, às empresas tirar o maior proveito da situação. Seu sucesso dependeria de se reconhecer que "um mundo com demandas homogeneizadas requer, para atingir uma economia de escala necessária para competir, uma procura por oportunidades de vendas nos segmentos similares do globo".[36] Se os objetos são semelhantes, e se movimentam no seio de um mercado) único, as estratégias para promovê-los devem ser corrigidas. Diante de um mundo padronizado, o "marketing global" surge como uma possibilidade, e uma exigência. Restaria à disciplina Administração desenvolver um conjunto de técnicas e conceitos para orientar a ação em âmbito planetário. Marketing que incluiria desde a identificação dos mercados até as campanhas publicitárias "universais".

As reações às propostas de Levitt foram várias.[37] Em boa medida elas questionam a ideia de homogeneização. Procurando realçar as particularidades de cada lugar, elas apontam para as especificidades – a Coca-Cola só tirou proveito do mercado espanhol quando reduziu o tamanho de suas garrafas, ajustando-as às geladeiras existentes no país; uma campanha publicitária rodada na Alemanha, com ídolos do basquete americano, teve pouco apelo, pois os esportistas eram desconhecidos dos europeus; as calças *jeans* no Brasil são mais apertadas, realçando as curvas femininas; os japoneses sabem que os europeus tendem a adquirir aparelhos estereofônicos fisicamente pequenos, de alto desempenho, mas que podem ser escondidos num armário, já os americanos preferem grandes altofalantes.

---

36. T. Levitt, "The globalization of markets", op. cit., p. 94.
37. Ver P. Kotler, "Global standardization, courting danger"; Y. Wind e S. Douglas,"The myth of globalization", in *The Journal of Consumer Marketing*, vol. 3, nº 2, Spring 1986.

MUNDIALIZAÇÃO E CULTURA 171

No Japão, a Kellog's não consegue desenvolver o mesmo tipo de publicidade que faz na Irlanda ou na Alemanha. Seria insensato, pois, numa sociedade cuja base cultural é o arroz, não é tão simples introduzir novos hábitos alimentares. Os publicitários devem, portanto, encontrar a melhor resposta, isto é, os termos mais adequados para veicular Corn Flakes.[38] Em todos esses exemplos, o específico supera o genérico, induzindo-nos a pensar que a padronização seria ilusória. Outro argumento utilizado é o da segmentação. Como imaginar um mercado global, quando ele se subdivide em faixas etárias, preferências e estilos de vida? Por isso, alguns autores raciocinam como se o movimento de diferenciação fosse antagônico ao da globalização. O mundo caminharia no sentido inverso ao da unicidade dos gostos e dos comportamentos.

Provavelmente a melhor resposta a essas objeções seja a de Michael Porter: "Para mim, homogeneização e segmentação não são incompatíveis. Como menciona Ted Levitt, cada vez mais ocorre uma homogeneização através dos países. Porém, o que ele não disse, é que ocorre também, no interior desses países, uma segmentação; explorar em paralelo essas duas tendências é tirar uma vantagem global, que até então não existia. A ironia é que através da segmentação pode-se criar universalidades".[39] O debate se repõe, mas em outros termos. Não importa tanto a oposição homogêneo/heterogêneo; o relevante é entender como segmentos mundializados partilham as mesmas características. O mundo é um mercado diferenciado constituído por camadas afins. Não se trata, pois, de

---

38. Por isso os anúncios adquirem um caráter pedagógico. Um deles mostra o pai (um jogador de golfe conhecido) perguntando a seu filho: "Qual a melhor maneira de se começar o dia, com arroz ou com torradas?". A criança aponta para uma caixa de Corn Flakes. Em outra situação, o mesmo personagem pergunta a um menino: "Você come Corn Flakes com pauzinhos ou com pão?". Orgulhosamente ele responde: "Com a colher". Ver B. Mueller, "Multinational advertising". Tese de doutoramento, University of Washington, 1987.
39. M. Porter, "The Strategic role of international marketing", op. cit., p. 21.

172　RENATO ORTIZ

produzir ou vender artefatos para "todos", mas promovê-los globalmente entre grupos específicos. A padronização é uma questão de grau. Como dizem os executivos: "A padronização não implica necessariamente a estandardização da produção ou uma linha estreita de produtos. O problema crucial dos produtos globais é a identificação pró-ativa de segmentos homogêneos no mundo, o que é uma forma distinta do conceito de marketing no exterior, quando um produto era originalmente desenvolvido para o mercado doméstico. A segmentação intermercados requer uma política na qual: (1) o produto desenvolvido tenha todos os traços demandados em todos os lugares do mundo ou em algumas regiões; (2) ele deve ser universal, com um conjunto de funções e de traços que equilibre as necessidades de mercado com os custos de desenvolvimento e de produção".[40] Os administradores globais irão assim distinguir entre produtos "culturalmente restritos" (cuja determinação local é maior), como alguns alimentos (sopa Nestlé), de outros "menos restritos" – cartões de crédito, automóveis, televisão, *jeans* – utilizados por "pessoas jovens, cujas normas culturais não se encontram enraizadas, indivíduos que viajam para diferentes países, consumidores ego-direcionados; que podem ser atraídos através dos mitos e das fantasias partilhadas através das culturas".[41] Com isso, a diferenciação se acomoda à padronização. Como dizem nossos intelectuais: "O leque da padronização não precisa ser total. Qualquer programa pode atingir seus objetivos com a padronização de poucos elementos no 'mix' de marketing de um produto ou de um

---

40. M. Kotabe, "Corporate product policy and innovative behavior of European and Japanese multinationals", *Journal of Marketing*, vol. 54, nº 2, April 1990, p. 23.

41. J. Quelch, E. Hoff, "Customizing global marketing", *Harvard Business Review*, nº 3, May-June 1986, p. 60.

MUNDIALIZAÇÃO E CULTURA 173

serviço".[42] Tudo é uma questão de equilíbrio entre a repetição e as variações.*

Diferença e similaridade se combinam. Ou como preferem alguns publicitários: "Existe hoje entre nós o reconhecimento de que todas as terras são habitadas por pessoas que falam diversas línguas, vão às igrejas, têm cérebros, dirigem automóveis, comem, escutam rádio, se apaixonam, têm necessidades, sentimentos e emoções próprias. Sim, elas são diferentes. Mas o mais importante ainda, elas são iguais. As similaridades as tornam humanas, as diferenças lhes dão um caráter individual".[43] A "natureza humana" constituiria a base para a afirmação da unicidade, condição que por sua vez se vincularia às transformações recentes das sociedades. Os empresários globais têm consciência de que a aproximação dos hábitos de consumo espelham uma nova configuração social. "Sob muitos aspectos, as nações industrializadas começam a convergir. O índice de nascimentos cai em todos os lugares. A semana de trabalho torna-se mais curta, e o tempo de lazer mais longo. Mais mulheres trabalham fora de casa. Essas convergências demográficas levam os consumidores a terem desejos e necessidades similares. E o que é mais importante, o cinema e a televisão criaram uma cultura popular de alcance mundial."[44] Alguns autores, referindo-se ao mercado europeu, reforçam esse diagnóstico: "A convergência do comportamento dos consumidores é uma tendência dominante dos últimos trinta anos. Chocavam na Europa do pós-guerra a grande diversida-

---

42. K. Kashani, "Beware lhe pitfalls of global marketing", *Havard Business Review*, nº 5, September-October 1989, p. 94.

* Um exemplo, as publicidades globais de Coca-Cola e Heineken. As cenas se passam em "todos" os lugares do mundo. Mas no mix padronizado das citações imagéticas fica sempre um espaço vazio, a ser preenchido pelas agências locais, com as imagens do país em questão.

43. G. Link, "Global advertising: an update", *The Journal of Consumer Marketing*, vol. 5, nº 2, Spring 1988, p. 70.

44. R. Jordan, "Going global: how to join the second major revolution in advertising", *The Journal of Consumer Marketing, vol.* 5, nº 1, Winter 1988, p. 40.

174   RENATO ORTIZ

de de comportamentos e a abundância de pluralismos locais e regionais. Mas em trinta anos, em todos os lugares, uma parcela cada vez maior da população distanciou-se da sociedade tradicional, de seus valores, para entrar na modernidade, criadora de novos valores. Esta evolução aproximou os comportamentos, sobretudo os de consumo".[45]

Esta tendência sugere que, doravante, as condutas se diferenciam em função de segmentos de consumo, e não mais segundo suas territorialidades. O impacto das culturas locais é relativizado. Por exemplo: há mais afinidade entre pessoas de 55 a 65 anos (casais aposentados, sem filhos para criar, com uma situação financeira estável) do que entre eles e as gerações mais jovens; na Europa, o mercado de canetas se divide muito mais em relação à oposição moderno/conservador, do que propriamente pela origem do consumidor. A análise empresarial deve, portanto, romper com os vínculos nacionais. Ou como nos diz Jean Marc Decaudin: "A noção de país deve ser substituída pelo conceito de espaço geográfico homogêneo; um espaço geográfico que agrupa países deve ser considerado como unidade de trabalho de marketing, quando ele é homogêneo".[46] A cartografia do consumo mundial independe das realidades nacionais. Ela propõe um outro tipo de agrupamento geográfico. Para compreender a diversidade padronizada dos estilos de vida, os *marketeers* começam a operar com tipologias transnacionais.[47] É possível, desta forma, falar em consumo "internacional sofisticado", envolvendo pessoas que os publicitários chamam de cidadãos do mundo, viajantes que se deslocam por todo o planeta, e têm suas vidas pautadas pelas exigências mundializadas; em consumo "menos sofisti-

---

45. J. Paitra, "L'euro-consommateurs, mythe ou réalité", *Futuribles,* n⁰ 150, janvier 1990, pp. 27-28.
46. J. M. Decaudin, *Stratégies de publicité internationale*, Paris, Ed. Liaisons, 1991, p. 64.
47. Ver A. Vulpian, "L'emergence de typologies transnationales", *Revue Française de Marketing,* vol. 4, n⁰ 124, 1989.

MUNDIALIZAÇÃO E CULTURA 175

cado", mas ainda referente a indivíduos abertos às coisas do exterior; e consumo "provinciano", os que se contentam com as oportunidades oferecidas por suas localidades. No contexto do mercado global as classificações transnacionais substituem as divisões de classe.

A convergência dos hábitos culturais não é uma invenção dos homens de marketing. Ela é uma tendência das sociedades contemporâneas. Victor Scardigli mostra como nas décadas de 1960 e 1970, em diversos países europeus, os modos de consumo variavam consideravelmente segundo as regiões. Era possível assim distinguir entre uma maneira de ser setentrional e outra meridional. Retomo o exemplo dos regimes alimentares. "Na Itália meridional predomina a cozinha com azeite, forte consumo de pão, bebidas alcoólicas, queijos da terra, frutas e legumes; as proteínas vêm da carne de vaca, vitela, carneiro, aves e peixes; já nos países setentrionais, recorre-se mais frequentemente à manteiga e à margarina, e consome-se sobretudo batatas, café, chá ou outras bebidas sem álcool, geleias e tortas; as proteínas provêm dos ovos, a carne de porco e salsicharia."[48] Os costumes encontravam-se arraigados à terra. Mesmo no interior de cada país, as disparidades eram grandes, as regiões rurais contrastando fortemente com as zonas industrializadas. Em boa parte da França, Itália, Áustria e Irlanda predominavam espaços rurais, continuidade dos laços de um passado agrícola. Entretanto, no seu conjunto, os países europeus conhecem mudanças profundas – terceira revolução industrial, mecanização do campo, generalização do modo de vida motorizado, difusão das telecomunicações, envelhecimento da população, participação cada vez maior da mulher na força de trabalho, redução da jornada de trabalho, aumento do tempo de lazer. Um exemplo: em 1960, a taxa de carros por habitantes variava entre 1 p/8 na França e 1 p/30

---

48. V. Scardigli, *L'Europe des modes de vie*, Paris, Ed. du Centre National de la Recherche Scientifique, 1987, p. 10.

176 RENATO ORTIZ

na Itália. Esses desvios se reduzem para: 1 p/ 3 (Alemanha, França, Bélgica e Itália) ou 1 p/ 4 (Inglaterra, Dinamarca e Irlanda). O que permite a Scardigli afirmar: "De um país a outro, quer se trate de se vestir, ou de sair de férias, aos consumidores são propostos – ou impostos – uma gama extensa, mas uniforme de bens semelhantes, produzidos e distribuídos em grande escala. Através dos meios de comunicação, ou da vida escolar e profissional, difunde-se um número cada vez mais restrito de modelos de organização do modo e do ciclo de vida do cotidiano".[49]

Mas é possível ir mais longe em nossa análise. Sociólogos e geógrafos denominam de "estrutura de consumo" o gasto individual com um conjunto de itens – alimentação (inclui bebidas e tabaco), alojamento (energia), transporte e telecomunicações, equipamentos para habitação, roupas e calçados, cultura e lazer, outros bens de serviços. Eles podem, assim, isolar uma série de fatores, conseguindo estabelecer uma escala de comparação entre os países. Geralmente, o que se faz é tomar os Estados Unidos como unidade de referência, tornando possível medir a "distância" de cada nação em relação a este marco zero. Os resultados, para um período relativamente longo, 1960-1980, mostram que para todos os itens há uma tendência de aproximação. Os estudos afirmam: o "modo de vida europeu" se avizinha do "modo americano" (seria mais correto dizer: o processo de mundialização se acelera na Europa, nivelando-o com os Estados Unidos). De qualquer maneira, os dados empíricos indicam, em todos os países, que os gastos com a alimentação caem vertiginosamente (na França, eles passam de 49,9% em 1950 para 19,6% em 1989); já as despesas com lazer e serviços (restaurantes, hotéis) aumentam. Esta convergência é ainda maior quando se utilizam outras formas de comparação. Alguns estudos sublinham: "Quando se examina, não mais as estruturas (as posições relativas de

---

49. Idem, p. 11.

MUNDIALIZAÇÃO E CULTURA 177

grupos de produtos), mas os níveis absolutos de consumo, percebe-se que para todos os domínios, o 'nível americano' (a aspa é minha) aumentou nos últimos 25 anos, 1960-1985, sendo que sobretudo nos anos mais recentes".[50] O consumo de eletrodomésticos, telefone, televisão, automóveis, viagens, que no passado se associava à ideia de americanismo, se nivela.

Esses números não são válidos apenas para a União Europeia, eles se aplicam também ao Japão. Em 1953, os gastos com alimentação e roupas, nos Estados Unidos, Japão, França e Alemanha, eram de respectivamente: 35,6%, 62,5%, 63,7%, 53% – uma distância importante. Para 1981 temos os seguintes resultados: Estados Unidos (25,4%), Japão (32,3%), França (28%), Alemanha (34,9%).[51] No início dos anos 1980, a relação de geladeiras por domicílios era: 99% (Japão), 92% (Suécia), 87% (Países Baixos), 71% (Estados Unidos). A variação da densidade de telefones por habitantes também é pequena: 1 telefone para 1,1 hab. (Suécia), 1 p/ 1,3 hab. (Estados Unidos), 1 p/ 1,6 hab. (Alemanha), 1 p/ 1,8 hab. (Japão) – dados para 1984-1986.[52] Na verdade, nos encontramos diante de uma tendência mundial. Por isso os executivos globais podem dizer: "As mudanças socioculturais em curso reduzem as diferenças entre os consumidores dos países industrializados, aproximando os polos norte-americano, europeu e japonês".[53] A tríade (Estados Unidos – União Europeia – Japão) se configura não apenas como núcleo hegemônico de produção (como insistem os economistas), mas como mercados segmentados cujas demandas são relativamente homogêneas.

---

50. L'evolution et les perspectives des besoins des Français et leur mode de satisfaction", Paris, Conseil Économique et Social, 1990, p. 302.
51. Dados in V. Scardigli, op. cit.
52. Dados in "L'evolution et les perspectives...", op. cit.
53. A. Vulpian, "L'emergence de typologies transnationales", op. cit., p. 67. Sobre a transformação do consumo no Japão, consultar G. Fields, *Gucci on the ginza: Japan's new consumer generation,* Tokyo/ N. York, Kodansha International, 1989.

178   RENATO ORTIZ

Mas faria sentido aplicarmos essas conclusões ao Terceiro Mundo? À primeira vista, não. Os países do Sul (eufemismo criado pelos burocratas do Norte) dificilmente poderiam ser comparados ao desempenho da tríade. Esta não é, porém, a questão central para a nossa discussão. Importa entender como a modernidade-mundo se reproduz de maneira desigual no conjunto desses países. Qualquer manual de marketing ensina que o consumo e a renda são partes de uma mesma equação. Mas eles acrescentam: "Os países semidesenvolvidos possuem frequentemente setores industriais altamente desenvolvidos, propiciando uma oportunidade mercado lógica para os produtos industriais. O mercado de consumo nesses países tem também um tamanho significativo e uma renda *per capita* considerável. Alguns deles, como o Brasil, possuem cidades e regiões com todas as características dos países desenvolvidos. Para efeito de marketing, esses mercados dentro do mercado deveriam ser considerados como se fossem um distrito, ou um mercado equivalente aos países desenvolvidos".[54] O espaço geográfico do consumo nos países do Sul não é homogêneo, ele concentra riqueza e pobreza em determinadas áreas. Aos executivos globais interessam as *core area,* nas quais se encontram uma população com um potencial de consumo próximo ao dos níveis internacionais.* São nesses espaços, e em determinados segmentos, que os objetos da modernidade-mundo – automóveis, telefones, geladeiras, eletrodomésticos – se concentram. Ou, como pondera cinicamente um desses autores globais: "Não importa que haja uma diferença de 1.000% en-

---

54. W. J. Keegan, *Multinational marketing management,* N. Jérsei, Prentice-Hall Inc., 1984, pp. 78-79.

* No caso do Brasil, o território nacional é dividido em duas grandes áreas. O "núcleo global" (70% da população) e o "periférico" (30%). O "núcleo global" por sua vez se subdivide em quatro partes. A *core area* concentra 40% da população e abrange as regiões metropolitanas de São Paulo, capitais do Sul e Sudeste, e algumas cidades do interior. Este é o principal mercado dos objetos de consumo. Ver "Distribuição Geográfica do Mercado Brasileiro – 1986", S. Paulo, Alpha.

MUNDIALIZAÇÃO E CULTURA   179

tre a renda *per capita* americana e a brasileira: a loja de chocolates Godiva ou a Fendi alcançam bom nível de vendas em São Paulo, Paris, Buenos Aires e em Nova York. O que muda é o número de lojas e o volume de vendas".[55] O exemplo das franquias das marcas é um bom indicador deste processo desigual de globalização. Apesar dos problemas sociais sérios que enfrenta, nas áreas de educação e de saúde, e da disparidade de renda da população, o Brasil era nos anos 1990, o oitavo maior faturamento mundial por lojas franqueadas, superando a Itália, a Espanha, e aproximando-se do Japão. Já a percentagem de franquias em relação ao PIB (0,7%) mostra uma participação na economia superior ao mercado espanhol, italiano e alemão. Daí o interesse das grandes firmas de *fast-food* – McDonald's, Burger King, Subway – e das *griffes* de perfume e de confecções, pelo mercado brasileiro.* O Terceiro Mundo não está excluído da sociedade mundial. Por isso, as agências de publicidade – Leo Burnett, Saatchi & Saatchi, BBDO Worldwide, etc. – estão implantadas em todos os continentes. Malgrado sua posição de subalternidade, ele integra o que Mattelart denomina de a Internacional Publicitária.

A modernidade-mundo nos países "periféricos" é perversa, selvagem, mas real. A globalização provoca um desenraizamento dos segmentos econômicos e culturais das sociedades nacionais, integrando-os a uma totalidade que os distancia dos grupos mais pobres, marginais ao mercado de trabalho e de consumo. O Terceiro Mundo vive um processo de desagregação enquanto entidade homogênea. Como observa Manuel Castells: "Em termos de desenvolvimento econômico, a Co-

---

55. M. G. Souza; A. Nemer, *Marca & distribuição: desenvolvendo dominação estratégica e vantagem competitiva no mercado global,* S. Paulo, Makron Books, 1993.

* No mercado paulista (Grande São Paulo e interior), o número de indivíduos cuja renda *per capita* mensal varia entre $659 e $1.317 equivale a 13,5 milhões de pessoas adultas. Um número de consumidores potenciais, superior a vários mercados nacionais europeus. Ver *Estrutura do mercado brasileiro - 1992,* S. Paulo, Alpha.

180 RENATO ORTIZ

reia do Sul e Cingapura estão mais próximas da Europa do que das Filipinas ou da Indonésia. Mais importante ainda é o fato de São Paulo estar socialmente mais distante de Recife do que de Madri. No próprio Estado de São Paulo, a Avenida Paulista e a cidade operária de Osasco pertencem a constelações sócio--econômicas diferentes, não apenas em termos de desigualdade social, mas também enquanto diferenças relativas à dinâmica dos segmentos culturais".[56] As desigualdades intranacionais não contradizem o movimento de convergência dos hábitos de consumo. A mundialidade da cultura penetra os pedaços heterogêneos dos países "subdesenvolvidos", separando-os de suas raízes nacionais.

* * *

Local/global, heterogêneo/homogêneo, fragmentação/ unicidade. O debate sobre a mundialização é permeado por antinomias. A afirmação de um polo automaticamente exclui o outro. Quando lemos os escritos da área de comunicação, eles sublinham, ora as diferenças, ora a inflexão oposta, a totalidade. A análise oscila entre uma polaridade e outra. Cito, um tanto ao acaso, uma dessas reflexões. "As novas mídias evoluem segundo duas tendências concorrentes, a primeira sendo de uma extrema individualização, a outra, a mundialização. Pode--se dizer que elas visam a que duas pessoas não consigam ver o mesmo filme, ou a mesma emissão. A combinação do satélite, da distribuição a cabo, e do computador, torna muito mais vasta a escolha. Mas além desta diferenciação da audiência, as novas mídias encorajam o telespectador a participar da elaboração das emissões. Dito de outra forma, assistir televisão torna-se uma atividade altamente personalizada. O outro grande objetivo dessa mídia que todo mundo possa ver o mesmo filme e a mesma emissão. Isso se chama aldeia global. Trata-se do

---

56. M. Castells, citação in A. Mattelart, *La communication-monde,* op. cit., p. 284.

MUNDIALIZAÇÃO E CULTURA   181

divertimento de massa, que apela para o menor denominador comum, ultrapassando assim facilmente as barreiras culturais e linguísticas."[57] Estaríamos na presença de duas tendências contraditórias, concorrentes. O inconveniente desta proposição é que, ao destacar o local, ela o aproxima das realidades inteiramente distintas. Ao contrapô-la ao global, temos uma equação suspeita, que associa conceitos tão diversos: nação, região, tradição, e, até mesmo, indivíduo. Na própria citação anterior (elas pode riam ser multiplicadas), quando o autor fala em segmentação, existem dois níveis diferenciados de problemas: a segmentação da mídia propriamente dita (TV a cabo, satélites) e a utilização individual das tecnologias (computador, fax, programas interativos, etc). No entanto, o enunciado da frase adiciona harmoniosamente elementos estranhos e díspares. Isto porque o raciocínio, malgrado a intenção do autor, se faz, como diria Bourdieu, segundo determinados "esquemas geradores" de discurso. A fragmentação pode desta forma se associar, como vimos, à ideia de liberdade individual. Entretanto, como a reflexão intelectual se afasta da ideologia (o que nem sempre é verdadeiro), ela se vê obrigada a contradizer-se, apontando para um fenômeno que anula sua compreensão anterior. A globalização surge como uma tendência contraditória ao diagnóstico da diversidade.

Talvez uma das poucas virtudes em se debruçar sobre a literatura da administração global é que ela nos permite entender melhor como esta oposição é, no fundo, aparente. Padronização e diferença são faces de um mesmo fenômeno. O que torna compreensível o lema das grandes corporações: "pense global, aja localmente". O local não está necessariamente em contradição com o global, pelo contrário, encontram-se interligados. O pensamento dualista tem dificuldade em ope-

---

57. E. Katz, "Individuation, segmentation, mondialisation: la technologie de la télévision et l'Etat-Nation", in P. Juneau (org.), *Le défi des télévisions nationales à l'ere de la mondialisation,* Montreal, PUF, 1992.

rar com categorias que os consideram simultaneamente, mas torna-se difícil decifrar nossa atualidade, se nos encerramos dentro de seus limites dicotômicos. Creio que é tempo de entender que a globalização se realiza através da diferenciação. A ideia de modernidade-mundo nos ajuda neste sentido. Enquanto modernidade, ela significa descentramento, individuação, diferenciação; mas o fato de ser mundo aponta para o extravasamento das fronteiras. O *pattern* da civilização mundial envolve padronização e segmentação, global e local, manifestando um processo cultural complexo e abrangente. Ele produz diferenças no interior de um mesmo patamar de cultura. Talvez fosse o caso de abandonarmos definitivamente a noção de homogeneização, fartamente utilizada nas discussões sobre a sociedade de massa. A ideia de nivelamento cultural parece ser mais adequada. Ela nos permite apreender o processo de convergência dos hábitos culturais, mas preservando as diferenças entre os diversos níveis de vida. A padronização não é neste caso negada, mas se vincula apenas a alguns segmentos sociais. Um mundo nivelado não é um mundo homogêneo. Seja do ponto de vista interno de cada país, ou da perspectiva global, que os envolve a todos. Contrapor globalização à fragmentação é um falso problema. Importa entender como a modernidade-mundo se expande e se consolida em nível planetário. Lá, onde ela se realiza plenamente, a convergência dos comportamentos se impõe. Já nos países a que acostumamos chamar de "em desenvolvimento", ela confina sua presença a alguns setores da sociedade.

CAPÍTULO VI

LEGITIMIDADE E ESTILOS DE VIDA

Quando os sociólogos falam de cultura, eles pressupõem, em suas discussões, pelo menos duas referências importantes: a tradição e as artes. Ambas são vistas como fontes de legitimidade, estabelecendo, como diria Weber, tipos diferenciados de dominação. Tradição e artes surgem, assim, como esferas específicas da cultura, congregando um conjunto de valores que orientam a conduta, canalizando as aspirações, o pensamento e a vontade dos homens. A tradição procura paralisar a história, invocando a memória coletiva como instituição privilegiada de autoridade – "os costumes existem desde sempre". As artes contemplam a sociedade de uma outra maneira. Elas sublinham a existência de um universo culto, "superior", habitado pela educação, sentimento e fruição artística. Para quem se interessa pela cultura contemporânea, fica, porém, uma pergunta: em que medida essas duas dimensões permanecem como instâncias de legitimidade? Seriam elas concepções de mundo "válidas" (isto é, socialmente dominantes) no contexto de uma cultura mundializada?

No caso das tradições populares, podemos dizer que o impacto da modernidade as desloca enquanto fontes de legitimação. Nos países europeus, com a Revolução Industrial, as culturas tradicionais se desagregam. O industrialismo e a formação das nações comprometem definitivamente os antigos modos de vida, regionais, locais, cujas manifestações literária, poética e espiritual possuíam características parti-

184 RENATO ORTIZ

culares.[1] Por isso os folcloristas são uma invenção do século XIX. Eles descobrem que as "superstições" são sobrevivências de um passado longínquo, mas que se encontram ameaçadas. Diante da transformação da sociedade, eles buscam desesperadamente uma atividade salvacionista. Curiosos dos costumes populares, eles coleçionam os pedaços desta memória fraccionada, procurando reificá-la nos museus, livros e exposições.[2] No fundo, todo seu esforço consiste na construção de um saber enciclopédico, cujas raízes sociais se extinguiram.

O cenário é evidentemente outro, na América Latina. Aí, a constituição da modernidade é um processo complexo e difícil. No entanto, mesmo assim, a crise de legitimidade das culturas populares é visível. Isto não ocorre no século XIX, como na Europa, mas se cristaliza nos anos vindouros, com a formação das sociedades nacionais. Na Argentina, Brasil e México, as mudanças sociais e a constituição do Estado-Nação irão rearticular a força das tradições. A modernização da sociedade tem, como contrapartida, uma reorganização da esfera cultural, sobretudo com a consolidação, nos anos 1960 e 1970, das indústrias culturais (Televisa, Rede Globo). Não quero passar ao leitor a impressão de que o processo é análogo ao europeu. Seria insensato. Mas sublinho o aspecto que interessa para nossa discussão. Mesmo que a presença das tradições populares seja real, ela só pode se exercer enquanto fato local. Sabemos que não existe uma, mas um conjunto fragmentado de culturas populares, cujo raio de ação é curto-circuitado pelo Estado-Nação e pelas indústrias culturais. As festas, o artesanato e os divertimentos são perpassados pela totalidade das relações capitalis-

---

1. Sobre a cultura tradicional europeia, consultar R. Muchembled, *Culture populaire et culture des élites,* Paris, Flammarion, 1978.
2. Ver G. Cocchiara, *Storia del folklore in Europa,* Torino, Einauldi, 1952; R. Dorson, *The british folklorist: a history,* Chicago, The University of Chicago Press, 1968.

MUNDIALIZAÇÃO E CULTURA 185

tas.[3] A tradição é penetrada, e modificada, nos seus elementos essenciais. Como o culto dos mortos, no México. No passado, ele estabelecia um vínculo entre os homens e seus ancestrais. Uma forma de se vivificar as relações sociais. Hoje, as mudanças são drásticas. O culto transformou-se numa festa, na qual tradição e economia monetária (inclusive com a exploração do turismo) encontram-se amalgamadas. Algo semelhante ocorre com as crenças indígenas ou afro-americanas. Ao longo da história da América Latina, elas subsistem, mas em boa parte sincretizadas com as mais diversas influências. Entretanto, dificilmente elas poderiam ser reivindicadas como sendo as únicas tradições das classes populares. Penetradas pelo descentramento da modernidade, elas sofrem a concorrência direta de outros credos (pentecostalismo, catolicismo popular, espiritismo de Allan Kardec, etc.). Pluralidade que, longe de confirmar a continuidade da tradição, expõe um quadro atual de diversidade, no qual a autoridade religiosa se fragmenta.

Se as tradições populares entram em conflito com as sociedades industrialistas, a autonomia das artes decorre justamente do seu advento. Não pretendo me alongar sobre este ponto já bastante trabalhado pelos sociólogos e historiadores, mas sublinho: é somente na passagem do século XVIII para o XIX que o universo artístico torna-se independente das injunções políticas e religiosas.[4] Até então, a obra de arte cumpria uma função religiosa (habitava as igrejas e os conventos), política (luta entre burguesia iluminista e o poder aristocrático), ou ornamental (os retratos nas cortes ou nas famílias dos grandes comerciantes). Este constrangimento se reforçava ainda com a existência do mecenato. O artista dependia materialmente daquele que

---

3. Ver N. Garcia Canclini, *As culturas populares no capitalismo,* S. Paulo, Brasiliense, 1983.

4. Consultar J. P. Sartre, *L'idiot de la famille,* Paris, Gallimard, 1972; R. Williams, *Culture and society,* N. York, Columbia University Press, 1958.

186   RENATO ORTIZ

o sustentava. A modernidade reformula este quadro. Surge o artista enquanto indivíduo livre (isto é, capaz de escolher seus temas e sua linguagem), e uma esfera autônoma (quase sagrada) da arte enquanto tal. Os julgamentos políticos, religiosos, ou comerciais (antagonismo entre os românticos e a literatura de "massa", o folhetim) são substituídos por critérios exclusivamente estéticos. A afirmação de Flaubert, "a arte pela arte", revela um novo espírito, a presença de um domínio fechado sobre si mesmo, cujas regras de funcionamento escapam às ingerências externas.

A autonomia das artes (literatura, música, artes plásticas) possibilita a criação de uma nova instância de legitimidade cultural. Legitimidade que não deriva apenas dos valores intrinsecamente artísticos, mas se associa a uma determinada classe social. A "grande arte", como nos mostram Lukács e Lucien Goldman, de alguma forma exprime uma estrutura na qual a burguesia detém um papel preponderante. A autoridade da esfera artística é, simultaneamente, estética e social. Muito do debate sobre "cultura burguesa x cultura proletária", "cultura erudita x cultura popular", "bom gosto x massificação", apesar da redução que essas polaridades induzem, resulta da vinculação da cultura a um tipo específico de dominação. Valores e disponibilidades estéticas, que se reproduzem com as instituições que os socializam entre o grande público. Penso nos museus e nas escolas, espaços de transmissão de um saber legitimamente consagrado. Os indivíduos podem desta forma serem hierarquizados como sendo "mais" ou "menos" cultos, pois a esfera erudita serve como escala em relação à qual os gostos e as pessoas são aferidos. São esses os pressupostos das análises de Bourdieu. Em *A Distinção,* os julgamentos estéticos são ordenados segundo os valores "clássicos" (isto é, cuja validade é historicamente definida pela sociedade burguesa do século XIX) veiculados pela educação (escola, museus, livros, programas culturais no rádio e na televisão, etc.).[5] Concepção de mundo que permite aos indivíduos se distinguirem socialmente, mas que encobre um mecanismo profundo de discriminação. Todo o trabalho de Bourdieu é mostrar como esta segregação social se inscreve na materialidade da escolha dos objetos. Quando alguém de classe média, entre o "Concerto para mão esquerda" de Ravel e Charles Aznavour (um cantor popular), aponta para a segunda opção, seu julgamento não revela apenas uma preferência individual. Sem ter consciência de seu ato, tal pessoa desvenda sua indigência cultural, sua condição de classe. Ela "só poderia ter agido assim". Seu capital cultural é suficiente para este "gosto" módico, mas incapaz de se aplicar a um Ravel (pelo menos a um concerto tão pouco conhecido, diferente de "Bolero", já divulgado pela indústria cinematográfica, e pelas emissões populares de música clássica). O mecanismo é análogo nas classes populares. Um operário consegue discernir entre alguns nomes de pintores famosos, como Picasso, mas sem compreendê-los realmente na natureza de suas obras. Ele reconhece um signo (veiculado pela escola e pela mídia), sem conhecê-lo propriamente. Já os membros das classes superiores possuem capital cultural para tanto. Eles podem, inclusive, discursar sobre as fases da vida de um pintor, o cubismo em Picasso, demonstrando a familiaridade e a competência cultural que os caracteriza.

Quando lemos sobre Sociologia da Cultura, tudo se passa como se a autonomização do mundo das artes fosse um fenômeno abrangente e universal. Mas seria isso verdadeiro? Basta olharmos a América Latina para percebermos que não. No Brasil, quando os poetas modernistas, nos anos 1920, cantavam as asas do avião, os bondes elétricos, o cinema, o *jazz band,* a indústria, eles procuravam por sinais de modernidade. O modernismo queria ser um movimento radicalmente novo, daí sua atração pelas vanguardas europeias.

---

5. P. Bourdieu, *La distinction,* Paris, Minuit, 1979.

188   RENATO ORTIZ

No entanto, sua visão da técnica, da velocidade, era um tanto desfocada. Ela encobria a existência de um país provinciano que se ajustava mal ao ideal esculpido. O Brasil possuía "tradição" em demasia. O processo de industrialização era incipiente e a proposta de modernização, realizada pelo Estado, encontrava-se ainda no horizonte dos tempos (só se consolida nos anos 1950). O modernismo ocorreu sem modernização, manifestando um hiato entre sua expressão e a sociedade que lhe dá sustentação.[6] Na Europa ocidental, ele exprimia o dinamismo da sociedade industrial, o progresso material, a mobilidade da vida urbana. O mundo emergente da Revolução Industrial exigia do pensador e do artista uma reformulação de suas ideias. O impressionismo e o *art-nouveau* correspondiam à realidade social que os envolvia. Eles traduziam a materialidade da vida moderna. Os intelectuais brasileiros tinham apenas a intenção de ser modernos. Sua proposta, longe de ser algo palpável, era sobretudo uma projeção. Não é por acaso que a partir de 1924 o modernismo se identifica com a questão nacional, pois tratava-se de construir um país que pudesse de fato espelhar a intenção utopicamente imaginada. Pode-se dizer o mesmo dos muralistas mexicanos. Como sublinha Garcia Canclini: "Rivera, Siqueiros e Orozco propuseram sínteses iconográficas da identidade nacional, inspirados na obra dos maias e dos astecas, dos desenhos e das cores de (alfareria poblana), as (lacas) de Michoacan e os avanços experimentais das vanguardas europeias".[7] A mescla de elementos não é um anacronismo, mas a resposta possível da modernidade mexicana, que somente existia enquanto potencial, canalizado pela ação do Estado e configurado na busca de uma identidade nacional. O apelo à tradição era uma exigência social. A recuperação da

---

6. Ver R. Ortiz, *A moderna tradição brasileira,* S. Paulo, Brasiliense, 1988.
7. N. Garcia Canclini, *Culturas híbridas: estrategias para entrar y salir de la modernidad,* México, Grijalbo, 1989, pp. 78-79.

MUNDIALIZAÇÃO E CULTURA   189

cultura popular foi a maneira encontrada para se exprimir os ideais vanguardistas e o projeto de construção nacional. Os artistas latino-americanos encontram-se distantes do ideal de Flaubert. O componente político atravessa constantemente o ideário nacionalista, comprometendo o processo de autonomização. Arte e política são termos complementares. O artista é um intelectual "engajado", cujo compromisso com o destino nacional encontra-se indelevelmente expresso no seu texto, sua pintura, sua música, sua poesia.[8]

Mas o exemplo latino-americano pode parecer suspeito. Afinal, poderíamos tomá-lo como sintoma de subdesenvolvimento, sinal de uma modernidade incompleta. Um contra-exemplo nos ajuda a dirimir as dúvidas. Também nos Estados Unidos o panorama é semelhante. A evolução cultural norte-americana se faz orientada por dois princípios: a concepção puritana da vida e o sucesso da sociedade capitalista. Este ambiente adverso faz com que inúmeros intelectuais americanos se exilem na Europa, onde encontravam uma atmosfera propícia às suas ideias (Henry James, Ezra Pound, T. S. Eliot, Gertrude Stein, Ernest Hemingway). A rigor, as grandes inovações modernistas nos Estados Unidos eram o *jazz* e o cinema, ambos centralizados pela indústria cultural, e ignorados pelo universo "culto". Até a década de 1940, os museus americanos expunham sobretudo as pinturas europeias, consagrando sua hegemonia entre os artistas. Somente com o Expressionismo Abstrato a dominância europeia se rompe. Pela primeira vez, um grupo de pintores americanos se constitui como vanguarda, definindo um universo estético independente, no qual as imposições da sociedade e o determinismo estrangeiro são contestados.[9]

8. Para uma visão abrangente sobre a América Latina, ver J. Franco, *The modern culture of Latin America*, London, Penguin Books, 1970.

9. S. Guilbaut, *Comment New York vola l'idée d'art moderne*, Marseille, Ed. Jacqueline Chambon, 1989.

190 RENATO ORTIZ

Como oportunamente observa Daniel Bell: "Embora tenham havido correntes modernistas, até a Segunda Guerra Mundial, não existia nos Estados Unidos nenhuma cultura modernista coerente que dominasse qualquer gênero ou campo de atividades. A emergência – e o rápido domínio – do modernismo na cultura americana ocorreu bem após a guerra. Ele surgiu com o colapso das pequenas cidades, o predomínio dos protestantes na vida americana, a emergência de um novo urbanismo, a explosiva expansão das universidades, a emergência dos intelectuais de Nova York como árbitros culturais, e o aumento de uma nova audiência de classe média... Pela primeira vez na vida dos americanos, o artista, e não o público, ditava a definição do que seria cultura e a apreciação dos objetos culturais".[10] Mas, é necessário acrescentar, esta dominância é passageira. Nos anos 1950, a *pop art* se encarrega de reorientar o curso das coisas, retomando a sociedade como fonte principal de inspiração e de referência.

Dizer que a esfera das artes se autonomiza parcialmente significa considerar como imprópria uma nítida separação entre um polo de produção restrita e outro de produção ampliada. Esta contradição, que na França constitui-se no núcleo da oposição entre o artista e o mercado, se dilui. No caso brasileiro, devido à fragilidade do capitalismo existente, uma dimensão particular dos bens simbólicos não consegue se expressar plenamente. O exemplo da literatura é esclarecedor.[11] Dificilmente poderíamos ter, como na Europa, a constituição de um público leitor que pudesse, por um lado,

---

10. D. Bell, "Resolving the contradictions of modernity and modernism, Society", vol. 27, nº 4, May-June 1990, pp. 67-68.

11. Ver A. Cândido, *Literatura e sociedade,* S. Paulo, Cia. Ed. Nacional, 1985; A. L. Machado Neto, *Estrutura social da república das letras: sociologia da vida intelectual brasileira, 1870-1930,* S. Paulo, Grijalbo, 1973.

MUNDIALIZAÇÃO E CULTURA 191

liberar o escritor do mecenato, por outro, promovê-lo segundo critérios estritamente estéticos. Para isso contribui de imediato a baixa escolarização e o elevado índice de analfabetismo da população (1890: 84%; 1920: 75%; 1940: 57%). Neste contexto, o comércio de livros só pode ser incipiente. A tiragem de um romance era em média de mil exemplares, e um *best-seller*, na década de 1920, não ultrapassava 8 mil cópias.* O escritor não podia "viver de literatura", o que o levava a exercer funções no magistério e nos cargos públicos. O relacionamento dos intelectuais com a esfera de bens ampliados, como o jornal, tinha de ser específico. Como se dizia na época, os jornais eram o único meio de o escritor se fazer ler. No Brasil, as relações do intelectual com seu público se iniciaram pelo *mass media*. Para o escritor, o jornal desempenhava funções econômicas e sociais importantes; ele era fonte de renda e de prestígio. Devido à insuficiente institucionalização da esfera literária, um órgão de "massa" cumpre o papel de instância de legitimidade da obra literária. No caso dos Estados Unidos, não é a fragilidade que compromete o processo de autonomização. A pujança de seu capitalismo erige o mercado como fonte de autoridade artística e cultural. O exemplo de Hollywood, onde trabalham escritores medíocres e talentosos, é marcante. Como vimos, nos Estados Unidos a noção de modernidade se vincula à publicidade, ao mercado, à "cultura de massa". As artes têm, assim, dificuldade de se constituírem em modelo hegemônico para a ação cultural.

Na verdade, a leitura que a tradição sociológica faz da autonomia da esfera das artes representa uma visão eurocêntrica. Os casos latino e norte-americano mostram que, do ponto de vista de uma história global, o universo ar-

---

* Números que se comparam ao movimento editorial francês na passagem do século XVIII para o XIX.

tístico enfrenta contradições para emergir e se consolidar como fonte legítima da vida cultural. Neste sentido, eu diria que não há uma etapa "moderna", na qual as artes ditam as normas da produção cultural, substituída por outra "pós--moderna", na qual esta autoridade se debilita. A rigor, dentro desta perspectiva, a maior parte do planeta sempre foi "pós-moderna", pois tal ideal jamais se realizou. Por isso as hierarquias entre ser "culto" ou "inculto" não podem ser aquelas sugeridas pela realidade europeia. Os mecanismos de distinção apontados por Bourdieu evidentemente existem (procurarei trabalhá-los em seguida), mas incidem sobre uma outra matéria cultural. Ópera, música clássica, literatura, pintura não são formas dominantes e universais de distinção social.

Posso agora retomar minha reflexão sobre a mundialização. Se meu raciocínio é correto, ele nos leva necessariamente a uma questão. A tradição e as artes não se configuram como padrões mundiais de legitimidade. Mas o que os substitui? Quero argumentar que a modernidade-mundo traz com ela esses valores. Por serem globais, independentes das histórias peculiares a cada lugar, pela sua amplitude, abarcam o planeta como um todo, e por expressarem um movimento socioeconômico que atravessa as nações e os povos, os novos padrões de legitimidade superam os anteriores. Novamente, os exemplos da língua e da alimentação são sugestivos.

Vimos como o inglês, ao se caracterizar como língua mundial, deixa de ser britânico ou americano. O idioma perde sua territorialidade original para se constituir em língua "bastarda", adaptada às "distorções" que as culturas lhe infligem. O inglês falado e escrito no Japão ou nas Filipinas é no fundo uma variedade linguística; nela, o padrão britânico ou americano encontra-se distante. Hoje existe, inclusive, uma literatura africana na qual o inglês nativizado é utilizado como registro da criação literária. Outro caso interessante

MUNDIALIZAÇÃO E CULTURA 193

é o da música popular. Dave Laing, referindo-se ao *heavy metal*, pondera: "Embora o rock tenha nascido na América, a evolução de seu estilo vocal produziu um sotaque distante de qualquer raiz geográfica nos Estados Unidos e na Grã--Bretanha. Esta é, em parte, a razão pela qual, de todos os gêneros da música popular, o *heavy metal* é o mais internacional em termos de apelo".[12] A sonoridade musical de uma língua torna-se elo de solidariedade (no sentido durkheimiano) entre os jovens de culturas distantes. Não devemos, porém, imaginar que a realidade marcante do inglês no cenário internacional resulte apenas do desejo de comunicação das almas de uma aldeia global. Pelo contrário, nos deparamos com uma instância mundial na qual se cristalizam outras fontes de autoridade. É suficiente constatarmos o prestígio das palavras inglesas – *teenager, sex, jazz, thriller, in, out, made in, rock and roll, cult;* no esporte *(rugby, windsurf, jet-ski)*, na informática *(save, cut, paste)*. A absorção desses termos não corresponde a nenhum anglicismo, isso pressuporia o empréstimo de palavras de uma língua considerada como estrangeira, por aquela que as acolhe. Trata-se da conformidade a um padrão hegemônico de prestígio. Alguns estudos mostram que na publicidade e nos jornais os termos são empregados em inglês mesmo quando existem correspondentes na língua nacional.[13] Portanto, sua utilização não se deve a questões de comunicação. Devemos relacioná-la, como dizem alguns estudiosos, "a um apelo esnobe, e de fato está demonstrado que leitores e ouvintes que usam o inglês muitas vezes o entendem mal, ou simplesmente não

---

12. D. Laing, "Sadness, scorpions and single market: national and transnational trends in European popular music", *Popular Music,* vol. 11, nº 2, May 1992, p. 137.

13. Ver *Langue française - langue anglaise: contacts et conflits,* op. cit., p. 14. M. Gorbach, K. Schroder, "Good Usage in EFK Context" in S. Greenbaum (org.), *The English language today,* op. cit., p. 231.

194   RENATO ORTIZ

o entendem".[14] A incompreensão parece não constituir desta forma em barreira para a comunicação. Isto fica claro no caso da *rock music*, difundida em escala planetária, independentemente da dificuldade de decodificação enfrentada pelo ouvinte. Mas o que significaria uma língua que não é compreendida? Bourdieu, em sua crítica ao estruturalismo linguístico, já nos lembrava que "escutar é crer". As forças simbólicas que determinam o mercado linguístico definem aqueles que falam e os que escutam. O princípio de autoridade se reforça no momento em que a comunicação se realiza. Paradoxalmente, nos encontramos diante de uma situação na qual as pessoas apreciam o que não entendem. Elas escutam porque creem. Isto é, a legitimidade do inglês é tal, que nesses casos ele prescindiria do entendimento daqueles que o empregam.

Os antropólogos também nos revelam como os valores mundiais atingem as sociedades tradicionais, reorganizando os antigos sistemas hierárquicos. Jack Goody mostra como em Gana a penetração da cozinha industrial torna-se uma referência para os estilos de vida. A introdução de alimentos industrializados – molho de tomate, sardinha em lata, bebidas (Coca-Cola, uísque, cerveja) –, assim como novas técnicas de preparação – fogões – mudam os hábitos alimentares (em poucos anos as caixas de fósforos fizeram com que as técnicas de fazer fogo fossem esquecidas). O resultado não foi a padronização dos costumes, mas uma diglossia social, similar à linguística (uso do inglês e da língua local). Nas classes dirigentes, a esfera da vida pública "modernizou-se" rapidamente, e nela se configurou um outro tipo de distinção social. Esta nova estratificação se reflete mediante o consumo dos alimentos e das bebidas. Entre as populações

---

14. M. Gorbach, K. Schroder, "Good Usage in EFK Context" in S. Greenbaum (org.), *The English language today*, op. cit., p. 231.

MUNDIALIZAÇÃO E CULTURA   195

rurais, a cerveja de maçã e o vinho de óleo de dendê prevalecem. Nas cidades há uma verdadeira gradação hierárquica que vai das classes inferiores às superiores: (-) aguardente, cerveja, uísque e conhaque (+). "A aparição desta diglossia, linguística e culinária, engendrou uma situação que parece ser relativamente estável, em vez de ser simplesmente um estágio na evolução contínua de um estado monolinguístico para outro. Pois a diglossia participa de um sistema de estratificação sociocultural que emerge e constitui uma autêntica hierarquia."[15] Goody sumariza esta configuração social:

Camada Social	Inferior	Média	Superior
Preparação da comida Fonte de calor	lareira de pedras	fogão de lenha	fogão elétrico
recipientes	potes	utensílios de metal	—
pessoal	esposa e parentela	esposa e empregadas	domésticas e cozinheiras
Consumo dos alimentos Instrumentos	dedos	dedos e colheres	talheres
Lugar	chão	mesa	mesa
Pessoas	homens servidos por esposas; come-se com pessoas do mesmo sexo	—	não há separação de sexos

Os produtos e as maneiras de cozinhar se associam assim às classes sociais. O fogão elétrico, os talheres, o uísque, a mesa, a não separação entre os sexos no momento da refeição tornam-se sinais de distinção social, e se afastam do comer com as mãos, dos potes, do chão onde se deposita a

---

15. J. Goody, *Cuisines, cuisine et classes,* Paris, Centre George Pompidou, 1984, p. 302.

196 RENATO ORTIZ

comida, do vinho de dendê, enfim da tradição. A legitimidade dos objetos fundamenta uma maneira de viver, que algumas vezes temos tendência de considerar como "europeia", mas que no fundo traduz a abrangência e a autoridade de uma modernidade-mundo.*

* * *

A Coca-Cola quis mudar a forma de suas garrafas – houve protestos. Mas suas pesquisas de marketing indicavam a necessidade dessa operação. O que fazer? A solução encontrada foi hábil e salomônica. Ao lado da nova embalagem lançada no mercado, o antigo formato foi batizado de "Classic Coke". O episódio é insólito, mas nos faz refletir sobre o significado da tradição. Habitualmente nós a consideramos como algo do passado, um conjunto de práticas preservadas na memória coletiva da sociedade. Tradição se associa a folclore, patrimônio, pretérito. Poucas vezes nos ocorre pensar o tradicional como um conjunto de instituições e valores, oriundos de uma história recente, e que se impõem a nós como uma moderna tradição, um modo de ser. Tradição enquanto norma, embora mediatizada pela velocidade das trocas e pela mobilidade das pessoas. No entanto, quando dizemos que uma garrafa tornou-se clássica, afirmamos que ela não deve ser esquecida, pois faz parte de um patrimônio. O qualificativo recorta, no próprio terreno da modernidade, tempos distintos; ele nos remete para um passado reatualizado.

* Um estudo interessante sobre a transformação das legitimidades no contexto da sociedade global é o de Y. Dezalay, *Marchants de droit: la restructuration de l'ordre juridique international par les multinationales du droit,* Paris, Fayard, 1992. O autor mostra como a globalização da economia transforma a produção do Direito. Diante das exigências das firmas transnacionais, o campo da autoridade jurídica começa a ser tensionado entre uma fonte de autoridade mundial, e outra tradicional, confinada às regras sedimentadas nacionalmente.

MUNDIALIZAÇÃO E CULTURA 197

Existe, portanto, uma história dos objetos, das coisas que nos cercam. O exemplo do drama, trabalhado por Raymond Williams, é interessante. Ele nos diz: "Com a televisão, em todas as partes do mundo, houve um aumento da intensidade da apresentação dramática, sem nenhum outro paralelo com a história da cultura humana. Várias, embora não todas as sociedades, tiveram algum tipo de história de expressão dramática, mas caracteristicamente, na maioria delas, isso foi ocasional ou sazonal. Nos últimos séculos, as apresentações regulares encontravam-se disponíveis nas grandes cidades e aglomerações. Mas nunca houve um tempo, "até os últimos cinquenta anos, no qual a maioria da população teve um acesso regular e constante ao drama, e utiliza este acesso".[16] Os livros, espetáculos teatrais, mas sobretudo o cinema e a televisão, generalizam o uso dos dramas nas sociedades modernas. Entretanto Raymond Williams estava se referindo às encenações dramáticas no sentido genérico (de Shakespeare a Dallas). Nos interessam, porém, aquelas voltadas para o mercado, as que predominam no cenário mundial. São elas que melhor revelam os mecanismos de uma sociedade global de consumo. De uma certa forma, nos relacionamos com essas manifestações dramáticas, como se tivessem sempre existido, não possuíssem um passado. Mas, para isso, foi necessário um trabalho de criação, de arranjos e rearranjos, que as transformaram em espetáculos, hoje, facilmente assimilados pelos cine-tele-rádio-vídeo expectadores. A emergência de cada uma dessas técnicas exigiu um tratamento diferenciado. A passagem do teatro para o rádio-teatro pressupõe uma adequação do texto às vozes, a sonoplastia suprindo a ausência da presença física dos atores. A adaptação da literatura e do teatro para o cinema e a televisão envolve problemas de tempo,

---

16. R. Williams, *Television, technology and cultural form*, N. York, Schocken Books, 1975, p. 59.

198 RENATO ORTIZ

corte, iluminação, gravação e montagem. Para se realizar uma *soap opera,* ou uma rádio-novela, foi exigida toda uma preparação, ajustando o relato ao tipo de veículo utilizado. Escritores, diretores de cinema e de televisão, homens de negócios, tiveram de inventar e cristalizar determinados formatos a serem difundidos amplamente. Existe uma história dos gêneros ficcionais, feita com acertos e erros, no contexto das indústrias culturais. Os formatos estereotipados que hoje conhecemos (como o detetive *hard-boiled)* foram decantados no dia-a-dia, atendendo às exigências textuais e mercadológicas. *Western,* mistério, melodrama e aventura são articulações específicas, um modo narrativo que equilibra os personagens, a ação, o enredo, os ambientes, e claro, os interesses comerciais. Os formatos dramatúrgicos puderam, assim, emergir, articulando o gosto popular à narrativa.[17] Como observa John Cawelti: "A audiência encontra satisfação e segurança emocional numa forma familiar; em contrapartida, sua experiência passada com um determinado formato lhe dá, a cada novo exemplo, um sentido do que esperar. Isto aumenta a capacidade de diversão e de entendimento do trabalho apresentado."[18] A familiaridade decorre da repetição. Esta, por sua vez, reforça e antecipa o que é esperado. Dito de outra forma, os dramas industrializados, para serem percebidos como uma experiência do cotidiano, devem se adaptar aos formatos e ser pedagogicamente ministrados aos indivíduos, moldando o gosto e o paladar da audiência. A construção da tradição de uma modernidade-mundo repousa, portanto, num processo amplo de socialização das formas e dos objetos culturais. Na constituição desta história, o papel dos Estados Unidos deve ser visto como da maior importância. Não tanto por causa do im-

---

17. Para uma história da *soap opera,* enquanto gênero ficcional, ver R. Allen, *Speaking of soap operas,* Chapel Hill, The University of North Carolina Press, 1985.

18. J. G. Cawelti, *Adventure, mystery and romance: formula stories as art and popular culture* Chicago, Chicago University Press, 1976, p. 9.

MUNDIALIZAÇÃO E CULTURA 199

perialismo, mas por terem sido um dos primeiros países a investir nos segmentos mundializados de cultura. As experiências realizadas com as *soap operas,* filmes, séries televisivas, distribuídas mundialmente, delimitaram um modelo de orientação para o público e os produtores.

Neste sentido, as tradições mundializadas se contrapõem às tradições nacionais (sejam elas populares ou não). O exemplo do cinema indiano é esclarecedor. Do ponto de vista quantitativo, a Índia é a maior indústria cinematográfica do mundo. No entanto, como dizem os mercadores globais, seus produtos não são "exportáveis".* Por quê? Uma resposta possível se situa no nível da distribuição. O mercado está dividido entre poucas transnacionais, cujo interesse pelo filme indiano é inexistente. Mas creio, existem outras razões. O filme indiano, como o americano, é um produto industrializado, altamente estereotipado. Ele possui características próprias. Os musicais, os filmes mais populares são fabricados a partir de uma fórmula ditada pelo *star system:* um astro, seis canções, três danças. Trata-se de películas longas, em média três horas de duração, cujos temas variam da corrupção ao papel subalterno da mulher na sociedade. A presença da música é central. "Frequentemente um filme é julgado apenas por sua música cativante, mesmo quando se trata de algo dramático. Por causa das canções, algumas vezes o expectador vê repetidamente o filme. Ele poderia, para sua comodidade, ouvi-las nos discos ou nas fitas, mas prefere vê-las sendo cantadas".[19] Nos anos 1940, as canções eram cantadas por atores-cantores, mas com o avanço tecnológico, elas puderam ser gravadas em *playback* e dubladas. "Com isso um ator pode iniciar uma canção a qualquer momento,

---

* Em 1989, a Índia produziu 781 longa-metragens contra apenas 345 nos Estados Unidos. No entanto, enquanto os filmes americanos penetram o mercado mundial como um todo, os indianos se restringem praticamente ao território nacional. Ver *Statistical Yearbook*, 1990, 1991.

19. Citação in P. Manuel, "Popular Music in India: 1901-1986", op. cit., p. 160.

200   RENATO ORTIZ

e em qualquer lugar. Um casal, saltitando num parque, canta acompanhado por uma orquestra de cordas invisíveis; ou durante uma canção, o ator é mostrado em seu apartamento em Bombaim, e, em seguida, numa queda d'água no Cachemir. Este uso da música parece implausível para os indianos educados, para não mencionar os ocidentais, acostumados com uma gramática da verossimilhança. Mas para a maioria dos expectadores tais efeitos parecem naturais." Os cantores, ausentes das imagens, desfrutam, portanto, de um prestígio, igual, ou superior, aos atores. Com suas vozes eles participam deste *star system,* cuja base é uma reinterpretação da tradição indiana. As canções são modais (não se baseiam na escala harmônica) e apresentadas em urdu ou hindi, as línguas com maior difusão no país. Os musicais cumprem assim uma função de solidariedade, unificando as diversas etnias que compõem o Estado-Nação.

Outro exemplo: a música "enka" no Japão. Como o filme indiano, ela não pertence à tradição ancestral japonesa, mas é fruto de um acomodamento à modernidade iniciada pela Revolução Meiji. Seus traços principais: a escala pentatônica (sem o 4º e 7º graus) e o estilo vocal melismático. A escala é distinta da modal indiana, e da harmônica (maior e menor), o que dificulta a percepção para os não-japoneses. O estilo melismático – as vogais se estendem para o conjunto das notas, além da dimensão estética – tem uma função específica: transmitir o texto para o ouvinte. "Consequentemente, o ritmo da enka permanece numa íntima relação com a língua japonesa. Em japonês, a maior parte das consoantes é seguida de vogais. A palavra é o resultado das sequências que ligam unidades de consoantes-vogais. A cada uma dessas sílabas é atribuída uma mesma cadência métrica. Esta uniformidade reflete por sua vez na música. O ritmo da enka encontra seu fundamento no idioma japonês."[20] Texto,

---

20. M. Okada, "Musical characteristics of Enka", *Popular Music,* vol. 10, nº 3, October 1991, p. 290.

MUNDIALIZAÇÃO E CULTURA   201

música e ritmo se fundem numa mesma unidade. Certamente uma musicalidade desta natureza encontra barreiras para ser compreendida. Por isso o Japão, apesar de sua posição privilegiada no *ranking* mundial – é o segundo maior produtor de discos –, não consegue "exportar" sua música.[21]

Os exemplos do cinema indiano e da "enka" sugerem duas coisas. Primeiro, o modo de produção industrial de cultura não é suficiente para que ela se mundialize. O cinema pode ser assim explorado comercialmente, articulando as tradições indianas às exigências de um meio técnico moderno. Isto ocorre também na América Latina, onde a rádio e a televisão reciclam as tradições populares, inserindo-as, ressemantizadas, no texto das histórias a ser contadas.[22] Este é um padrão de desenvolvimento que se repete em vários países. Em cada um deles, as indústrias culturais combinam as tecnologias, os interesses pecuniários, e as especificidades culturais. No entanto, elas se limitam aos contextos nacionais. Segundo, as produções marcadamente nacionalizadas contrastam com o processo de mundialização. Isto significa que o mercado internacional encerra disponibilidades estéticas nas quais os gostos se encontram pré-determinados. A riqueza das manifestações culturais, específicas a certos povos, enfrenta uma barreira intransponível. Sua autenticidade é limitativa. Daí o interesse das grandes corporações em fabricarem produtos culturais mais abrangentes, os empresários diriam "universais". É o caso da telenovela brasileira. Quando exportada, ela sofre uma profunda transmutação. O número de capítulos é reduzido (passa de 180-200 capítulos para uma média de 60), a história é compactada, o *merchandising* é retirado, assim como tudo que lembre em demasia os matizes locais. O que é sobremaneira brasileiro

---

21. Ver S. Kawata, "The Japanese record industry", *Popular Music,* vol. 10, n° 3, October 1991; Y. Oshima, "Stratégies des industries audiovisuelles japonaises", tese de doutorado, Nanterre, Université de Paris X, 1988.
22. Ver J. Martin-Barbero, *De los medias a las mediaciones,* México, Gustavo Gili, 1987.

202   RENATO ORTIZ

torna-se supérfluo, sendo por isso eliminado. A trilha sonora é modificada, sendo introduzida uma faixa com músicas de fácil entendimento do público internacional. Os produtores de telenovelas reinterpretam as cenas num código estético, de uma linguagem de vídeo, comum aos consumidores do mercado exterior. O mesmo faz a Toei Animation com os desenhos japoneses.[23] Ela se apropria de uma tradição mundializada, o desenho animado, adaptando-a às histórias consagradas de ficção-ciêntífica, aventura e melodramas. A introdução de técnicas como a "animação limitada" permite ainda uma adequação da história aos imperativos econômicos; elas economizam tempo, dinheiro, restringindo o fluxo das imagens. Mas para que o produto se adaptasse inteiramente à expectativa da audiência global, seus produtores não esqueceram de um pequeno detalhe – as modificações gráficas eliminaram os traços demasiadamente orientais dos olhos dos personagens.

As trocas internacionais não são, porém, simples intercâmbios econômicos, elas determinam uma escala de avaliação, na qual os elementos específicos, nacionais ou regionais, são rebaixados à categoria de localismo. O caso da música "enka" é sugestivo. No Japão, ela é desvalorizada pela juventude como uma manifestação desgastada, passadista. Os jovens preferem um tipo de escuta *sound-oriented,* no qual a sonoridade supera a riqueza do texto. O ouvinte deixa assim de se interessar pelo conteúdo, pela mensagem melismaticamente construída, fixando-se no encadeamento do ritmo.[24] Para isso a *pop music,* sobretudo quando veiculada em inglês, é ideal. Ela remete o texto para segundo plano, promovendo a sonoridade das canções. Poderíamos imaginar que a oposição "enka" x "pop music" seja um embate

---

23. Ver B. Comier-Rodier e B. Fleury-Vilatte, "The cartoon boom", *The Unesco Courier,* October 1992.

24. J. Kitagawa, "Some aspects of Japanese popular music", *Popular Music,* vol. 10, n° 3, October 1991.

MUNDIALIZAÇÃO E CULTURA 203

entre "Oriente" e "Ocidente". Os jovens, ao declinarem seu passado, teriam se "ocidentalizado". Mas creio ser esta uma interpretação restrita do que está ocorrendo. O mesmo antagonismo se revela em outros lugares. Também na França a *pop music* supera as "velhas" canções. Não se trata, porém, de uma mera preferência dos jovens, ela se associa a todo um modo de vida – frequência às casas noturnas, concertos, *shopping centers,* etc.[25] As rádios FM, que massivamente as veiculam, não são apenas um meio de comunicação, mas instâncias de consagração de um determinado gosto, intolerante com o estilo *chansonnier.* No Brasil, o conflito entre *rock* x samba revela a mesma contradição. Enquanto símbolo da identidade nacional, isto é, um valor aceito internamente, o samba vê-se ameaçado por uma musicalidade estranha às suas raízes históricas. Na verdade, nos encontramos diante de um fenômeno mundial, no qual as novas gerações, para se diferenciarem das anteriores, utilizam símbolos mundializados. A ideia de sintonia surge assim como elemento de distinção social. Escutar *rock and roll* significa estar sintonizado com um conjunto de valores, vividos e pensados como superiores. Preferir outros tipos de canções é sinônimo de descompasso, de um comportamento inadequado aos "tempos modernos". Samba, "enka", canção francesa são, desta forma, relegados ao pretérito, sinal de um localismo limitante da comunicação "universal".

Global/nacional, mundial/local. Essas dicotomias não recortam apenas limites espaciais, mas se revestem de um valor simbólico. O movimento de globalização as associa aos pares, universal/particular, cosmopolita/ provinciano. Dentro desta perspectiva, o cinema indiano é "paroquial", "provinciano", pois seu alcance se conforma às fronteiras de um país. Seu pecado é não ser "exportável". Entretanto, este reducionismo econômico oculta uma operação ideo-

---

25. Ver *Les pratiques cuiturelles des Français: 1973-1989,* Paris, La Découverte, 1990.

204 RENATO ORTIZ

lógica, a equivalência do universal ao mercado global. Por isso os empresários, quando se referem aos seus produtos e às suas estratégias, o fazem nesses termos. Curioso, no momento em que setores das Ciências Humanas questionam a validade da razão universal, os administradores das grandes corporações, homens práticos, insistem sobre o tema. O mundo é para eles um sistema diferenciado, no qual a ação racional, sistêmica e instrumental é possível, a despeito da descrença de alguns acadêmicos. Mas o que entender por universalidade dentro deste contexto? Os homens de negócio não estão obviamente falando das religiões, da arte, ou da filosofia; eles não se importam tanto assim com a democracia ou com a igualdade. Na verdade a globalização oculta um movimento de resignificação das palavras, dos conceitos. Sua universalidade pertence ao reino da quantidade, e cientificamente pode ser mensurada pelas empresas e pelas enquetes de opinião pública. Ela é sinônimo de mundial. Um produto é "universal" quando possui uma abrangência planetária. Neste sentido, um filme "exportável" é considerado "mais universal", "mais cosmopolita" do que o cinema de autor (Fellini, Wim Wenders, Resnais). Sua distribuição mundial (que não pode ser posta em dúvida, ela é mensurável) lhe assegura um valor ontológico. Ocorre uma usurpação, uma inversão de significados. Quando os filósofos iluministas diziam que "o homem é universal", eles tinham em mente que, apesar das diferenças profundas existentes entre os povos (civilizados ou bárbaros), algo em comum persistia entre eles. A afirmação da universalidade se fazia a despeito das clivagens. A mundialização do consumo modifica este enunciado. As fronteiras da universalidade devem agora coincidir com as da mundialidade. Elas são concretas, não mais abstratas. O universal deixa, assim, de ser uma abertura, uma referência inatingível, para o pensamento e para a ação. Ele se materializa, sendo efetivamente partilhado (os empresários diriam, consumido) por "todos".

MUNDIALIZAÇÃO E CULTURA   205

O mercado-mundo torna-se, assim, o único universal "verdadeiro", diante do qual qualquer outra manifestação seria simples sintoma de um localismo incongruente.

* * *

Nos últimos anos, as agências publicitárias têm procurado redefinir seus critérios de avaliação do mercado. Desde a década de 1970, nos Estados Unidos, elas começaram a abrir mão das descrições demográficas, que agrupavam as pessoas segundo os níveis de renda. Com o processo de segmentação do mercado, as categorias sociográficas lhes pareceram insuficientes para entender a dinâmica do mercado. Algumas pesquisas sobre o consumo de automóveis já apontavam para a existência de tipos diferenciados de atitudes, nos grupos pertencentes ao mesmo nível de renda. Segundo determinados valores e opiniões – vida excitante, igualdade, respeito próprio, intelectual, contrapostos a segurança nacional, polidez, reconhecimento social – os consumidores podiam ser divididos em dois grupos. Um, mais liberal, cuja preferência recaía sobre os automóveis compactados, em princípio mais apropriados aos atributos "intelectual" e "vida excitante"; outro, tradicional, composto por indivíduos mais conservadores, preocupados com a "segurança nacional" do país, cuja tendência seria escolher grandes carros estandardizados, meio mais adequado para exprimir uma necessidade de reconhecimento social. O resultado dessas pesquisas era claro: "O conhecimento dos valores do consumidor propicia um eficiente conjunto de variáveis, que, relacionadas com as necessidades, expandem o conhecimento dos *marketeers* para além das diferenças demográficas e psicográficas. Se amplos segmentos do mercado podem ser identificados com base em perfis de valores, o estrategista de marketing pode desenvolver programas que valorizam os valores mais importantes dos segmentos de mercado. Desta forma, além das variáveis tradicionais, os

206   RENATO ORTIZ

valores podem ser empregados como referências nas análises, maneira de se obter uma precisão maior no diagnóstico da segmentação de mercado".[26] A demografia e a sociologia dariam lugar à psicologia social, disciplina mais eficaz para vincular os hábitos de consumo aos estilos de vida.

Foi este cálculo que levou os departamentos de marketing de várias organizações a adotarem o VALS *(Values and Life-Styles)*, desenhado pelo Standford Research Institute, como instrumento de classificação das pessoas. AT&T, New York Times, Penthouse, National Bank e Boeing Commercial Airplane buscavam diagnosticar, da melhor forma possível, as tendências de mercado. O que nos ensina VALS? De maneira simplista, ele divide a sociedade em grupos de estilos de vida: integrados, êmulos, êmulos realizados, sócio--conscientes, dirigidos pela necessidade. Os dirigidos pela necessidade encontram-se praticamente no limiar da pobreza, os publicitários têm pouco apreço por eles. O integrado é um típico tradicionalista, precavido e conformista. "Nos Estados Unidos, geralmente ele dirige um Dodge ou um Plymouth; bebe Coca-Cola, Pepsi ou Budweiser; come no McDonald's com sua família, gosta de Jell-O, e sua esposa limpa o banheiro com Lestoil ou Spic e Span."[27] Os êmulos formam um grupo pequeno de jovens, desesperadamente em busca de uma identidade. Já os sócio-conscientes são os legítimos representantes do espírito "moderno" do consumo. Abertos, realizados pessoalmente (sic), vestem-se nas melhores boutiques, dirigem carros estrangeiros, tomam vinho e adoram viajar.

Não pretendo discutir o estatuto científico dessas categorias, pois trata-se de um sistema classificatório primitivo (apesar de forjado nas universidades). Mas o que chama a

---

26. D. E. Vinson et al, "The role of personal values in marketing and consumer behavior", *Journal of Marketing*, April 1977, p. 48.
27. W. Meyers, *Los creadores de imágenes*, Barcelona, Ed. Ariel, 1991, p. 26.

MUNDIALIZAÇÃO E CULTURA 207

atenção é seu caráter inteiramente desterritorializado. Dizer que alguém é "integrado" ali "realizado sócio-consciente-mente" significa considerá-lo unicamente do ponto de vista psicossocial. Nos encontramos diante de uma referência de-senraizada. A demografia vinculava os indivíduos às regiões geográficas e às classes sociais. O consumidor era americano, inglês, japonês, e pertencia às classes A, B, C ou D. Tomar os estilos de vida como unidade de agrupamento é comparar segmentos afins, a despeito de suas localizações geográficas. Este tipo de categorização pode, portanto, se expandir. Os publicitários europeus, analogamente aos americanos, quan-do consideram o mercado da União Europeia, estabelecem uma gradação que oscila entre dois extremos: o tradicional e o moderno. Os *défricheurs* seriam "pessoas jovens, de um nível de educação bastante elevado, encontrado sobretudo entre os executivos (sic). Suas características dominantes: espontaneidade, flexibilidade, facilidade na incerteza. Eles se arriscam, são engajados, hedonistas, e sua cultura é uni-versal.[28] Na outra ponta teríamos os "tradicionalistas, que são evidentemente diferentes, quanto às suas identidades grupais, e em relação ao consumo, este marcadamente local; eles são hostis à Europa, e voltados para si mesmo".[29]

A emergência de categorias transnacionais traduz, mesmo que de forma insatisfatória, um aspecto mais am-plo. Não é por acaso que Alain Touraine, quando consi-dera o advento das sociedades pós-industriais, aponta para as transformações recentes na esfera da cultura.[30] Ainda no século XIX, particularmente na Europa, a existência de meios culturais distintos, e distantes entre si, permitiam que os gêneros de vida subsistissem dentro de seus contextos específicos, como o antagonismo entre as culturas burguesa

---

28. H. Hasson, "Les tendances émergentes dans les comportements des consomma-teurs en Europe", *Revue Française de Marketing*, vol. 4, nº 124, 1989, p. 66.
29. Idem.
30. A. Touraine, *La société post-industrielle*, op. cit.

e proletária. O universo burguês, com seus tiques e idiossincrasias, sua abertura para a "alta" cultura, ópera, salões, música clássica, teatro, se fechava sobre si mesmo. No outro extremo, o meio popular, em particular proletário, secretava um tipo de cultura que girava em torno das agremiações sindicais, da fábrica, dos divertimentos populares (futebol, bailes, feiras), da taberna. Como sugere Hobsbawm, no caso da Inglaterra, existia uma cultura operária com padrões característicos, divergentes das inclinações burguesas.[31] Mas, com o que Touraine considera "o desaparecimento dos fundamentos culturais das antigas classes sociais", há uma mudança radical. Os "gêneros de vida" são substituídos pelos "níveis de vida" de uma sociedade de consumo. Níveis que, ao liberar os indivíduos de suas origens sociais, os reagrupam enquanto "estilos de vida".

No entanto, ao utilizarem suas categorias mundializadas, os homens de marketing não estão apenas classificando as pessoas; eles as hierarquizam. Vejamos como um publicitário pinta o quadro dos consumidores de hambúrguer, nos Estados Unidos. "Durante as décadas de 1970 e 1980, McDonald's e outras cadeias de hambúrguer e comidas rápidas utilizaram anúncios psicológicos para convencer os integrados norte-americanos de que seus restaurantes eram um paraíso de harmonia familiar, muito mais do que lugares sujos e encebados para motoristas de caminhão. Os tradicionalistas reagiram de maneira positiva a esta publicidade cálida, cheia de promessas e emotividade; durante esse tempo todo, foi possível que as empresas de comida rápida se expandissem à beira das rodovias nacionais."[32] Porém, com as transformações do mercado, surgiram novas modalidades de consumo. "Os sócio-conscientes, orientados para alimentos mais sãos e naturais, consideram os

---

31. E. Hobsbawm, *Mundos do trabalho,* R. Janeiro, Paz e Terra, 1987.
32. W. Meyers, *Los creadores de imágenes,* op. cit., p. 124.

MUNDIALIZAÇÃO E CULTURA   209

hambúrgueres de carne, ou o que sejam, os leites batidos e as batatas fritas, um absurdo nutricional. Quando decidem comer fora, o fazem em uma cantina, ou um restaurante à europeia, e não num McDonald's ou Burger King, com suas cadeiras de plástico, sua decoração em amarelo, laranja ou roxo. Os métodos antissépticos e automatizados das cadeias de hambúrguer reforçam sentimento de repulsa da geração Woodstock em relação às comidas rápidas. Os consumidores sócio-conscientes querem ser tratados como indivíduos, não como parte de uma massa."[33] Não nos encontramos diante de um simples entendimento do mercado, mas em face de um universo de valores, de uma ordem simbólica que distingue entre indivíduos "superiores" e "inferiores". Comida padronizada, ambiente familiar, decoração brega, massificação contrapõem-se a comer em restaurantes, atendimento individualizado, alimentos sadios, bom gosto. Tudo se passa como se uma era fordista tivesse sido superada por outra, flexível, adequada ao bom gosto e à individualidade dos clientes. O *fast-food* surge assim como um valor ultrapassado pela modernidade dos *customized products*.

Também as pesquisas sobre o mercado feminino exprimem esta hierarquia de valores. Elas dividem as mulheres em dois grupos antagônicos: tradicional e moderno. As atitudes em relação ao lar seriam, neste caso, fundamentais para o processo de distinção. "As atividades domésticas são socialmente vistas como sendo desvalorizadas. Por isso, as mulheres igualitárias são, menos do que as mulheres tradicionais, inclinadas a realizá-las. As mulheres modernas concordam que a preparação dos alimentos deveria tomar o menor tempo possível. Elas preferem transferir essas tarefas para outros, comendo fora de casa."[34] As diferenças

---

33. Idem, pp. 125-126.
34. F. D. Reynolds et al, "The modern feminine life style", *Journal of Marketing*, July 1977, p. 40.

210   RENATO ORTIZ

não se restringem, porém, à vida doméstica. Elas revelam todo um estilo de vida. "Quando comparada à tradicional, a mulher moderna se sente mais à vontade quando identificada ao estilo de vida juvenil e da moda, elas se imaginam como *(swingers, to unwind with a drink)*, e com o jantar, bebem vinho."[35] Existiriam, portanto, de um lado, mulheres "liberadas", "senhoras de si", "igualitárias", inclinadas às viagens; de outro, as "caseiras", "dominadas pelos homens", "conformadas ao dia-a-dia". Obviamente, essas maneiras de ser se expressariam nos objetos consumidos: viagens, automóveis esportivos, roupas de luxo, em contraposição às oportunidades banais oferecidas pelos supermercados e lojas de departamento.

Essas classificações, embora tenham sido geradas nos Estados Unidos, com o advento do marketing global se generalizam. A categoria mulher, liberada do peso das nacionalidades e das classes sociais, se desloca. O que se imagina é que "todas elas", reduzidas ao mesmo denominador, poderiam ser ordenadas segundo um *continuum* que oscilaria entre o moderno e o tradicional. Algumas pesquisas, comparando o consumo feminino nos Estados Unidos, Grã-Bretanha e França, demonstram (cientificamente?) essas suposições: "Nos três países, o padrão básico de estilo de vida está centrado na aceitação ou na rejeição da mulher de seu papel tradicionalmente doméstico. A dimensão fundamental diferenciando essas mulheres concerne às atividades e ao envolvimento nas atividades domésticas; o que se encontra estreitamente ligado aos valores conservadores de uma moral tradicional."[36] O mercado mundial dos objetos de consumo feminino pode, desta forma, ser equacionado

---

35. Idem, p. 40.
36. S. P. Douglas, "Life-style analysis to profile women in international markets", *Journal of Marketing*, July 1977, p. 47.

MUNDIALIZAÇÃO E CULTURA 211

em termos da oposição moderno/tradicional, orientando os *marketeers* nas sua ação empresarial.[37]

As categorias de VALS se aplicam aos diferentes contextos. Por exemplo, uma pesquisa de hábitos de leitura, realizada no Brasil.[38] Resumindo o resultado da coleta dos dados, ela nos apresenta duas cenas. Na primeira, um casal de jovens assistindo televisão; na segunda, outro jovem casal lendo. Seguem os comentários através de um quadro comparativo. O casal vendo televisão é de "classe média baixa", "ele: funcionário", "ela: dona-de-casa", "são reprimidos, a TV os transporta para o mundo fora de casa", "conversam com a TV ligada mas o papo nunca é profundo, conversam sobre o trivial, o dia de trabalho dele", "casal careta e conservador". Evidentemente pessoas como essas só poderiam possuir uma vida medíocre, que nossos pesquisadores não hesitariam em descrever: "férias na Praia Grande", "estão mal vestidos, são feios, ela parece mais velha do que ele", "estão tensos"; como a maioria das pessoas, gostam de comer bem, mas o texto nos previne, "de vez em quando", "Estão assistindo ao Jornal Nacional e vão ver novelas." A apreciação sobre o outro casal é de natureza diversa: "classe média alta", "ele: empresário", "ela: profissão liberal", "são casados ou apenas moram juntos", "têm uma visão ampliada do mundo, cabeça aberta", "se aprofundam nas coisas que leem juntos e depois discutem", "casal *in*". Diante de qualidades como essas, somente um mundo maravilhoso pode se abrir: "férias no exterior", eles estão "relaxados, confortáveis, tranquilos, situação emocional e econômica mais estável", "estão na sua, eles se respeitam muito", "casal elegante e bonito, a camisa dele é de um tecido legal, e a calça também". Evidentemente tais pessoas frequentam

---

37. Ver R. Bartos, *Marketing to women around the world,* Boston, Harvard Business School Press, 1989.
38. "Estudo Motivacional sobre os Hábitos de Leitura", São Paulo, Sadiva Associação de Propaganda Ltda., 1988.

212   RENATO ORTIZ

o teatro, o cinema, jantam fora, praticam esporte, e não se esquecem de ler "Iacocca, algum livro de Kundera, *O Nome da Rosa*".

Esta visão discriminatória em relação às pessoas e às classes sociais é comum entre os publicitários, mas, para além de uma ideologia distorcida, ela revela uma gama de sinais que valorizam determinado estilo de vida. O retrato esculpido por nossa agência, sua descrição do hábito de leitura, no caso principalmente de *best-sellers*, funciona como elemento de participação de um cosmo especial. O das "férias no exterior", "da calça da moda", "da camisa de tecido legal", Um universo "bonito", "saudável", onde as pessoas podem ter "um papo profundo", uma "situação emocional estável", "se conhecer". Essa visão idílica de um mundo harmonioso se expressa muito bem nas conclusões de nosso estudo: "O quadro comparativo demonstra a percepção dos entrevistados a respeito da imagem do leitor. Suas características o aproximam do estereótipo de uma pessoa moderna; sucesso pessoal, sucesso profissional, domínio da informação (mesmo da informação superficial), introspecção, mas não timidez, mundo interior rico e elaborado".[39]

A modernidade-mundo traz em seu bojo uma hierarquia de gostos e de inclinações estéticas. Mas nem a tradição, nem as artes são as forças estruturantes deste "campo cultural" mundializado. A rigor, embora na Europa ocidental durante vários anos o universo das artes sempre tenha exercido sua autoridade, ela se encontra atualmente fragilizada. Os estudos recentes sobre as práticas culturais dos franceses demonstram este aspecto.[40] Já não são os valores "clássicos" que organizam a vida cultural, mas, o que alguns autores chamam de "cultura das saídas". A arte de viver não toma mais como referência a "alta" cultura, mas os tipos

---

39. Idem, p. 16.
40. *Les pratiques cultures des Français,* op. cit.

MUNDIALIZAÇÃO E CULTURA   213

de "saídas" realizadas pelos indivíduos – ir ao concerto de *rock*, à opera, aos restaurantes, ao cinema, ao teatro, viajar de férias. A oposição "cultura erudita" x "cultura popular" é substituída por outra: "os que saem muito" x "os que permanecem em casa". De um lado os sedentários, que veem televisão quase todo o tempo, e deixam o lar apenas para trabalhar. De outro os que "aproveitam a vida". A mobilidade, característica da vida moderna, torna-se sinal de distinção. Isto explica por que comer no *fast-food* "vale" menos do que nos restaurantes. O *fast-food* é um local que prolonga a rotina doméstica; já os restaurantes são lugares de modernidade, como as lojas de departamento o foram para Walter Benjamin, na Paris do século XIX. No entanto, a ideia de "saídas" indiferencia (num primeiro momento) os tipos de deslocamentos. Ir ao teatro, ao cinema, à opera, ao concerto de rock, se equivalem (pelo menos em princípio). A frequência e a intimidade com o mundo das artes deixam de ser vistos como sinal de distinção. Sua autoridade é diluída entre outras atividades.

Mas a rearticulação das legitimidades é penetrante. No interior desta "cultura das saídas" se insinuam algumas gradações. "As análises sobre os ouvintes, leitores e as saídas revelam uma dimensão moderno/antigo, isto é, para esquematizar, uma oposição entre gêneros e práticas, que recentemente emergiu no domínio das práticas antigas e clássicas. Trata-se, no caso da escuta (música clássica, tangos, valsas, canções, contra o *rock* ou os sucessos franceses da atualidade), do uso do *walkman,* do laser e do rádio (FM contra as rádios informativas), entre aqueles que assiduamente ouvem ou gravam músicas. Entre os leitores, a leitura de histórias em quadrinhos, de ficção científica, de livros científicos e técnicos, opostos aos romances clássicos, à leitura dos clássicos da literatura. No domínio das saídas, os concertos de *rock*, de *jazz,* a assiduidade ao cinema, as idas às boates e espetáculos esportivos, se contrapõem aos concertos clás-

214 RENATO ORTIZ

sicos, à ópera, e às visitas aos monumentos históricos."[41] As mesmas contradições que encontramos para a música "*enka*" se manifestam. Mas elas não se aplicam apenas às "velhas" canções francesas. É todo um campo cultural que se define a partir da dicotomia antigo/moderno. Nele, as práticas "cultas" são resignificadas enquanto condutas velhuscas, ultrapassadas, fora de moda. No horizonte do dinamismo moderno, elas são desvalorizadas em relação às idas ao cinema, às boates, aos concertos de *jazz*.

* * *

A mundialização da cultura redefine o significado da tradição. Temos agora dois entendimentos possíveis de um mesmo conceito. Tradição enquanto permanência do passado distante, de uma forma de organização social contraposta à modernização das sociedades. As culturas populares na América Latina (com as respectivas influências, negra e indígena), as práticas herdadas da história oriental, no Japão, fazem parte desta gama de manifestações que habitualmente rotulamos como tradicionais. Elas apontam para um tipo de estrutura social, que, mesmo fracionada pela transformação tecnológica, representa um mundo anterior à Revolução Industrial. Nelas, a segmentação social, demográfica e étnica é preponderante, e a presença do campo, das atividades rurais, é marcante. Comodamente os sociólogos chamam essas formações de "sociedades tradicionais". Mas ao lado desta compreensão, uma outra desponta. Tradição da modernidade, enquanto forma de estruturação da vida social, manifestada nos seus objetos eletrônicos, sua concepção célere do tempo, e de um espaço "desencaixado". Moderna tradição que secreta inclusive uma memória internacional--popular, cujos elementos de sua composição estão prontos para ser reciclados a qualquer momento. Como as garrafas de Coca-Cola, as orquestras da década de 1940 (Glenn

---

41. Idem, p. 154.

MUNDIALIZAÇÃO E CULTURA 215

Miller), ou os pôsteres de Bogart ou Garbo, são citações igualmente "clássicas". Passado que se mistura ao presente, determinando as maneiras de ser, as concepções de mundo. Cultura-identidade, referência para os comportamentos, enraizando os homens na sua mobilidade.

Entretanto, esta tradição da modernidade possui uma história, uma evolução. Vários de seus elementos foram forjados "há um tempo". Eles surgem, assim, como lembrança de um momento pretérito e, sem pertencerem ao folclore, ou às culturas populares, serão compreendidos como "tradicionais". As "novas" tecnologias – fax, satélites, avião, computadores – contrastam, assim, com as "velhas" – telefone, automóveis, máquina de escrever. Essas fazem parte do "tradicionalismo" técnico da segunda Revolução Industrial, inaugurada no século XIX. A tradição da modernidade decanta, assim, camadas geológicas na sua formação. Os níveis mais profundos não desaparecem diante da dinâmica do presente, mas se articulam a ele, embora "já" sejam percebidos como costumes, algo "fora do tempo". Faz um século que o telefone participa da rotina dos homens, sua presença tornou-se familiar. Diante do fax, que pressupõe o seu uso, ele se divisa como "ultrapassado". Não estou sugerindo que a modernidade tenha como paradigma a moda. A cada estação ela se modificaria. Nenhuma sociedade vive este estado de revolução permanente. A modernidade, neste sentido, não é efêmera. Suas mudanças se realizam sobre um solo firme que lhes dá sustentação. Esta solidez lhe confere o estatuto de civilização, cujo padrão cultural se diferencia das "tradições" passadas.

Mas a globalização das sociedades modifica também o conceito de modernidade. Ser moderno é pertencer a uma cultura atual. Não no sentido de uma "cultura afirmativa", como queria Marcuse, ela é o seu contrário.[42] Para Marcuse, a socie-

---

42. Ver H. Marcuse, "Le caractère affirmatif de la culture" in *Culture et Société*, Paris, Minuit, 1970.

216 RENATO ORTIZ

dade burguesa do século XVIII não se identificava somente com uma dominação de classe; ela trazia em seu bojo uma contradição que se expressava através de valores universais, o belo, a felicidade, a liberdade. O imaginário burguês carregava uma esperança em relação à própria ordem capitalista que o havia engendrado. A "cultura afirmativa", enquanto negatividade, desvendava a possibilidade de um futuro em que valores como "liberdade, igualdade e fraternidade" poderiam se realizar. Dizer que a modernidade se transformou numa afirmação significa entender que um determinado tipo de cultura (a que se pretende moderna) deixa de ser um elemento de negatividade, de mudança. Ela não mais se caracteriza como uma "tradição de ruptura", como pensava Octávio Paz, mas sim o invólucro através do qual se afirma uma ordem social.[43] Modernidade enquanto estilo de vida, cuja concepção não se encontra distante daquela utilizada pelas indústrias culturais, quando classificam seus produtos como estando "fora" ou "na" moda. Um vestido, um automóvel, uma técnica, um hábito, são modernos na medida em que se ajustam a uma situação atual; eles tornam-se obsoletos com o "passar do tempo". Por isso a ideia de moderno, enquanto forma, surge como elemento de distinção entre os objetos, as aspirações e as maneiras de viver. O termo adquire uma dimensão imperativa, ordenando os indivíduos e as práticas sociais. Uma atitude moderna "pesa" mais do que um comportamento tradicional. A oposição passado/presente corresponde assim à dicotomia *out/in,* determinando o ajustamento ou o desuso das atividades e dos gostos. Neste sentido, a modernidade não é apenas um modo de ser, expressão cultural que traduz e se enraiza numa organização social específica. Ela é também ideologia. Conjunto de valores que hierarquizam os indivíduos, ocultando as diferenças-desigualdades de uma modernidade que se quer global.

---

43. O. Paz, *Os filhos do barro,* R. Janeiro, Nova Fronteira, 1984.

CAPÍTULO VI

DIGRESSÃO FINAL

A reflexão sobre a globalização das sociedades se faz sob o signo do "fim", do "término". "Fim" do Estado, que teria se dissolvido diante das instâncias internacionais; do espaço, que se anularia pelo movimento da desterritorialização; da arte, que no contexto da pós-modernidade perderia definitivamente sua especificidade aurática. Por que esta insistência sobre o ocaso das instituições e das formas? A comparação com a religião é esclarecedora. Desde os pensadores iluministas, a religião é vista como uma força obscurantista, uma deformação. Nas sociedades civilizadas, em princípio, a razão deveria substituí-la. Com a Revolução Industrial, o que era um argumento filosófico torna-se realidade, os homens sendo liberados dos constrangimentos da natureza. A modernidade é fruto do desencantamento do mundo, da racionalização das diferentes esferas da vida social. Tecnologia e progresso afastam os deuses e os espíritos da imaginação, relegando-os à categoria de superstição. É bem verdade que alguns pensadores, diante do processo de secularização, procuraram re-editar, em termos científicos, as crenças religiosas. Auguste Comte, com sua religião universal, e Allan Kardec, com suas falanges espirituais, tentaram aplicar ao domínio do sagrado as regras do cientificismo. O resultado foi inócuo. O movimento de secularização se revelava uma força avassaladora. Por isso, entre liberais, republicanos, so-

218   RENATO ORTIZ

cialistas, comunistas, anarquistas, o tema do "fim" da religião se impõe. O pensamento do século XIX é fundamentalmente leigo, no sentido em que a filosofia religiosa deixa de ser uma explicação plausível da realidade social.

No entanto, já nos dias atuais, com o florescimento dos ritos religiosos, alguns autores se perguntam se a religião, longe de se exaurir, não teria renascido. Basta olharmos a configuração das sociedades para percebermos uma diversidade de cultos e de seitas – catolicismo, confucionismo, protestantismo, islamismo, sem contar as crenças tradicionais (candomblé, santeria, vodu, etc.), e uma religiosidade difusa, embutida nos horóscopos, I-Ching, sincretizada com as mais diversas correntes espirituais. Não seria este dado empírico uma negação da tese anterior? Apenas em aparência. Na verdade, tanto a perspectiva do "fim" quanto a do "renascimento" são incompletas. A rigor, deveríamos dizer: os homens do século XIX, diante do avanço da técnica e da sociedade industrial, se equivocaram ao preconizar o apagamento dos deuses. Mas isso não significa um refortalecimento das crenças. A pluralidade dos mundos religiosos é uma consequência da modernidade, e não o seu contrário. A sociedade moderna é, na sua essência, politeísta. No entanto, esta multiplicidade não deve ocultar um fato anterior. No mundo contemporâneo, a religião deixa de ser uma filosofia hegemônica de compreensão e de entendimento das coisas. A posição privilegiada que ela desfrutava anteriormente cede lugar a uma diversidade que impede a existência de qualquer monoteísmo. Neste sentido, o embate entre a secularização e as crenças pode ser lido, não como uma luta entre o fim e a permanência, mas como sintoma de uma nova etapa, na qual as explicações religiosas perdem a sua

MUNDIALIZAÇÃO E CULTURA 219

validade universal. Os cultos, as seitas, as crenças se preservam, mas sem a capacidade de articular organicamente o todo das relações sociais.

A discussão sobre o "fim" do Estado-Nação, da arte e do espaço, tomada ao pé da letra, pode nos confundir. Entretanto, como a polêmica sobre a religião, ela é significativa, pois aponta para o rearranjo das relações sociais. Não é tanto o desaparecimento dessas instituições que conta, mas o fato de elas traduzirem uma transformação mais ampla. O "fim" é um sintoma das mudanças ocorridas em nível mundial. Dentro desta perspectiva, faz pouco sentido afirmar que "o espaço acabou", ou "as fronteiras não existem mais". Importa sublinhar, no seio das sociedades globalizadas, sua nova configuração. Uma primeira conclusão se impõe. Do ponto de vista de uma civilização mundial, as nações deixam de se constituir em espaços hegemônicos de coesão social. A mundialidade começa a superá-las. Por isso, a divisão entre "Primeiro" e "Terceiro" Mundo torna-se inadequada. Essa dicotomia, no fundo, pressupõe a centralidade do conceito de nação. Um país pertence ao "primeiro" conjunto quando preenche determinados critérios, sua inserção no "terceiro" decorreria de uma série de insuficiências. A existência de mundos que se excluem pode, assim, ser mensurada através de índices (econômicos, demográficos, sociais), ordenando os países segundo uma gradação aparentemente convincente – desenvolvido, em desenvolvimento e subdesenvolvido. A modernidade-mundo rompe com os limites nacionais, borrando as fronteiras entre o interno e o externo. A mundialidade é parte do presente das sociedades que nos habituamos a chamar de "periféricas", ela encontra-se "dentro" de nós. Uma cultura mundializada deixa raízes em "todos" os lugares, malgrado o grau de desenvolvimento dos países em questão. Sua totalidade transpassa os diversos espaços, embora, como vimos, de maneira desigual.

Por isso, a noção de outro se transforma. Habitualmente, as civilizações o consideravam como algo distante, fora de seus contornos conhecidos. Ele habitava as regiões longínquas, escapando ao alcance de seu núcleo cosmológico. O contato com o outro se fazia através da viagem. Como os românticos, que ao idealizarem o exotismo dos povos se deslocavam pelo Oriente Médio, apreendendo o estado "maravilhoso" da alma humana. Ou os antropólogos, que para decifrar a lógica dos povos primitivos se aventuravam pelos mares, na busca da compreensão de uma mentalidade tão diferente da "nossa". Os homens procuravam, assim, traduzir a distância que os separava dos objetos e das pessoas, numa linguagem que nos fosse familiar. O outro, incompreensível, remoto, podia então ser entendido no seu exotismo, na sua integridade, na sua autenticidade. Neste caso, "nós" e "eles" são entidades bem delimitadas, alimentando o etnocentrismo europeu ou norte-americano. A modernidade, restrita a alguns países, contrasta com a realidade múltipla que escapa a seu controle, à sua inteligibilidade. "Nós" que se identifica ao "Primeiro Mundo", foco de riqueza e de significado. As diferenças podem então ser apreciadas em relação a um centro, que se ilude com a perenidade de seu poder. Mas, com a mundialização da cultura, o "desencaixar" do espaço torna próximo o distante, estendendo sua presença aos territórios afastados. A viagem deixa de revelar o distinto, o estranho, e se constitui numa extensão do "nós". Um "nós" difuso, complexo, que se insinua nos lugares, a despeito de suas idiossincrasias, de sua história. O mundo, ao se tornar

MUNDIALIZAÇÃO E CULTURA 221

único, aproxima suas partes, fundindo-as em um processo civilizatório comum a todas.

Porém, apesar do desenvolvimento espetacular das tecnologias, não devemos imaginar que vivemos em um mundo sem fronteiras, como se o espaço estivesse definitivamente superado pela velocidade do tempo. Seria mais correto dizer que a modernidade, ao romper com a geografia tradicional, cria novos limites. Se a diferença entre o "Primeiro" e o "Terceiro" mundo é diluída, outras surgem no seu interior, agrupando ou excluindo as pessoas. Mas já não é mais a distância, a viagem, que nos conecta aos quadros espaço-temporais da mundialidade. Nossa contemporaneidade faz do próximo o distante, separando-nos daquilo que nos cerca, ao nos avizinhar dos lugares remotos. Neste caso, não seria o outro, aquilo que o "nós" gostaria de excluir? Como o islamismo (associado à noção de irracionalidade) ou os espaços de pobreza (África, setores de países em desenvolvimento, guetos urbanos do Primeiro Mundo), que apesar de muitas vezes próximos, se afastam dos ideais cultivados pela modernidade-mundo. Um outro distoante dos passos da ideologia moderna, denunciando, mesmo no seu silêncio, a presença incômoda de sua voracidade. Panorama revelador das desigualdades, nos induzindo a um etnocentrismo às avessas, ironicamente no momento em que acreditávamos ter nos livrado de qualquer centralismo. Outro que nos desafia a pensar a relação entre "nós" e "eles", "dentro" e "fora", nos convidando a redesenhar um novo mapa do mundo.

BIBLIOGRAFIA

I. *REFERÊNCIAS GERAIS:*

ADORNO, T. "Sobre a música popular" in COHN G., (org.). *Theodor Adorno,* São Paulo: Ática, 1986.

AMIN, S. *L'eurocentrisme.* Paris: Anthropos, 1988.

AUGÉ, M. *Non-Lieux.* Paris: Seuil, 1992.

BALANDIER, G. "La situation coloniale: approche théorique". *Cahiers Internationaux de Sociologie,* nº XI, 1951.

BARTHES, R. *Mithologies.* Paris: Seuil, 1970.

BASTIDE, R. *As Américas negras.* São Paulo: Difel, 1974.

————."Mémoire collective et sociologie du bricolage". *L'Année Sociologique,* vol. 21, 1970.

BAUDRILLLARD, J. *La société de consommation.* Paris: Denoël, 1970.

BELL, D. "Resolving the contradictions of modernity and modernism". *Society,* vol. 27, nº 4, May-June 1990.

BENJAMIN, W. *Parigi capitale dei XIX secolo.* Torino: Einaudi, 1987

BERGER, P. *A construção social da realidade.* Petrópolis: Vozes, 1973.

BOURDIEU, P. *Esquisse d'une théorie de la pratique.* Genebra: Droz, 1972.

————. *Ce que parler veut dire.* Paris: *Fayard,* 1982.

————. "A economia das trocas linguísticas" in ORTIZ R. (org.). *Pierre Hourdieu.* São Paulo: Ática, 1983.

————. *La distinction.* Paris: Minuit, 1979.

————."La production de l'idéologie dominante". *Actes de La Recherche en Sciences Sociales,* nº 2/3, juin 1976.

BRAUDEL, F. *Las civilizaciones actuales.* México: Ed.Tecnos, 1991.

————. *Civilización material economia y capitalismo: siglos XV-XVIII.* Madri: Alianza Ed., 1984.

224 RENATO ORTIZ

_____. *La dinamica del capitalismo,* México: Fondo de Cultura Económica, 1986.

CIPOLLA, C. *Historia económica de la población mundial.* Barcelona: Ed. Crítica, 1978.

COCCHIARA, G. *Storia del folklore in Europa.* Torino: Einaudi, 1952.

COHEN, Y. "Food: consumption patterns". *International Encyclopaedia of Social Sciences.* New York: Macmillan Co, 1972.

CORBISIER, R. *Formação e problema da cultura brasileira.* Rio de Janeiro: ISEB,1960.

DORSON, R. *The british folklorist: a history.* Chicago: The University of Chicago Press, 1968.

ELIAS, N. *A sociedade de corte.* Lisboa: Ed. Estampa, 1987.

_____. *O processo civilizador.* Rio de Janeiro: Zahar, 1990.

ENZENSBERGER, H. M. *Com raiva e paciência.* Rio Janeiro: Paz e Terra, 1985.

FANON, F. *Les damnées de la terre.* Paris: Maspero, 1970.

GELLNER, E. *Naciones y nacionalismo.* México: Alianza Ed., 1991.

GIDDENS, A. *As consequências da modernidade.* São Paulo, Unesp, 1991.

GILLE, B. *Histoire des techniques.* Paris: Gallimard, 1978.

GOUBERT, P. (org.). *Du luxe au confort.* Paris: Belin, 1988.

GURVITCH, G. *La vocation actuelle de la sociologie.* Paris: PUF, 1950

HALBWACHS, M. *La mémoire collective.* Paris: PUF, 1968.

HERDER, J. *Une autre philosophie de l'histoire.* Paris: Aubier, 1964.

HERSKOVITS, M. *Antropologia cultural.* São Paulo: Mestre Jou, 1969.

HOBSBAWM, E. *A era dos impérios.* Rio de Janeiro: Paz Terra, 1988.

_____. *Nações e nacionalismo desde 1780.* Rio de Janeiro: Paz e Terra, 1991.

_____. *Mundos do trabalho.* Rio de Janeiro: Paz e Terra, 1987.

HUTCHEON, L. *Poética do pós-modernismo.* Rio de Janeiro: Imago, 1991.

IANNI, O. *A sociedade global.* Rio de Janeiro: Civilização Brasileira, 1992.

_____. "As ciências sociais e sociedade global", mimeo, XVI Encontro de ANPOCS. Caxambu, MG, out. 92

JACOBS, N. (org.). *Culture for millions: mass media in modern society.* Boston: Beacon Press, 1964.

MUNDIALIZAÇÃO E CULTURA 225

JAMESON. "Pós-modernidade e sociedade de consumo". *Novos Estudos Cebrap,* nº 12, junho 1985.

―――――. *Postmodernism or the cultural logic of late capitalism.* London: Verso, 1992.

JENKS, C. *What is post-modernism?.* London: Academy Editions, 1986.

JOXE, A. *L'Amérique mercenaire.* Paris: Stok, 1992.

KAUTSKY, K. "Nacionalidad y internacionalidad" in *La segunda internacional y el problema nacional y colonial.* México: Cuadernos de Pasado y Presente, 1978.

KROEBER, A. L. *Diffusionism, Encyclopaedia of Social Sciences.* New York: The Macmillan Company, 1963.

LANDES, D. *Revolution in time: cloks and the making of modern world.* Cambridge: The Belknap Press, 1983.

LIPOVETSKY, G. *L'empire de l'ephémère.* Paris: Gallimard, 1987.

LOVENSTEIN, H. *Revolution at table.* Oxford: Oxford University Press, 1988.

LYOTARD, J. F. *L'inhumain.* Paris: Galilleé, 1988.

―――――. *O pós-moderno.* Rio de Janeiro: J. Olympio, 1986.

MARCUSE, H. *Culture et société.* Paris: Minuit, 1970.

MARX, K; ENGELS, F. *Materiales para la historia de America Latina.* México: Pasado y Presente, 1972.

―――――. *Marxisme et Algérie.* Paris: Union Générale d'Éditions, 1976.

MAUSS, M. *Oeuvres* (tomos 2 e 3). Paris: Minuit, 1969.

―――――. *Manuel d'ethnographie.* Paris: Payot, 1947.

McLUHAN, MARSHALL. *Understanding media: the extension of man.* New York: McGraw Hill, 1964.

MIGUEL, A. *L'islam et sa civilisation.* Paris: Colin, 1968.

MONTERO, P. "Questões para etnografia numa sociedade mundial". *Novos Estudos Cebrap,* nº 36, julho 1993.

MORISHIMA, M. *Capitalisme et confucianisme.* Paris: Flammarion, 1987.

MUCHEMBLED, R. *Culture populaire et culture des élites.* Paris: Flammarion, 1978.

226 RENATO ORTIZ

MUNFORD, L. *Tecnica y civilisación*. Madri: Alianza Ed., 1987.

PARSONS, T. *Politics and social structure*. New York: The Free Press, 1969.

PAZ, O. *Os filhos do barro*. Rio de Janeiro: Nova Fronteira, 1984.

PEYREFITTE, A. *L'empire immobile ou le choc des mondes*. Paris: Fayard, 1989.

_____. *Choc de cultures: la vision des chinois*. Paris: Fayard, 1991.

POLANYI, K. *A grande transformação*. R. Janeiro: Campus, 1980.

PORTOGHESI, P. *Postmodernism*. New York: Rizzoli, 1983.

ORTIZ, R. *Cultura e modernidade*. São Paulo: Brasiliense, 1991.

ORY, P. *Les expositions universelles de Paris*. Paris: Ramsay, 1982.

RENAN, E. *Qu'est-ce qu'une nation?* Paris: Presses Pocket, 1992.

RODINSON, M. *L'islam: politique et croyance*. Paris.

SAHLINS, M. "Cosmologias do capitalismo: o setor transpacífico do sistema mundial". XVI Reunião da ABA. Campinas, 1988.

SAMSON, G. *Japan: a short cultural history*. Stanford: Stanford University Press, 1978.

_____. *The western world and Japan*. New York: Knopt, 1950

SARTRE, J. P. "Le colonialisme est un système". *Les Temps Modernes*, nº 123, mars-avril, 1956.

_____. *L'idiot de la famille*. Paris: Gallimard, 1972.

SCHIVELBUSCH, W. *Histoire des voyages de train*. Paris: Le Promenade, 1990.

TARDE, G. *L'opinion et la foule*. Paris: PUF, 1989.

THOMPSON, E.P. *Tradición, revuelta y consciencia de clase*. Barcelona: Ed. Crítica, 1984.

TOYNBEE, A. J. *Estúdio de La historia*. Madri: Alianza Ed., 1970/1971.

VEBLEN, T. *The Theory of the leisure class*. New York: New American Library, 1953.

VENTURI, R. et al, *Learning from Las Vegas*. Cambridge: MIT Press, 1972.

VIRILIO, P. *O espaço crítico*. Rio de Janeiro: Ed. 34, 1993.

MUNDIALIZAÇÃO E CULTURA 227

WALLERSTEIN, I. *The modern world system*. New York: Academic Press, 1976.

WEXLER, P. J. *La formation du vocabulaire des chemins de fer em France*. Genebra: Droz, 1955.

WIENER, Norbert. *Cibernética e sociedade*. São Paulo: Cultrix.

WILLIAMS, R. "Publicité: le systeme magique". *Réseaux*, nº 42, 1990.

——————. *Culture and society*. New York: Columbia University Press, 1958.

——————. *Television: technology and cultural forms*. New York: Schocken Books, 1975.

II. *SOCIEDADE PÓS-INDUSTRIAL-SISTEMA MUNDIAL*

AMIN, S. *Le monde est-il un marché? Le système mondial peut-il être réduit à un marché mondial?* Actuel Marx, nº 9, PUF, 1991.

ATTALI, J. *Milenio*. Barcelona: Seix-Barral, 1991.

BELL, D. *The coming of post-industrial society*. New York: Basic Books, 1976.

BERGESEN, A. *Studies of the modern world-system*. New York: Academic Press, 1980.

CASTELS, M. (org.). *High technology, space and society*. Beverly Hills: Sage Publications, 1985.

CHESNAUX, J. *La modernité-monde*. Paris: La Découverte, 1989.

CLAIRMONTE, F; CAVANAGH, J. *Alcool et les pouvoir des multinationales*. Lausanne: Favre, 1986.

DEZALAY, Y. *Marchants de droit: la restructuration de l'ordre juridique international par les multinationals du droit*. Paris: Fayard, 1992.

DICKEN, P. *Globalshift*. London: Paul Chapman Publ. Ltd, 1992.

DOLLFUS, O. "Le système monde", *L'Information Géographique*, nº 54, 1990.

FEATHERSTONE, M. (org.). *Global culture*. Newbury Park (CA): Sage Publications, 1991.

HARVEY, D. *The condition of postmodernity*. Cambridge: Brasil Blackwell, 1990.

228 RENATO ORTIZ

HENDERSON, J. *The globalisation of high technology production*. London: Routledge, 1991.

KING, A.; SCHNEIDER, B. *La primera revolucion mundial* (Informe Del Consejo del Club de Roma). Barcelona: Plaza-Janes Ed., 1991.

LASH, S.; URRY, J. *The end of organized capitalism*. Madison: University of Wisconsin Press, 1987.

LUHMAN, N. "The world society as a social system". *International Journal of General Systems,* nº 8, 1982.

MCLUHAN, M.; POWERS, B. R. *The global village*. Oxford: Oxford University Press, 1989.

MOORE, W. E. "Global sociology: the world as a singular system", *American journal of Sociology,* vol. 71, nº 5, 1966.

OFFE, C. *Capitalismo desorganizado*. São Paulo: Brasiliense, 1989.

PELTON, J. *Global talk*. The Harvester Press, 1981.

PETRELLA, R. "La mondialialisation de la technologie et de l'économie". *Futuribles,* nº 135, septembre 1989.

PINARD, J. *Les industries alimentaires dans le monde*. Paris: Masson, 1988.

REICH, R. *The work of nations*. New York: Vintage Books, 1992.

SANTOS, M. et al (orgs.). *Fim de século e globalização*. São Paulo: Hucitec, 1993.

SCHAFF, A. *A sociedade informática*. São Paulo: Unesp/ Brasiliense, 1991.

TEDLOW, R; JOHN, R (orgs.). *Managing big business*. Boston: Harvard Business School Press, 1986.

THOMPSON, W. *Contending approaches to world-system analysis*. Beverly Hills: Sage Publications, 1983.

TIRYAKIAN, E. "Sociology's great leap forward: the challenge of internationalization", *International Sociology,* vol. 12, nº 1, 1986.

_____. (org.). *The global crisis: sociological analysis and responses*. Leiden: E. J. Brill, 1984.

TOFFER, A. *The third wave*. New York: Bantam Books, 1980.

_____. *Powershift*. New York: Bantam Books, 1991.

MUNDIALIZAÇÃO E CULTURA 229

TOURAINE, A. *La société post-industrielle.* Paris: Denoël, 1969.

WALLERSTEIN, I. "World Systems Analysis" in Giddens, A; Turner, J. (orgs.). *Social theory today.* Stanford: Stanford University Press, 1987.

_____.*Geopolitics and geoculture: essays on the changing world-system,* Cambridge: Cambridge University Press, 1991.

III. *CULTURA-SOCIEDADE:*

ALLEN, R. *Speaking of soap operas.* Chapel Hill: The University of North Carolina Press, 1985.

ATHEARN, R. *The mythic west in twenty-century America.* The University of Press of Kansas, 1986.

BAILEY, R. W.; GÖRLACH, M. (org.). *English as a world language.* Cambridge: Cambridge University Press, 1985.

BLAIR, J. "Cowboys, Europe and smoke: Marlboro in the saddle". *Revue Française d'Etudes Américaines,* nº 24/25,1985.

CANDIDO, A. *Literatura e sociedade.* São Paulo: Cia. Ed. Nacional, 1985.

CAWELTI, J. G. *Adventure, mystery and romance: formula stories as art and popular culture.* Chicago: Chicago University Press, 1976.

CEPÈDE, M; Langelle, M. *Economie alimentaire du globe.* Paris: Libr. Medieis, 1953.

CHOMBART DE LAUWE, P. *La vie quotidienne des familles ouvrières.* Paris: CNRS,1956.

COOPER, R. L. (org.). *Language spread.* Bloomington: Indiana University Press, 1982.

EWEN, S. *Ali consuming images.* New York: Basic Books, 1988.

_____. *Captains of consciousness: advertising and the social roots of consumer culture.* New York: McGraw-Hill, 1976.

FEBVRE, L. *Pour la première enquete d'alimentation de 1936,* Annales: economies, sociétés, civilisations, nº 4, juillet-août 1961.

FISHMAN, J; COOPER, R. L.; CONRADS, A. W. (org.). *The spread of english.* Rowley (Mass.): Newbury House, 1977.

FLINK, J. *The car culture.* Cambridge: MIT Press, 1975.

230 RENATO ORTIZ

FOX, R. W.; LEARS, T. J. J. *The culture of consumption*. New York: Pantheon Books,1983.

FRANCO, J. *The modern culture of Latin America*. London: Penguin Books, 1970.

FRIEDEMAN, D. *Une histoire du blue jean*. Paris: Ramsay, 1987.

FRIEDMAN, T. "The world of the world of Coca-Cola", *Communication Research*, vol.19, n⁰ 5, October 1992.

GARCIA-CANCLINI, N. *As culturas populares no capitalismo*. São Paulo: Brasiliense, 1983.

——————.*Culturas híbridas: estrategias para entrar y salir de la modernidad*. México: Grijalbo, 1989.

GOODY, J. *Cuisines, et cuisine classes*. Paris: Centre Georges Pompidou, 1984.

GREENBAUM, S. (org.). *The english language today*. Oxford: Pergamon Press, 1985.

GUERRY DE BEAUREGARD, M. "Vers une internationalisation des comportements alimentaires?" *Annales de Géographie* n⁰ 493, mai-juin 1980.

GUIBAUT, S. *Comment New York vola l'idée d'art moderne*. Marseille: Ed. Jacqueline Chambon, 1989.

HAMEL, G. "Evolution d'une entreprise voué à la communication et aux nouvelles technologies: Walt Disney Productions", tese de doutorado de Estado. Université de Paris XIII, 1986.

HEMARDINGUER, J. J. (org.). *Pour une histoire de l'alimentation*. Paris: Colin, 1970.

HERPIN, N. "Le repas comme institution". *Revue Française de Sociologie*, juillet-septembre 1988.

HERPIN, N; VERGER, D. *La consommation des François*. Paris: La Découverte, 1991.

HOROWITZ, D. *The morality of spending*. Baltimore: John Hopkins University Press, 1985.

KACHRU, B. (org.). *The other tongue: English acros cultures*. Pergamon Institue of Language, 1983.

MUNDIALIZAÇÃO E CULTURA 231

KELMAN, S. "The japanization of America". *The Public Interest*, nº 98, Winter 1990.

LANGUE FRANÇAISE LANGUE ANGLAISE: contacts et conflits, Groupe d'Etude sur le Plurilinguisme Européen, Actes du Deuxieme Colloque, Strasbourg, Université des Sciences Humaines de Strasbourg, mai 1986.

LANQUAR, R. *L'empire Disney.* Paris: PUF ("Que Sais-je" nº 2726), 1992.

_____. *Les pratiques culturelles des Français.* Paris: La Découverte, 1992.

LEMER, M. *America as a civilisation.* New York: Simon and Schuster, 1957.

LEROY BEAULIEU, P. "Le Luxe: la fonction de la richesse". *Revue de Deux Mondes,* nov. 1894.

LEVENSTEIN, H. *The revolution at table: transformation of American diet.* Oxford: Oxford University Press, 1988.

LOVE, J. F. *Sous les arches de McDonald's.* Paris: Michel Lafont, 1989.

MACHADO NETO, A. L. *Estrutura social da república das letras: sociologia da vida intelectual brasileira, 1870-1930.* São Paulo: Grijalbo, 1973.

MALTHY, R. *Passing parade: a history of popular culture in the twenty century.* New York: Oxford University Press, 1989.

MAMIYA, C. J. *Pop Art and Consumer culture.* Austin: University of Texas Press, 1992.

MARCHANT, R. *Advertising the American dream.* Berkeley: University of Califomia Press, 1985.

MARTIN-BARBERO, J. *De los medios as las mediaciones.* México: Gustavo Gili, 1987.

MELCHIOR DE VOGUÉ, E. "Atravers l'exposition". *Revue des Deux Mondes,* jul. 1889.

NADAULT, H. *Notre ennemi le luxe.* Paris: Jouett et cie., 1869.

OLIVER, T. *The real coke, the real story.* New York: Random House, 1986.

ORTIZ, R. *A moderna tradição brasileira.* São Paulo, Brasiliense, 1988.

232   RENATO ORTIZ

PELTRE, J.; THOUVENOT, C. (org.). *Alimentation et regions.* Nancy: PUF de Nancy, 1989.

PHILLIPSON, R. *Linguist imperialism.* Oxford: Oxford University Press, 1992.

PYNSON, P. "Le four et le snack: essai sur les mutations des sensibilités alimentaires en France, 1960-1980", tese de doutorado, École Hautes Études en Sciences Sociales, 1986.

"RAPPORT DE MISSION SUR LE PARC À THEMES DE DISNEY WORLD", Comite Economique et Social, Region d'Ile de France, décembre 1988.

ROSEMBERG, E. *Spreading the American dream: American economic and cultural expansion 1890-1945.* New York: Hill and Wang, 1984.

SCARDIGLI, V. *L'Europe des modes de vie.* Paris: Ed. CNRS, 1987.

STAUTH, G.; ZUBAIDA, S. *Mass culture, popular culture and social sife in the middle east.* Boulder: Co-Westview, 1987.

TRUCHOT, C. *L'Anglais dans le monde contemporain.* Paris: Le Robert, 1990.

WALLACE, M. "Mickey Mouse history: portraying the past at Disneyworld", *Radical History Review,* nº 32, 1985.

WHITE, D. M.; ABEL, R.H. *The funnies: an American idiom.* New York: The Free Press of Glencoe, 1963.

WHITE, D. M.; PENDLETON, J. *Popular culture: mirror of American life.* California: Publisher Inc., 1977.

IV. CINEMA E MÚSICA POPULAR

AGEL, H. (org.). *Le western.* Paris: Lettres Modernes Minard, 1969.

BAZIN, A. *Qu'est ce que le cinnéma?* Paris: Les Ed. du Cerf, 1990.

DAVLES, PH. (org.). *Cinema politics and society in America.* Manchester: Manchester University Press, 1981.

Dictionnaire du western Italien. Paris: Ed. Grand Angle, 1983.

FRAYLING, C. *Spaghetti westerns.* London: Routledge & Kegan Paul, 1981.

MUNDIALIZAÇÃO E CULTURA   233

GRONORO, P. "The record industry: growth of a mass medium" *Popular Music 3: Producers and marbets.* Cambridge: Cambridge University Press, 1983.

LAING, D. "Sadness, scorpions and single market: national and transnational trends in European popular music", *Popular Music,* vol. 11, nº 2, May 1992.

MANUEL, P. "Popular music in India: 1901-1986". *Popular Music,* vol. 10, nº 2, May 1988.

MICHALET, Ch. *Drôle du drame du cinéma mondial.* Paris: La Découverte, 1987.

Popular Music (nº especial sobre o Japão), vol.10, nº 3, October 1991.

RIEUPEYROUT, J. L. *La grande aventure du western.* Paris: Les Ed. du Cerf, 1971.

STAIG, L.; WILLIAMS, T. *Italien western.* London: Lorrimer, 1975.

V. *TECNOLOGIA INFORMAÇÃO*

BARBERÁ, J. et al. *Los paises industrializados ante las nuevas tecnologias* (2 vols.). Madri: Fundesco, 1986.

BRETON, P. *História da informática.* São Paulo: Unesp, 1991.

Info-Révolution: usages des technologies de l'information. Autrément, Série Mutations, nº 113, mars 1990.

GILEPSIE, A.; ROBINS, K. "Geographical Inequalities: the spacial bias of the new communications technologies". *Journal of Communication,* vol. 39, nº 3, Summer 1989.

HIPPO, Y. "Japon: la réduction du temps de travail, une révolution culturelle inachenée". *Futuribles,* nº 165-166, maio-junho 1992.

KAPLINSKY, R. *Automation: the technology and society.* London: Longman, 1984.

MOSCO, V. *Fantasias eletronicas: criticas de las tecnologias de la información.* Madri: Fundesco, 1988.

MUSKES, G. (org.). *Telecommunication networks.* Report from the FAST-Programme of the Commission of the European Countries, Dordrecht: Kluwer Academic Press, 1988.

234   RENATO ORTIZ

PLOMAN, E. *Satélites de comunicación*. Barcelona: Gustavo Gili, 1985.

RATTNER, H. *Impactos sociais da automação: o caso do Japão*. São Paulo: Nobel, 1988.

WEBSTER, F.; ROBIN, K. "Plan and control: towards a cultural history of the information society". *Theory and Society*, nº 3. vol. 18, 1989.

VII. *COMUNICAÇÃO*

CARAN, A.; JUNEAU, P. *Le défi des télévisions nationales à l'heure de la mondialisation*. Montreal: PUF, 1992.

COMIER-RODIER, B; FLEURY-VILATTE, B. "The cartoon boom". *The Unesco Courier*, October 1992.

COSTA, A. et al. *Um país no ar*. São Paulo: Brasiliense/ Funarte, 1986.

DOUGLAS, S.; GUBACK, T. "Production and technology in the communication/information revolution". *Media Culture and Society*, nº 3, vol. 6, 1984.

EUDES, Y. *La colonización de las conciencias: las centrales USA de exportación cultural*. México: Gustavo Gili, 1984.

GARNHAM, N. *Capitalism and communication: global culture and the economics ofinformation*. Newbury Park: Sage Publication, 1990.

JANUS, N. "Advertising and the mass media: transnational link between production and consumption". *Media Culture and Society*, nº 1, vol. 3, jan. 1981.

"LA TÉLÉVISION AU JAPON". Especial *Problèmes Audio-visuels*, nº 5, janvier/février 1982.

MCANANY, E.; WILKINSON, K. *From cultural imperialism to takeover victims? Communication Research*, vol. 19, nº 6, December 1992.

MATTELART, A. *L'internationale publicitaire*. Paris: La Découverte, 1989.

_____ . *La communication-monde*. Paris: La Découverte, 1992.

_____ .; SIEGELAUB, S. (orgs.). *Communication and class struggle*, vol. 2, New York: International General, 1979.

MUNDIALIZAÇÃO E CULTURA 235

NEGRINE, R.; PAPATHANASSOPOULOS, S. "The internationalisation of television". *European Journal of Communication*, vol. 6, nº 1, March 1991.

OSHIMA, Y. "Stratégie des industries audiovisuelles japonaises", tese de doutorado. Université Paris X, 1988.

SCHAWCROSS, W. *Le village planétaire*. Paris: Stock, 1993.

SCHILLER, H. *Culture Inc.: the corporate takeover of public expression*. Oxford: Oxford University Press, 1989.

—————. *Mass communications and American empire*. Boston: Beacon Press, 1971.

SMITH, A. *The age of behemoths the globalisation of mass media firms*. New York: Priority Press Publications, 1991.

STEVENSON, R. *Radio and television growth in the third world: 1960-1985*. Gazette, vol. 38, 1986.

TUNSTALL, J. *The media are American*. London: Constable, 1977.

TUROW, J. "The organizational underpinning of contemporary media conglomerates". *Communication Research*, vol. 19, nº 6, December 1992.

UNESCO: Relatórios de comunicação

B. PAVLIC, C. HAMELINK. "The new international economic order: links between econonomics and communications", nº 98, 1985.

G. MURDOCK, N. JANUS, "La communication de masse et l'industrie publicitaire", nº 97, 1985.

T. GUBACK, T. VARIS *Transnational communication and cultural industries*, nº 92, 1982.

T. VARIS. "Internation flow of television programmes", nº 100, 1987. "Import/Export: international flow of television fiction", nº 104.

T. VARIS.; N. NORDENSTRENG. "Television traffic a one way street?", nº 70, 1974.

VIII. *ADMINISTRAÇÃO E MARKETING GLOBAL*

1992: the implications for marketing, advertising and the media. The Economist Conference. London: Rooster Books Limited, 1989.

BARTOS, R. *Marketing to women around the world.* Boston: Harvard Business School Press, 1989.

DECAUDIN, J. M. *Stratégies de publicité internationale.* Paris: Ed. Liaisons, 1991.

Distribuição geográfica do mercado brasileiro. São Paulo: Alpha, 1986.

DOUGLAS, S. P. "Life-style analysis to profile women in internation markets". *JM,* July 1977.

Estrutura do Mercado Brasileiro, São Paulo: Alpha, 1992.

Estudo motivacional sobre os hábitos de leitura. São Paulo: Sadiva Associação de Propaganda Ltda, 1988.

EUROSTAF DARFSA, *Le fast-food en France.* Paris: Collection Analyses de Comportements, 1987.

FIELDS, G. *Gucci on the ginza: japan's new consumer generation.* New York/Tokyo: Kodansha International, 1989.

GOIZUETA, R. "Globalization, a soft drink perspective". *Vital Speeches of the Day,* April 1, 1989.

HASSON, H. "Les tendances émergentes dans les comportements des consommateurs en Europe". RFM, vol. 4, nº 124, 1989.

HOUT, T. et al. "How global companies win out". *HBR,* nº 5, September-October 1982.

HOWARD, C. "Integrating public relations in the marketing mix". *Vital Speeches of the Day,* November 15, 1989.

JORDAN, R. "Going Global: how to join the second major revolution in advertising". JCM, vol. 5, nº 1, Winter 1988.

KASHANI, K. "Beware the pitfalls of global marketing". *HBR,* nº 5, September-October 1989.

KEEGAN, W. J. *Multinational marketing management.* New Jersey: Prentice Hall, 1984.

KOTABE, M. "Corporate product policy and ionovative behavior of european and japanese multinationals". JM, vol. 54, nº 2, April 1990.

KOTLER, P. "Global standardization courting danger". *JCM,* vol. 3, nº 2, Spring 1986.

MUNDIALIZAÇÃO E CULTURA 237

"L'Evolution et les perspectives des besoins des Français et leur mode de satisfaction". Conseil Économique et Social, tome II, 1990.

"L'Evolution de 1964-1984 des grandes surfaces alimentaires". Paris: Institut d'Aménagement et d 'Urbanisme de la Région d'Ile-de France, 1984.

"Le poids du pudding européen". *Dossiers de l'Audiovisuel*, nº 13, mai-juin 1987.

"Les Grands Distributeurs Alimentaires Europérns". Paris: Centre Français du Commerce Extérieur, 1991.

LEVITT, T. "The globalization of markets". *HBR,* May-June, 1983. (tradução in *A imaginação de marketing.* São Paulo, Atlas, 1991)

LINK, G. "Global advertising: an update". *JCM,* vol. 5, nº 2, Spring 1988.

MARENCO, C. *La concentration dans le commerce d'alimentation générale,* CORDES: Université Paris XI, 1979.

MERRON, J. L. "American culture goes abroad: J. W. Thompson and the General Motors export account, 1927-1933". Tese de doutorado, The University of North Carolina at Chapel Hill, 1991.

MEYERS, W. *Los creadores de imágenes.* Barcelona: Ed. Ariel, 1991.

MUELLER, B. "Multinational advertising: an examination of standardization and specialization in commercial messages", PhD, University of Washington, 1987.

OHMAE, K. *Mundo sem fronteiras.* São Paulo, Makron Books, 1991.

"Planting for a global harvest". *HBR,* nº 4, July-August 1989.

QUELCH, J.; HOFF, E. "Customizing global marketing". *HBR,* nº 3, May-June 1986.

PAITRA, J. "L'euroconsommateur: mythe ou réalité?". *Futuribles,* nº 150, janvier 1990.

PARTICELLI, M. "A global arena". *JCM,* vol. 7, nº 24, Fali 1990.

PORTER, M. "The strategic role of international marketing". *HBR,* vol. 3, nº 2, Spring 1986.

REICH, R. "Who is them?". *HBR,* março-abril, 1991.

REYNOLDS, F. D. et al. "The modern feminine life style". *JM,* July 1977.

"Reinventing America: meeting the new challenges of global economy". *Business Week*, 1992 special.

SAVARY, F. *Les multinationales du chocolat*. Paris, Centre Français du Comerce Extérieur, 1986.

_____. "La stratégie d'implantation des firmes multinationales: le cas de la biscuiterie, de la chocolaterie, de la brasserie". Tese de doutorado, Université Paris II, 1986.

SOUZA, M.G., NEMER, A. *Marca e Distribuição: desenvolvendo dominação estratégica e vantagem competitiva no mercado global.* São Paulo: Makron Book, 1993.

STALK, G. "Time – the next source of competitive advantage". *HBR,* nº 4, July-August 1988.

TEDLOW, R. (org.). *Managing big business.* Boston: Havard Business Press, 1986.

VINSON, D. E. et al. "The role of personal values in marketing and consumer behavior". *JM,* April 1977.

VULPIAN, A. "L'emergence de typologies transnationales". *RFM.,* nº 124, 1989.

WIND, Y; DOUGLAS, S. "The myth of globalization". JCM, nº 2, 1986.

W. Tragos, "The agency perspective" – *The implications for marketing, advertising and the media,* The Economist Conference Unit. London: Rooster Books Lunited, 1989, pp. 31-32.

SIGLAS :

HBR: Harvard Business Review
JM: Journal of Marketing
RFM: Revue Française de Marketing
JCM: journal of Consumer Marketing

IX. *FONTES ESTATÍSTICAS:*

Informe sobre la Comunicación en el Mundo, Paris, Unesco, 1990.
Statistical Yearbook, Paris, Unesco, 1991.
Statistical Yearbook, United Nations, 1956, 1970, 1975, 1987, 1988/89, 1990, 1991.

Sobre o autor

Renato Ortiz nasceu em Ribeirão Preto (SP) em 1947. Estudou na Escola Politécnica (USP) entre 1966 e 1969. Formou--se em Sociologia pela Universidade de Paris VIII e doutorou-se em Sociologia e Antropologia pela École des Hautes Études en Sciences Sociales (Paris).

Foi professor da Universidade de Louvain (1974-1975), da UFMG (1977-1984) e do Programa de Pós-Graduação em Ciências Sociais da PUC-SP (1985-1988). Atualmente leciona no Departamento de Sociologia da UNICAMP. Foi pesquisador do Latin American Institute da Universidade de Columbia e do Kellogg Institute da Universidade de Notre-Dame, além de professor visitante ela Escuela de Antropología, no México.

Publicou vários artigos sobre religiosidade popular, cultura brasileira e cultura popular em diferentes revistas, entre elas: *Religião e Sociedade, Cadernos de Opinião, Cadernos do CERU, Archives des Sciences Sociales des Religions e Diogènes*. É autor dos livros *A consciência fragmentada* (Paz e Terra), *Pierre Bourdieu* (Ática), *Telenovela: história e produção* (Brasiliense), em coautoria com José Mário Ortiz e Sílvia S. Borelli, *Cultura brasileira e identidade nacional* (Brasiliense) , *A moderna tradição brasileira* (Brasiliense), *A morte branca do feiticeiro negro: umbanda e sociedade brasileira* (Brasiliense), e *Cultura e modernidade* (Brasiliense).